U0540978

新古诗
The New Chinese Poetry
在历史与哲学的长廊之间

程皓月 著

北京出版集团
文津出版社

图书在版编目（CIP）数据

新古诗：在历史与哲学的长廊之间 / 程皓月著. —
北京：文津出版社，2022.8
　　ISBN 978-7-80554-813-5

　　Ⅰ. 新… Ⅱ. 程… Ⅲ. ①中国历史—通俗读物
Ⅳ. ① K209

中国版本图书馆 CIP 数据核字（2022）第 104150 号

总 策 划：高立志	特约编辑：李　猛　关建梅
责任编辑：侯天保	封面设计：程皓月
责任印制：燕雨萌	封面制作：田　晗
责任营销：猫　娘	

新古诗
在历史与哲学的长廊之间
XINGUSHI
程皓月　著

出　　版	北京出版集团
	文津出版社
地　　址	北京北三环中路 6 号
邮　　编	100120
地　　址	www.bph.com
总 发 行	北京出版集团
印　　刷	北京华联印刷有限公司
经　　销	新华书店
开　　本	710 毫米 ×1000 毫米　1/16
印　　张	23.75
字　　数	305 千字
版　　次	2022 年 8 月第 1 版
印　　次	2022 年 8 月第 1 次印刷
书　　号	ISBN 978-7-80554-813-5
定　　价	88.00 元

如有印装质量问题，由本社负责调换
质量监督电话 010-58572393

目　录

第一辑　王霸之夏

东周·平王东迁 /003
东周·秦风小戎 /004
东周·文侯之命 /005
东周·郑伯阙泉 /006
东周·曲沃克翼 /007
五霸·齐桓庭燎 /008
五霸·宋襄不鼓 /009
五霸·晋文逐麋 /010
五霸·秦缪霸戎 /011
五霸·楚庄问鼎 /012
五霸·弭兵会盟 /013
吴越·季子挂剑 /014
吴越·吴王阖庐 /015
吴越·勾践洗马 /016
吴越·夫差自刎 /017
爻变·郑有七穆 /018
爻变·公卑桓强 /019
爻变·黄父问礼 /020
爻变·田常取齐 /021
爻变·三家分晋 /022
爻变·受经子夏 /023

六国·韩哀灭郑 /024
六国·分周为两 /025
六国·梁惠称王 /026
六国·燕哙禅让 /027
六国·齐宣伐燕 /028
六国·胡服骑射 /029
六国·楚怀入秦 /030
六国·长平之战 /031
秦祚·献公称伯 /032
秦祚·商鞅变法 /033
秦祚·文武之胙 /034
秦祚·昭襄灭周 /035
四公子·孟尝君 /036
四公子·平原君 /037
四公子·信陵君 /038
四公子·春申君 /039
九流·孔子 /040
九流·孟子 /041
九流·荀子 /042
九流·老聃 /043
九流·庄周 /044
九流·墨翟 /045
九流·惠施 /046

001

九流·公孙龙 /047
九流·孙武 /048
九流·吴起 /049
九流·起翦颇牧 /050
九流·公孙衍 /051
九流·张仪 /052
九流·稷下学宫 /053
九流·邹衍 /054
九流·屈原 /055
九流·吕不韦 /056
九流·李斯 /057
九流·荆轲 /058
始皇·秦灭六国 /059
始皇·观礼于鲁 /060
始皇·咸阳宫谏 /061
始皇·始皇默然 /062
始皇·亡秦者胡 /063
始皇·秦兵马俑 /064

第二辑　楚汉传奇

仁·斩蛇起义 /067
仁·张良进履 /068
仁·胯下之辱 /069
仁·大泽起义 /070
仁·陈王至陈 /071
仁·梁起东阿 /072
义·指鹿为马 /073
义·卿子冠军 /074
义·巨鹿之战 /075
义·西略入关 /076
义·怀王之约 /077
义·鸿门宴 /078
义·戏亭分封 /079
义·西楚霸王 /080
礼·月下萧何 /081
礼·暗度陈仓 /082
礼·山东崩乱 /083
礼·彭城之战 /084
礼·京索之战 /085
礼·汉王请和 /086
礼·纪信诳楚 /087
智·背水一战 /088
智·成皋之战 /089
智·潍水沉沙 /090
智·广武对峙 /091
智·彭越扰楚 /092
智·鸿沟和约 /093
智·天亡楚时 /094
智·陈下之战 /095
智·垓下之围 /096
智·垓下歌 /097
智·乌江自刎 /098
信·霸王别姬 /099
信·鲁公礼葬 /100
信·汜水之阳 /101
信·论功行赏 /102
信·伪游云梦 /103
信·钟室之祸 /104
信·梁王称病 /105
信·见醢聚兵 /106
信·留侯杜门 /107
信·大风歌 /108
信·高帝过鲁 /109
信·楚汉传奇 /110

第三辑　两汉经学

汉初·今文经 /113
汉初·无为而治 /114
汉初·汉家儒宗 /115
文景·三家诗 /116
文景·高堂士礼 /117
文景·吊屈原赋 /118
文景·公羊春秋 /119
汉武·河间献王 /120
汉武·鲁壁藏书 /121
汉武·黄老刑名 /122
汉武·淮南子 /123
汉武·春秋繁露 /124
汉武·公孙主父 /125
汉武·丝绸之路 /126
汉武·封狼居胥 /127
汉武·琴挑文君 /128
汉武·汉武帝 /129
汉武·汉郊祀歌 /130
汉武·天人之际 /131
汉武·古文尚书 /132
宣元·伊霍之事 /133
宣元·河内女子 /134
宣元·汉家制度 /135
宣元·京房易经 /136
宣元·大戴礼记 /137
宣元·说苑新序 /138
宣元·张侯论语 /139
始建国·王莽篡汉 /140
始建国·五德始终 /141
始建国·扬雄子云 /142
始建国·刘歆 /143

光武·光武中兴 /144
光武·臣不为谶 /145
光武·严光钓台 /146
光武·二十八将 /147
明章·班固汉书 /148
明章·白马寺 /149
明章·最差贵显 /150
明章·白虎通义 /151
明章·王充论衡 /152
孝和·燕然勒石 /153
孝和·投笔从戎 /154
孝和·出使大秦 /155
孝和·蔡伦造纸 /156
安顺·说文解字 /157
安顺·潜夫论 /158
安顺·张衡 /159
桓灵·马融绛帐 /160
桓灵·濯龙宫 /161
桓灵·党锢之祸 /162
桓灵·熹平石经 /163
桓灵·黄巾民变 /164
咏汉 /165

第四辑　魏晋风度

三国·天下归心 /169
三国·周郎顾曲 /170
三国·诸葛武侯 /171
三国·琴操独断 /172
三国·孟子章句 /173
三国·郑玄康成 /174
三国·文姬归汉 /175
三国·建安风骨 /176

三国·汉魏禅让 /177
三国·太极殿 /178
三国·孔子家语 /179
三国·正始石经 /180
三国·维摩诘说 /181
七贤·玄学 /182
七贤·何晏 /183
七贤·王弼 /184
七贤·夏侯玄 /185
七贤·竹林七贤 /186
七贤·嵇康 /187
七贤·阮籍 /188
西晋·天命有晋 /189
西晋·黄帝内经 /190
西晋·左传集解 /191
西晋·竹书纪年 /192
西晋·八王之乱 /193
西晋·郭象子玄 /194
西晋·永嘉之乱 /195
东晋·梅赜尚书 /196
东晋·易系辞注 /197
东晋·新亭对泣 /198
东晋·郭璞游仙 /199
东晋·抱朴子 /200
东晋·兰亭集序 /201
东晋·桓温北伐 /202
东晋·支遁道林 /203
东晋·古今名教 /204
东晋·淝水之战 /205
东晋·东林寺 /206
东晋·洛神赋图 /207

第五辑　裂 变

宋·刘裕北伐 /211
宋·世说新语 /212
宋·儒玄史文 /213
宋·颜谢 /214
宋·元嘉北伐 /215
宋·宋明堂歌 /216
齐·吾本布衣 /217
齐·昭夏之乐 /218
齐·竟陵八友 /219
齐·文心雕龙 /220
梁·萧衍受禅 /221
梁·钟离之战 /222
梁·千字文 /223
梁·画龙点睛 /224
梁·一苇渡江 /225
梁·昭明文选 /226
梁·昭明太子分则《金刚经》/227
梁·论语义疏 /228
梁·会三教诗 /229
梁·侯景叛梁 /230
梁·江陵焚书 /231
陈·霸先建陈 /232
陈·玉台新咏 /233
陈·游玄桂林 /234
陈·忆南朝 /235
北朝·莫高窟 /236
北朝·鸠摩罗什 /237
北朝·一代帝师 /238
北朝·太武灭佛 /239
北朝·国史之狱 /240
北朝·云冈石窟 /241

北朝·孝文汉化 /242
北朝·少林寺 /243
北朝·水经注 /244
北朝·张猛龙碑 /245
北朝·北魏分裂 /246
北朝·墨入朱出 /247
北朝·齐民要术 /248
北朝·颜氏家训 /249
北朝·曹衣出水 /250
北朝·立通道观 /251
北朝·哀江南赋 /252
北朝·忆北朝 /253
隋·开皇之治 /254
隋·我兴由佛 /255
隋·隋大兴城 /256
隋·大运河 /257
隋·五郊歌辞 /258
隋·论语述议 /259
隋·河汾门下 /260
隋·隋末民变 /261
隋·淮阳感怀 /262
隋·宇文化及 /263

第六辑　唐的梦

五皇·晋阳起兵 /267
五皇·天策上将 /268
五皇·升仙太子碑 /269
五皇·御注三经 /270
五皇·元和中兴 /271
太宗·虎牢之战 /272
太宗·玄武门变 /273
太宗·贞观之治 /274

太宗·昭陵六骏 /275
四伐·夜袭阴山 /276
四伐·东征高丽 /277
四伐·西灭突厥 /278
四伐·和亲吐蕃 /279
四子·隐太子 /280
四子·孝敬皇帝 /281
四子·章怀太子 /282
四子·永泰公主 /283
四臣·长孙无忌 /284
四臣·许敬宗 /285
四臣·上官仪 /286
四臣·郭子仪 /287
四变·神龙革命 /288
四变·景龙之变 /289
四变·唐隆之变 /290
四变·先天政变 /291
四馆·文学馆 /292
四馆·北门学士 /293
四馆·翰林院 /294
四馆·弘文馆 /295
八典·经史子集 /296
八典·经典释文 /297
八典·群书治要 /298
八典·五经正义 /299
八典·艺文类聚 /300
八典·北堂书钞 /301
八典·马总意林 /302
八典·杜佑通典 /303
诗文·李白 /304
诗文·杜甫 /305
诗文·新题乐府 /306
诗文·古文运动 /307

书画·古帝王图 /308
书画·颠张醉素 /309
书画·吴带当风 /310
书画·颜筋柳骨 /311
四乐·秦王破阵乐 /312
四乐·十二和乐 /313
四乐·龙池乐章 /314
四乐·释奠文宣王 /315
僧道·玄奘 /316
僧道·南能北秀 /317
僧道·成玄英 /318
僧道·吕洞宾 /319
六物·开成石经 /320
六物·万象神宫 /321
六物·开元通宝 /322
六物·茶 /323
六物·龙门石窟 /324
六物·乐山大佛 /325
四乱·安史之乱 /326
四乱·藩镇割据 /327
四乱·黄巢民变 /328
四乱·白马驿之祸 /329
韩愈·楚狂小子 /330
韩愈·论语笔解 /331
韩愈·昌黎退之 /332
韩愈·平淮西碑 /333

第七辑　新古诗宣言

新古诗的背景 /337
　　季羡林：新诗是一个失败 /338
　　谢冕的复杂心情 /339
　　古体诗的孔子与英译体的上帝 /341
"新诗"不新 /344
　　《刍议》溯源 /344
　　"新诗"的"成功学" /345
　　"新诗"与名声 /347
　　混乱与现状 /349
超越五四的局限 /352
　　宇文所安眼中的北岛 /352
　　五四的局限 /353
　　"去中国化"的悖论 /356
　　突破"1917后遗症" /358
新古诗的美学 /360
　　新古诗的命名 /360
　　新古诗的概念 /360
　　象与数："天人合一"的方法论 /360
　　儒学视角下的古典诗体确立性 /362
　　新古诗之体 /367
后记 /371

第一辑　王霸之夏

东周·平王东迁

犬戎难　平　镐京堕
申侯幽　王　废立祸
政教向　东　号令熄
代变世　迁　在伊洛

◎**平王东迁**：公元前770年，年幼的周平王在诸侯国保护下，从被犬戎破坏的都城镐京（今陕西西安长安区）迁往成周雒邑（今河南洛阳东），标志东周的开始。《史记·周本纪》："平王立，东迁于雒邑，辟戎寇。"◎**申侯幽王废立祸**：公元前771年，周幽王废黜申侯之女所生太子（周平王），更立褒姒之子，并发兵讨伐申国，申侯联合犬戎攻周，混战中周幽王被杀。《史记·匈奴传》："申侯怒而与犬戎共攻杀周幽王于骊山之下。"◎**政教向东号令熄，代变世迁在伊洛**：周天子顺利迁至雒邑，但失去号令诸侯的实力与威严，历史迈入新篇章。●《朱子语类》论《孟子》，问"王者之迹熄而《诗》亡，《诗》亡然后《春秋》作"。朱子曰："这道理紧要在'王者之迹熄'一句上。盖王者之政存，则'礼乐征伐自天子出'，故《雅》之诗自作于上，以教天下。王迹灭熄，则礼乐征伐不自天子出，故《雅》之诗不复作于上，而诗降而为《国风》。是以孔子作《春秋》，定天下之邪正，为百王之大法也。"庄仲问："先儒谓自东迁之后，《黍离》降为《国风》而《雅》亡矣。恐是孔子删诗之时降之？"朱子曰："亦是他当时自如此。要识此诗，便如《周南》《召南》当初在镐丰之时，其诗为《二南》；后来在洛邑之时，其诗为《黍离》。只是自《二南》进而为《二雅》，自《二雅》退而为《王风》。《二南》之于《二雅》，便如登山；到得《黍离》时节，便是下坡了。"

东周·秦风小戎

玄鸟生　秦　少昊裔
护驾驭　风　至洛邑
西垂虽　小　列诸侯
誓逐犬　戎　祠白帝

◎**秦风小戎**：公元前770年，因护送东迁有功，周平王封秦襄公为诸侯。年幼的周平王对年老的秦襄公立誓，只要秦襄公能赶走西戎，就将被西戎侵占的丰镐土地赐予秦国。《史记·秦本纪》："戎无道，侵夺我岐、丰之地，秦能攻逐戎，即有其地。"◎**玄鸟生秦少昊裔**：秦人有伟大的祖先，是为少昊、颛顼之后。《史记·秦本纪》："秦之先，帝颛顼之苗裔孙曰女修。女修织，玄鸟陨卵，女修吞之，生子大业。"◎**西垂虽小列诸侯，誓逐犬戎祠白帝**：秦国建西垂宫，祭祀白帝，开始攻打西戎。《史记·封禅书》："秦襄公既侯，居西垂，自以为主少皞之神，作西畤，祠白帝，其牲用骝驹、黄牛、羝羊各一云。"约280年后，孔子将纪念秦襄公的诗歌《小戎》，收录于《诗经·秦风》。●《诗集传·小戎》："朱子曰：'西戎者，秦之臣子所与不共戴天之仇也。襄公上承天子之命，率其国人，往而征之。故其从役者之家人，先夸车甲之盛如此，而后及其私情。盖以义兴师，则虽妇人，亦知勇于赴敌，而无所怨矣。'"●《传习录·13》："徐爱曰：'先儒论《六经》，以《春秋》为史。史专记事，恐与《五经》事体终或稍异。'**阳明先生曰**：'以事言谓之史，以道言谓之经。事即道，道即事。《春秋》亦经，《五经》亦史。《易》是庖羲氏之史，《书》是尧、舜以下史，《礼》《乐》(《诗》)是三代史：其事同，其道同，安有所谓异？'"

东周·文侯之命

金鼎铭　文　赞义和
褒我晋　侯　克明德
勤王讨　之　除余臣
延周厥　命　是天泽

◎**文侯之命**：公元前750年，晋文侯出兵废黜了在周幽王死后被虢公翰等拥立的"周携王"。即东周在20年中实际上处于"二王并立"局面。为此周平王赐"九锡"之一的美酒给晋文侯，并在礼器上镌刻《文侯之命》，褒奖文侯的功德。《尚书·周书·文侯之命》："平王锡晋文侯秬鬯、圭瓒，作《文侯之命》。"◎**金鼎铭文赞义和，褒我晋侯克明德**：公元前11世纪，周武王伐纣后死去，山西的唐地遂生叛乱，周公旦平叛后将武王的儿子、周成王的亲弟弟叔虞封在唐地，是为晋国。故周晋是"兄弟之好"。而今晋侯又创"尊王之功"，故《文侯之命》赞其："父义和！丕显文武，克慎明德。"晋文侯，字义和，周平王尊称他为伯父。◎**勤王讨之除余臣**：晋文侯以"勤王"为名除掉"多余"的臣子。周携王，名余臣，为周幽王之弟，幽王死后被虢国等诸侯拥立。◎**延周厥命是天泽**：一定是上天的恩泽，才让晋文侯除掉周携王延续周祚。●《朱子语类》论《尚书》，**朱子曰**："某尝患《尚书》难读，后来先将文义分明者读之，聱讹者且未读。如《二典》《三谟》等篇，义理明白，句句是实理。尧之所以为君，舜之所以为臣，皋陶、稷、契、伊、傅辈所言所行，最好绅绎玩味，体贴向自家身上来，其味自别。"●《象山集·语录》**陆九渊曰**："《大雅》是纲，《小雅》是目，《尚书》纲目皆具。观《书》到《文侯之命》，道已湮没，《春秋》所以作。"

东周·郑伯阙泉

春秋周　郑　易子时
百叹王　伯　礼义失
诸侯箭　阙　天子胄
文武九　泉　何悲唏

◎**郑伯阙泉**：公元前722年，郑国郑庄公与其弟共叔段刀兵相见。孔子在《春秋》首篇《隐公元年》中记录此事，"夏，五月，郑伯克段于鄢。"平乱后，庄公发现生母也参与其中，遂囚其母武姜，发誓"不及黄泉，无相见也"。但很快后悔，后通过挖地道又见到母亲。◎**春秋周郑易子时**：公元前720年，周王与郑国为加强信任交换太子互为人质。《左传·隐公三年》："故周、郑交质，王子狐为质于郑，郑公子忽为质于周。"◎**诸侯箭阙天子胄**：公元前707年，周桓王已对郑庄公忍无可忍，以其僭越礼法为由发动"繻葛之战"。周桓王在亲征中被郑军射伤、兵败，郑庄公为保持天子颜面放弃追击。这标志周天子权威的彻底衰落。为此孔子贬郑公为"伯"。●《**朱子语类**》论《易》，朱子曰："某尝谓上古之书莫尊于《易》，中古后书莫大于《春秋》，然此两书皆未易看。今人才理会二书，便入于凿（穿凿）。若要读此二书，且理会他大义：《易》则是尊阳抑阴，进君子而退小人，明消息盈亏之理；《春秋》则是尊王贱伯，内中国而外夷狄，明君臣上下之分。"●《**二程遗书**》程子曰："天地之间皆有对，有阴则有阳，有善则有恶。君子小人之气常停，不可都生君子，但六分君子则治，六分小人则乱，七分君子则大治，七分小人则大乱。如是，则虽尧、舜之世不能无小人。盖尧、舜之世，只是以礼乐法度驱而之善，尽其道而已。"

东周·曲沃克翼

黄河一　曲　思成虞
原膏野　沃　亦生仇
上伐下　克　手足裂
周天折　翼　礼乐休

◎**曲沃克翼：** 公元前679年，曲沃武公出兵攻克晋国都翼城，篡杀晋侯缗。后以珍宝贿赂周天子，周釐王竟承认了武公的晋侯地位，史称曲沃克翼。这成为东周"礼坏乐崩"的标志性事件。◎**黄河一曲思成虞，原膏野沃亦生仇：** 当初，年幼的周成王与唐叔虞"削桐为圭之戏"是多么友爱。而晋国土地物产富饶却为何生出许多仇恨？◎**上伐下克手足裂：** 晋国以上伐下、以下克上、手足相残的内乱共延续了70多年。◎**周天折翼礼乐休：** 周天子肯定曲沃武公的逆行，助长了各诸侯国的篡弑之心，使自己丧失了作为制度准则的至尊地位，象征周朝的天祚之翼已然折断。●《朱子语类》论《春秋》，**朱子曰：**"《春秋》只是直载当时之事，要见当时治乱兴衰，非是于一字上定褒贬。初间王政不行，天下都无统属；及五伯出来扶持，方有统属，'礼乐征伐，自诸侯出'。到后来五伯又衰，政自大夫出。到孔子时，皇、帝、王、伯之道扫地，故孔子作《春秋》，据他事实写在那里，教人见得当时事是如此。"●《二程遗书》**程子曰：**"人往往见礼坏乐崩，便谓礼乐亡，然不知礼乐未尝亡也。如国家一日存时，尚有一日之礼乐，盖由有上下尊卑之分也。除是礼乐亡尽，然后国家始亡。虽盗贼至所为不道者，然亦有礼乐。盖必有总属，必相听顺，乃能为盗，不然则叛乱无统，不能一日相聚而为盗也。礼乐无处无之，学者要须识得。"

五霸·齐桓庭燎

小白治　齐　管仲谋
霸气盘　桓　九合侯
尊我周　庭　攘夷狄
中州夜　燎　光紫宙

◎**齐桓庭燎**：公元前656年，齐桓公以"尊王攘夷"为名，联合八国诸侯攻打楚成王。后在立盟后撤军。《左传·僖公四年》："四年，春，王正月，公会齐侯，宋公，陈侯，卫侯，郑伯，许男，曹伯，侵蔡，蔡溃，遂伐楚，次于陉。"《礼记·郊特牲》："庭燎之百，由齐桓公始也。"◎**小白治齐管仲谋**：管仲本辅佐公子纠，公子纠在与姜小白角逐齐国公位中失败，被鲁国杀害。姜小白成为齐公后不计前嫌任用管仲，齐国从此崛起。◎**霸气盘桓九合侯**：《论语·宪问》子曰："桓公九合诸侯，不以兵车，管仲之力也。如其仁！如其仁！"●《朱子语类》论《孟子》，彝叟问："'行仁'与'假仁'如何？"朱子曰："公且道如何是'行仁、假仁'？"曰："莫是诚与不诚否？"朱子曰："这个自分晓，不须问得。如'由仁义行，非行仁义'处却好问。如行仁，便自仁中行出，皆仁之德。若假仁，便是恃其甲兵之强，财赋之多，足以欺人，是假仁之名以欺其众，非有仁之实也。故下文言'伯必有大国'，其言可见。"又曰："成汤东征西怨，南征北怨，皆是拯民于水火之中，此是行仁也。齐桓公时，周室微弱，夷狄强大，桓公攘夷狄，尊王室，'九合诸侯，不以兵车'。这只是仁之功，终无拯民涂炭之心，谓之'行仁'则不可。"●皓月曰：齐桓、宋襄、晋文皆"攘夷"楚国；秦缪阔地西戎以"尊王"；楚庄问鼎，"臣服"于周礼；此五公，是为春秋五霸。

五霸·宋襄不鼓

百里劲　宋　欲称雄
两服上　襄　鹿上盟
困楚亦　不　降身志
仁师鸣　鼓　败犹荣

◎**宋襄不鼓：**公元前638年，宋楚爆发"泓水之战"，宋襄公以"不鼓不成列"的"义战"信条，拒绝进攻正在渡河、没有列阵的楚军，后被楚国打败。◎**两服上襄鹿上盟：**宋襄公主持"鹿上之盟"，借会盟延缓楚国扩张之势。《春秋·僖公二十一年》："宋人，齐人，楚人，盟于鹿上。"《诗经·郑风·大叔于田》："两服上襄、两骖雁行。"
◎**困楚亦不降身志：**指"鹿上之盟"后的"盂之盟"，宋襄公联合众小国与楚国盟会，欲以外交制约楚国，反遭楚国扣押，楚更"执宋公以伐宋"，此事件引发翌年"泓水之战"。●皓月曰：鉴于很多正史也对"宋襄不鼓"持调侃态度，现强调：春秋时期在地缘与国力上能抗衡楚国的中原国家只有齐国与晋国。当时齐国内乱，齐桓公惨死，五子争位，七子奔楚。是宋襄公介入齐政，扶植齐孝公，保存了齐国的完整。而晋国因"骊姬之乱"太子被杀，又被秦国击败，国力衰落。是宋襄公资助流亡中的重耳，为他返国击败楚国埋下伏笔。即在中原无主之时，宋襄公以天下为己任，挽救齐、晋两大衰败的强国，联合小国遏制南蛮楚成王的入侵，迫使楚文化在无法战胜中原文明的情况下，转向与中原文明的共存与趋同，最终融入中华文明大家庭。这就是作为商朝后裔的宋襄公为东周得以延续，以及中华民族多元化融合做出的贡献。这才是宋襄公作为唯一的"战败者"却被誉为"春秋五霸"之一的真正原因。

五霸·晋文逐麋

重耳亡　晋　十九春
秣马修　文　锻忍心
一朝角　逐　还公位
城濮狩　麋　终获麟

◎**晋文逐麋：** 公元前632年，晋文公重耳在城濮之战中击败强悍的楚国，成为中原霸主。"逐麋"即"逐鹿"，详见《新序·杂事二》"晋文公逐麋而失之"。◎**重耳亡晋十九春：** 公元前655年，16岁的重耳从"骊姬之乱"的宫廷内乱中九死一生逃出晋国，辗转于狄、卫、齐、曹、宋、郑、楚、秦八国，流亡19年。◎**秣马修文锻忍心：** 重耳在流亡中历经坎坷、屈辱，阅尽世间炎凉，磨炼出超人的意志。终返国成为晋文公。◎**城濮狩麋终获麟：** 晋文公以战车700乘，运用"退避三舍"的战术，在城濮之战中击败崛起的楚成王，而后在"践土之盟"中成为霸主。●《朱子语类》论《论语》，弟子问："'为政以德'，如何无为？"朱子曰："圣人合做处，也只得做，如何不做得。只是不生事扰民，但为德而民自归之。非是说行此德，便要民归我。如齐桓晋文做此事，便要民如此，如大蒐以示礼，伐原以示信之类。但圣人行德于上，而民自归之，非有心欲民之服也。"●**皓月曰：** 大蒐示礼，指《国语·晋语》文公称霸之章，晋文公在"被庐"举行"大蒐礼"的军事围猎演习，整顿三军后，遂发兵城濮，一战而霸。伐原示信，指《国语·晋语》文公伐原章，晋文公伐原国，约定三日不胜而撤，后三日不胜，晋文公命撤军，这时探马来报，再战一两天原国必败。而晋文公以"得原而失信，何以使人？"为由坚持撤兵。原国闻此消息出城投降。

五霸·秦缪霸戎

五羖相　秦　展雄心
联晋绸　缪　山东勋
三战未　霸　崤函谷
犹括西　戎　千里云

◎**秦缪霸戎**：公元前623年，由于东进战略受阻，秦缪（穆）公出征西戎。《史记·建元以来侯者年表》："秦缪用百里霸西戎。"◎**五羖相秦展雄心**：秦穆公用五张黑山羊皮赎回从晋国逃走又被楚国囚禁的百里奚，并任百里奚为相。百里奚因此被称为"五羖大夫"，见《史记·秦本纪》。◎**联晋绸缪山东勋**：秦穆公为向东方发展，奉行"联晋"策略，扶植流亡的晋国公子重耳建立亲秦政权。◎**三战未霸崤函谷，犹括西戎千里云**：重耳死后秦晋关系破裂，秦穆公在其后的三场秦晋战争中失利。由于晋国扼守崤函通道，秦国痛失向东方进军的保障。故转向攻打西戎，"益国十二，开地千里，遂霸西戎。"秦穆公死时命良臣陪葬，导致秦国中衰。●《诗集传·黄鸟》朱子注曰："愚按：穆公于此，其罪不可逃矣。但或以为，穆公遗命如此，而三子自杀以从之，则三子亦不得为无罪。今观临穴惴栗之言，则是康公从父之乱命，迫而纳之于圹。其罪有所归矣。又按《史记》，秦武公卒。初以人从死。死者六十六人。至穆公遂用百七十七人，而三良与焉。盖其初特出于戎狄之俗，而无明王贤伯以讨其罪。于是习以为常，则虽以穆公之贤而不免。论其事者，亦徒闵三良之不幸，而叹秦之衰。至于王政不纲，诸侯擅命，杀人不忌，至于如此，则莫知其为非也。呜呼，俗之弊也久矣！其后始皇之葬，后宫皆令从死，工匠生闭墓中。尚何怪哉。"

五霸·楚庄问鼎

千里荆　楚　羽翼扬
兵出云　庄　诸夏殇
洛水追　问　周器量
为铸九　鼎　破两棠

◎**楚庄问鼎：**公元前606年，楚庄王伐陆浑戎，后列阵洛水河畔，竟然向周天子的特使询问"九鼎"的重量。《史记·楚世家》："楚王问鼎小大轻重，对曰：'在德不在鼎。'庄王曰：'子无阻九鼎！楚国折钩之喙，足以为九鼎。'"◎**千里荆楚羽翼扬：**《韩非子·喻老》载，楚庄王继位三年无所作为，右司马以"有鸟止南方之阜，三年不翅不飞不鸣"责之，庄王以"三年不翅，将以长羽翼。不飞不鸣，将以观民则。虽无飞，飞必冲天；虽无鸣，鸣必惊人"回答。◎**兵出云庄诸夏殇：**公元前608年，楚庄王羽翼丰满，出兵中原。《左传·宣公元年》："楚子，郑人，侵陈，遂侵宋，晋赵盾帅师救陈。"楚国有云梦泽，故为"云庄"。◎**为铸九鼎破两棠：**公元前597年，楚庄王在两棠之役（又称邲之战）击败中原霸主晋国。依据《周颂》以"止戈为武"回师，遂成霸主。●《朱子语类》论《春秋》，朱子曰："《春秋》之书，且据左氏。当时天下大乱，圣人且据实而书之，其是非得失，付诸后世公论，盖有言外之意。若必于一字一辞之间求褒贬所在，窃恐不然。齐桓晋文所以有功于王室者，盖当时楚最强大，时复加兵于郑，郑则在王畿之内；又伐陆浑之戎，观兵周疆，其势与六国不同。盖六国势均力敌，不敢先动。楚在春秋时，他国皆不及其强；向非威'文有以遏之，则周室为其所并矣。又，诸侯不朝聘于周，而周反下聘于列国，是甚道理'！"

五霸·弭兵会盟

中州鞭弭礼乐摧
何以休兵张四维
十四国会商丘外
歃血为盟誓永垂

◎**弭兵会盟：**公元前546年夏，春秋时期十四个诸侯国在宋国都城举行"弭兵之盟"。这是继公元前579年那次失败的"弭兵"后的第二次会盟。《左传·襄公二十七年》："夏，叔孙豹会晋赵武，楚屈建，蔡公孙归生，卫石恶，陈孔奂，郑良霄，许人，曹人于宋。"◎**中州鞭弭礼乐摧：**长年的晋楚争霸、中原混战给周朝的礼乐制度、诸侯国的政治稳定及东周人民的生命安全造成毁灭性破坏。◎**何以休兵张四维：**《管子·牧民》："何谓四维？一曰礼，二曰义，三曰廉，四曰耻。""四维张，则君令行……四维不张，国乃灭亡。"◎**十四国会商丘外：**即晋国、楚国、齐国、秦国、宋国、鲁国、卫国、陈国、蔡国、郑国、许国、曹国、邾国、滕国在宋国西门之外结盟。◎**歃血为盟誓永垂：**弭兵会盟，作为春秋时期重要外交事件载入史册，标志新时代的开始。●《朱子语类》论《春秋》，**朱子曰：**"宣公之时，楚庄王盛强，夷狄主盟，中国诸侯服齐者亦皆朝楚，服晋者亦皆朝楚。及成公之世，悼公出来整顿一番，楚始退去；继而吴越又强入来争伯。定哀之时，政皆自大夫出，鲁有三家，晋有六卿，齐有田氏，宋有华向，被他肆意做，终春秋之世，更没奈何。但是某尝说，春秋之末，与初年大不同。"●**皓月曰：**会盟造就了春秋时代难得的和平时期。它让鲁国郊外一个"常陈俎豆"的5岁男孩拥有了快乐童年，他就是未来的孔子。

吴越·季子挂剑

延州来　季　三让权
执礼葬　子　檀弓传
吴钩高　挂　君子树
世不贵　剑　贵良贤

◎**季子挂剑：** 公元前544年，季札在出使诸侯国途中，路过旧友徐君之墓，将所佩宝剑高挂在冢树上，以示思念，然后离去。《史记·吴太伯世家》："季札之初使，北过徐君。徐君好季札剑，口弗敢言。季札心知之，为使上国，未献。还至徐，徐君已死，于是乃解其宝剑，系之徐君冢树而去。从者曰：'徐君已死，尚谁予乎？'季子曰：'不然。始吾心已许之，岂以死倍吾心哉！'"◎**延州来季三让权：** 吴国奉行父传嫡长、兄终弟及的传位制，季札德才兼备，但为嫡四子，故季札三次让位不受，后被封于延陵，世称延州来季子。◎**执礼葬子檀弓传：** 季札适齐途中，随行的长子死去，季札采用"吴礼"从容不迫、哀而不伤地将之埋葬，过程被记录在《礼记·檀弓》中。●《朱子语类》论《礼记》，延陵季子左袒而旋其封。朱子曰："便有老庄之意。"弟子问："'延陵季子之于礼也，其合矣乎！'不知圣人何以取之？"朱子曰："旅中之礼，只得如此。变礼也只得如此。"又，《朱子语类》论《仪礼》，朱子曰："礼有经，有变。经者，常也；变者，常之变也。先儒以《曲礼》为变礼，看来全以为变礼，亦不可。盖曲者，委曲之义，故以《曲礼》为变礼。然'毋不敬，安定辞，安民哉'！此三句，岂可谓之变礼？先儒以《仪礼》为经礼。然《仪礼》中亦自有变，变礼中又自有经，不可一律看也。《礼记》，圣人说礼及学者问答处，多是说礼之变。"

吴越·吴王阖庐

子胥奔　吴　鱼肠开
孙武拜　王　姬阵排
纵横捭　阖　何一快
屠郢结　庐　姑苏台

◎**吴王阖庐：**公元前527年，吴王馀昧死去，按吴国兄终弟及的传统，应由其嫡弟季札继位。但季札不受，后由其庶兄僚继位（取《公羊传》之说）。12年后，馀昧长子公子光派专诸刺死吴王僚，自己继位，是为吴王阖庐。◎**子胥奔吴鱼肠开：**公元前522年，伍子胥家族遭楚国迫害，他便投奔吴国成为公子光门客。后将刺客专诸推荐给公子光，用鱼肠剑刺死吴王僚。《史记·吴太伯世家》："公子光详为足疾，入于窟室，使专诸置匕首于炙鱼之中以进食。手匕首刺王僚，铍交于匈，遂弑王僚。"◎**孙武拜王姬阵排：**伍子胥将孙武推荐给阖庐，阖庐以宫女阵考验孙武治军能力，引发孙武阵前斩美姬。◎**纵横捭阖何一快：**筹策捭阖，陈兵纵横，指阖庐谋有伍子胥，战有孙武，所向无敌。◎**屠郢结庐姑苏台：**公元前506年，吴国对楚国展开"柏举之战"。孙武率精兵3万，击败数倍于己的楚军，攻取楚都郢。伍子胥更是将楚王坟墓掘开，鞭尸三百，以泄当年仇恨。此后阖庐以为可高枕无忧，整日纵酒作乐于姑苏台，开始怠政。●《朱子语类》论历代，朱子曰："吴之所以得破楚，也是楚平以后日就衰削，又恰限使得伍子胥如此。先又有申公巫臣往吴，教之射御战阵。这两人所以不向齐晋那边去，也是见得齐晋都破坏了。兼那时如阖庐夫差勾践几人，皆是蛮夷中之豪杰。今浙间是南越，地平广，闽广是东越，地狭多阻。"

吴越·勾践洗马

十载难　勾　卧薪辱
西施泪　践　水袖舞
何日血　洗　悬胆恨
剑指兵　马　入姑苏

◎**勾践洗马**：公元前496年，越侯允常病逝，其子勾践即位。听闻此消息的吴国迅速出兵攻越，吴越两国爆发"槜李之战"。在混战中吴王阖庐受伤撤退，后死于感染。第二年阖庐之子夫差为父报仇再次攻越，勾践因兵少投降，做奴仆侍奉夫差三年，以示臣服。期满后被放回，开始谋划伐吴。皓月曰："勾践为奴"是后世演绎，见于《韩非子·喻老》"勾践入宦于吴，身执干戈为吴王洗马"与《吴越春秋·越王勾践五年》"夫差遂不诛越王，令驾车养马，秘于宫室之中"。但《韩非子》中身执干戈的"洗（先）马"为汉代方有之职，故《吴越春秋》中的"养马"较符合对历史的想象。由此也可见《韩非子》是"后世之书"的痕迹。实际上，夫差之所以不杀勾践，是出于他自诩的"五霸型人格"。当时，勾践残兵五千被困会稽城，即便全歼越军，也显不出夫差的霸气。故夫差赦勾践不死，以彰显其德，埋下隐患。
◎**十载难勾卧薪辱**：勾践卧薪尝胆十年，用体罚激励自己报仇雪恨。《吴越春秋·勾践七年》："越王念复吴仇非一旦也，苦身劳心，夜以接日。目卧，则攻之以蓼；足寒，则渍之以水。冬常抱冰，夏还握火。愁心苦志，悬胆于户，出入尝之，不绝于口。中夜潜泣，泣而复啸。"◎**西施泪践水袖舞**：勾践施"美人计"，献美女西施迷惑夫差，为壮大赢取时间。西施自知宿命，暗自悲伤，但她仍然选择舍生取义。

吴越·夫差自刎

黩武狂　夫　掘邗河
剑铍参　差　却齐戈
黄池妄　自　争霸主
失国羞　刎　留空盉

◎**夫差自刎**：公元前473年，在被越军围困3年之后，姑苏城沦陷。夫差自悔当初没有处死勾践，又难承被流放的屈辱，遂自刎而死。《史记·吴太伯世家》："越王勾践欲迁吴王夫差于甬东，予百家居之。吴王曰：'孤老矣，不能事君王也。吾悔不用子胥之言，自令陷此。'遂自到死。"◎**黩武狂夫掘邗河**：公元前486年，夫差为伐齐所挖掘的水道，是为邗沟，即邗河。《水经注·淮水》："昔吴将伐齐，北霸中国，自广陵城东南筑邗城，城下掘深沟，谓之韩江，亦曰邗溟沟。"◎**剑铍参差却齐戈**：公元前484年，吴王夫差联合鲁国，在"艾陵之战"中全歼十万齐军，威震中原。◎**黄池妄自争霸主**：公元前482年，夫差为在诸侯会盟的"黄池之会"上争当霸主，不顾后方安危，将吴国全部精锐带走。《史记·吴太伯世家》："十四年春，吴王北会诸侯于黄池，欲霸中国以全周室。"◎**失国羞刎留空盉**：越王勾践趁吴王夫差北上会盟之际，率兵血洗姑苏城，并杀掉吴国太子，吴国从此一蹶不振。公元前476年，勾践再攻姑苏，围城3年后破城，吴国灭亡。●《苏轼集·士燮论》苏轼曰："故兵之胜负，不足以为国之强弱，而足以为治乱之兆。盖有战胜而亡，有败而兴者矣。会稽之栖，而勾践以霸。黄池之会，而夫差以亡。"●皓月曰：流传至今的"吴王夫差盉"是一件精美的青铜酒器，铭文显示它竟是夫差为一女子制作的。这位女子是西施吗？

爻变·郑有七穆

亲雅放　郑　乐中贤
不妨诗　有　青衿篇
刑书齐　七　政何美
仁哉兰　穆　孙子产

◎**郑有七穆**：公元前606年，郑穆公死去。其子夷继位，是为郑灵公。然而穆公共有13个儿子，除去继承公位、被杀与外逃的，国中还有7子，即罕氏、驷氏、丰氏、游氏、印氏、国氏、良氏，被称为"七穆"。他们成为势力庞大的世族，掌控郑国国政。其中也不乏贤德之人，如被孔子推崇的子产。◎**亲雅放郑乐中贤**：亲贤臣、远小人；近雅乐、放郑声之意。《论语·卫灵公》："子曰：'行夏之时，乘殷之辂，服周之冕，乐则《韶》舞。放郑声，远佞人。郑声淫，佞人殆。'"◎**不妨诗有青衿篇**：虽说"亲雅放郑"但这并不妨碍《诗经·郑风》中有《子衿》这样优秀的"讽刺"诗。以此比喻"七穆"并非皆不善，也有子产这种君子。而《子衿》其诗可能涉及《左传·襄公三十年》载公元前543年，"郑人游于乡校，以论执政"谈及"毁乡校"之事。◎**刑书齐七政何美**：公元前536年，在子产的执政下郑国将刑律铸在鼎上向全社会公布，这是中国历史上的第一部成文法。用《尚书》之言可概括为：铸刑书以齐七政。孔子以"其行己也恭，其事上也敬，其养民也惠，其使民也义"评价子产（《论语·公冶长》），显然"铸刑书"属于"使民以义"。◎**仁哉兰穆孙子产**：《左传》载，郑穆公之母"梦天使与己兰"，故"以兰有国香"为穆公取名为"兰"。然郑穆公自己竟也"刈兰而卒"。其孙子产即是继承"兰香"的君子。子产死后，孔子用"古之遗爱"来歌颂子产的仁德。

爻变·公卑桓强

鲁衰昭　公　卒乾侯
为挽尊　卑　孔子忧
八佾三　桓　庭中舞
子路问　强　向三都

◎**公卑桓强**：公元前609—前498年，由权臣东门襄仲杀死鲁文公嫡长子，立庶子为鲁宣公作为起始，至孔子"隳三都"告一段落，历史上称鲁国的这一阶段为"公卑桓强"时期。《史记·鲁周公世家》："襄仲杀子恶及视而立俀，是为宣公……鲁由此公室卑，三桓强。"◎**鲁衰昭公卒乾侯**：公元前517年，因对斗鸡的输赢产生分歧，鲁昭公与三桓翻脸，但讨伐三桓兵败，逃亡齐国，后客死晋国乾侯，这是鲁国衰落的体现。◎**为挽尊卑孔子忧**：孔子对鲁国的政治现实痛心疾首，他不与权臣合作，"退而修诗书礼乐"，藉由《诗经》《尚书》蕴含的制度文化理念，激励与培养年轻政治家，谋求从政治伦理上解决现实问题。◎**八佾三桓庭中舞**：《论语·八佾》孔子谓季氏："八佾舞于庭，是可忍也，孰不可忍也？"◎**子路问强向三都**：经不懈努力，孔子终成为鲁国大司寇，行相事，他随即展开"隳三都"行动，即以"剪末枝，强公室"为宗旨，以周礼为依据，以降低三桓家臣私邑规模为名义，而在实质上削弱三桓势力。●**皓月曰**："子路问强"出自《中庸》，孔子以"故君子和而不流，强哉矫！中立而不倚，强哉矫！国有道，不变塞焉，强哉矫！国无道，至死不变，强哉矫"相回答。从其"和而不流""中立不倚"中可发现孔子对三桓采用恪守礼法的合作关系。而"国有道，不变塞焉；国无道，至死不变"则尽显孔子儒家人格风范。

爻变·黄父问礼

天玄地　黄　鼎上刑
王命造　父　千里行
晋公卜　问　孤儿在
赵鞅探　礼　志以明

◎**黄父问礼**：公元前517年，赵鞅（赵简子）在与黄父（太行南、黄河北）的会盟中，询问"礼"（制度）的含义。《左传·昭公二十五年》："二十五年。夏，会于黄父……简子问：'揖让周旋之礼焉？'（子太叔）对曰：'是仪也，非礼也。'简子曰：'敢问何谓礼？'"◎**天玄地黄鼎上刑**：公元前513年，晋国赵鞅和中行寅"铸刑鼎"，将范宣子制定的刑书铸在铁鼎上。这是继公元前536年郑国子产"铸刑书"之后，中国历史上第二个将法令以明文的方式向社会公布的重大事件。这是赵鞅于"黄父问礼"后开展的政治行为。即"制度"如镌刻着法规的铁鼎确立在天地之间。◎**王命造父千里行**：造父为赵氏祖先，公元前10世纪，曾为周穆王驾车赴会西王母，途中得知东夷族叛乱，造父一日千里驾车返回，使周穆王得以平定叛乱，为表其功，穆王将赵城赐予造父，从此造父改姓赵，赵氏遵循祖先遗志蓬勃发展。◎**晋公卜问孤儿在**：公元前597年，晋国发生"下宫之难"，赵氏家臣全被枉杀，仅一个遗腹子存活。这个苦难的孩子长大后，赵氏冤案才得以平反。他就是《赵氏孤儿》的原型赵武，其孙即赵鞅。◎**赵鞅探礼志以明**：皓月曰：让我们回到黄父，子太叔告诉赵鞅"夫礼，天之经也，地之义也，民之行也，天地之经，而民实则之"，即"制度有它的历史与时代性，地域与民族性，文化与社会性，制度必须合理，民众才会拥护"。这预示赵国的崛起。

爻变·田常取齐

济上之　田　何离离
主失其　常　臣拾益
小斗谋　取　大斗心
弑君夺　齐　陈成子

◎**田常取齐：**公元前481年，田成子（田常、陈成子）弑其君齐简公，田氏从此掌控齐国国政，姜齐的子孙成为傀儡，但田氏并未自立，直到90年后，田成子的曾孙田和自立为王。《史记·齐太公世家》："田常弑简公于徐州。田常乃立简公弟骜，是为平公。平公即位，田常相之，专齐之政。"◎**济上之田何离离：**以济水两岸茂密的田野比喻田氏在齐国的壮大。田氏的祖先陈完，本是陈国皇子，因皇族纷争逃至齐国，被齐桓公收留，后改为田氏。◎**主失其常臣拾益：**齐简公的爷爷齐景公曾问政于孔子，当时田成子的父亲田釐子正在用"大斗贷、小斗收"的方式收买民心，故孔子用"君君臣臣、父父子子"告诫齐景公，显然齐景公没有领会。
◎**小斗谋取大斗心：**田成子继续其父的计策，以大斗借粮、小斗收债的方式收买齐国民心。从政治上看田成子用"粮食的小斗"赢得"民心的大斗"，以至在他弑君后并未引发齐国民众反抗。《史记·田敬仲完世家》："田常复修釐子之政，以大斗出贷，以小斗收。齐人歌之曰：'妪乎采芑，归乎田成子！'齐大夫朝，御鞅谏简公曰：'田、监不可并也，君其择焉。'君弗听。"◎**弑君夺齐陈成子：**田成子弑君后，孔子斋戒三日，向年轻的鲁哀公提出伐齐主张，《左传·哀公十四年》："（孔子）对曰：'陈恒弑其君，民之不与者半，以鲁之众，加齐之半，可克也。'"此事却不了了之。

爻变·三家分晋

暮四朝　三　汾水云
覆邦灭　家　中条尘
春秋一　分　战国乱
滚滚虞　晋　黄河津

◎**三家分晋：**公元前434—前376年，韩、赵、魏三国不断瓜分晋国土地，直到晋国被灭。◎**暮四朝三汾水云：**汾河上的云，傍晚还有四朵，早上就变成三朵，喻公元前453年"三家灭智"。当初，晋国有智、赵、韩、魏四大世族。智伯兵力最强，却骄横跋扈，后遭其他三家联手消灭。◎**覆邦灭家中条尘：**在历史上，像"三家灭智"这种权臣倾轧的灭族之战，在晋国经常上演，就像中条山上的尘土一样常见。◎**春秋一分战国乱：**三家分晋是春秋时代过渡为战国时代的重要标志。《史记·天官书》："田氏篡齐，三家分晋，并为战国。"◎**滚滚虞晋黄河津：**当初，周武王在伐纣后很快去世，年幼的周成王刚继位，山西唐地就发生叛乱。周公旦平叛之后，将周成王的弟弟叔虞封于唐地，这就是晋国的开始。但在历经约700年后，晋国就如坠入黄河的泥沙一般滚滚远去了。●《朱子语类》论《春秋》，朱子曰："《左传》是后来人作，为见陈氏有齐，所以言'八世之后，莫之与京'！见三家分晋，所以言'公侯子孙，必复其始'。以《三传》言之，《左氏》是史学，《公》《榖》(《公羊传》《榖梁传》)是经学。史学者记得事却详，于道理上便差；经学者于义理上有功，然记事多误。如迁、固之史，大概只是计较利害。范晔更低，只主张做贼底，后来他自做却败。温公《通鉴》，凡涉智数险诈底事，往往不载，却不见得当时风俗。"

爻变 · 受经子夏

端冕心　受　钟鼓乐
崇礼尚　经　用李克
自此魏　子　进魏侯
西河之　夏　雨如瑟

◎**受经子夏：**公元前403年，周威烈王承认了韩国、赵国、魏国的地位，册封三国为"侯"——正式诸侯。其中的魏文侯拜"孔门十哲"之一的子夏为师。《史记·六国年表》："文侯受经子夏。"◎**端冕心受钟鼓乐：**皓月曰：魏文侯曾向子夏请教"听乐而不溺音"之意。《礼记·乐记》子夏对曰："郑音好滥淫志，宋音燕女溺志，卫音趋数烦志，齐音敖辟乔志；此四者皆淫于色而害于德，是以祭祀弗用也。"并强调，"君子听钟声则思武臣……听磬声则思死封疆之臣……听琴瑟之声则思志义之臣……听竽笙箫管之声则思畜聚之臣……听鼓鼙之声则思将帅之臣……君子之听音，非听其铿锵而已也，彼亦有所合之也。"可见子夏口中的"乐"是由"钟、磬、琴、瑟之音"所象征的政治文化。结合《道德经》"大音希声，大象无形"，不难发现古人以象征性词汇描述抽象化思维时的语言逻辑。◎**崇礼尚经用李克：**在魏文侯学习经学，把握好政治原则之后，起用"重农尚法"的政治家李克（又名李悝）为相，以解决现实问题。李克是法家始祖，编有中国历史上最早的一部法典《法经》。◎**自此魏子进魏侯：**魏文侯的父亲魏桓子是"子"爵，但在儒法兼修之下，魏国终晋升为"侯"国了。◎**西河之夏雨如瑟：**李克又将吴起推荐给魏文侯。吴起率魏军一举攻下秦国西河地带。魏国从此获得"秦魏博弈"的主导权，成为战国时期中原第一霸者。

六国·韩哀灭郑

劲旅强　韩　惊九垓
兵胜国　哀　卿相乖
剑鸣烛　灭　国无法
才拜新　郑　申不害

◎**韩哀灭郑**：公元前376年，韩哀侯继位，随即与赵、魏两国"三家分晋"，次年（公元前375）出兵灭掉春秋时代强国郑国，并将都城迁至郑国故都新郑，震惊中原。《史记·郑世家》："二十一年，韩哀侯灭郑，并其国。"《史记·韩世家》："哀侯元年，与赵、魏分晋国。二年，灭郑，因徙都郑。"◎**兵胜国哀卿相乖**：韩国虽在军事上获得成功，但在内政的君臣关系上失败了，韩哀侯被刺死在一场由朝中重臣相互倾轧造成的政乱中。《史记·韩世家》："六年，韩、严弑其君哀侯。"司马光《资治通鉴》引《韩非子·内储说下》表述了那次政乱："初，哀侯以韩廆为相而爱严遂，二人甚相害也。严遂令人刺韩廆于朝，廆走哀侯，哀侯抱之。人刺韩廆，兼及哀侯。"
◎**剑鸣烛灭国无法**：韩国由盛转衰是因没有找到尊君治国的策略与方法，这预示着法家的登场。◎**才拜新郑申不害**：公元前351年，韩哀侯之孙韩昭侯拜"黄老刑名学家"申不害为相，韩国再次崛起。《史记·老子韩非列传》："申不害者，京人（京邑）也，故郑之贱臣。学术以干韩昭侯，昭侯用为相。内修政教，外应诸侯，十五年。终申子之身，国治兵强，无侵韩者。申子之学本于黄老而主刑名。著书二篇，号曰《申子》。"●**皓月曰**：《韩非子·定法》中以"徒术而无法，徒法而无术"划分申不害与商鞅之学，故申不害善操驾驭术而非用刑律；商鞅因"重法失术"而亡。

六国·分周为两

邦裂国　分　为哪家
不怜成　周　惜华夏
河汾岂　为　浊泽流
雷霆三　两　苦雨下

◎**分周为两：**公元前367年，作为周公来摄政的西周威公死去，其子惠公继位。然其幼子公子班争位。公子班在韩共侯、赵成侯的支持下在巩（今河南巩义西南）建立东周公国，是为东周惠公。从此洛邑出现两个"周公国"，作为周天子的周显王仍居住在西周公国内。《史记·赵世家》："（成侯）八年，与韩分周以为两。"《史记·周本纪》："（周）考王封其弟于河南，是为桓公，以续周公之官职。桓公卒，子威公代立。威公卒，子惠公代立，乃封其少子于巩以奉王，号东周惠公。"《史记索隐》："按：《世本》，西周桓公名揭，居河南；东周惠公名班，居洛阳是也。"《吕氏春秋·先识》："威公薨，肂，九月不得葬，周乃分为二。"◎**不怜成周惜华夏：**东周的持续衰败已不值得同情，令人伤感的是其对中国礼乐制度造成的损失。成周，为武王伐纣时兴建，代指周祚。华夏，指象征中华文明的礼乐制度。◎**河汾岂为浊泽流：**黄河与汾水难道是为成为污浊的河流而交汇的吗？河汾，喻指公元前376年韩赵魏"三家分晋"；浊泽，指公元前369年"浊泽之战"，即魏侯二子争位发生内战，韩共侯、赵成侯发兵入魏；但在围困魏罃时，赵成侯欲割取魏地，韩共侯欲"分魏为二"；韩、赵因战略分歧，竟不顾魏国各自撤兵，令魏罃除掉魏缓成为魏惠王——即韩、赵二国先分晋，又分魏，现在又来分周，就像把"浊流"带到洛阳来了。

六国·梁惠称王

迁都大　梁　图东国
何以小　惠　询孟轲
不仁难　称　七星旐
自封夏　王　折兵戈

◎**梁惠称王**：公元前344年，魏文侯之孙魏惠王，在与泗上十二诸侯会盟的"逢泽之会"中自封为夏王。《战国策·秦策》："魏伐邯郸，因退为逢泽之遇，乘夏车，称夏王，朝为天子，天下皆从。"◎**迁都大梁图东国**：魏惠王好大喜功，不再奉行"阻秦"战略，急于向东方进军，在诸侯混战中消耗国力，这给予秦国喘息的机会。◎**何以小惠询孟轲**：《孟子·梁惠王上》："孟子见梁惠王。王曰：'叟不远千里而来，亦将有以利吾国乎？'孟子对曰：'王何必曰利（天子把握价值观而非捞好处）？'"◎**不仁难称七星旐**：《孟子·尽心下》："孟子曰：'不仁哉，梁惠王也！仁者以其所爱及其所不爱，不仁者以其所不爱及其所爱。'"七星旐，仅供天子使用的七星旗帜。◎**自封夏王折兵戈**：公元前342年，魏攻韩，齐派孙膑援韩。魏齐爆发马陵之战。魏国战败，太子申与大将庞涓被杀，从此失去与秦、齐角逐的实力。●《朱子语类》论《孟子》，弟子问："公孙丑言孟子不见诸侯，何故千里来见梁惠王？"朱子曰："以《史记》考之，此是梁惠王招之而至。其曰'千里而来'者，亦是劳慰之辞尔。孟子出处，必不错了。如平日在诸侯国内，虽不为臣，亦有时去见他。若诸侯来召，则便不去。盖孟子以宾师自处，诸侯有谋则就之。如孟子一日将见王，王不合使人来道：'我本就见，缘有疾，不可以风，不知可以来见否？'孟子才闻此语，便不肯去。"

六国·燕哙禅让

召公封　燕　七百年
传至子　哙　欲归田
久慕尧　禅　许由德
谁知一　让　国崩乱

◎**燕哙禅让**：公元前318年，燕王哙将王位禅让给相国子之，引发燕国内乱，险些灭国。《史记·苏秦列传》："燕王专任子之，已而让位，燕大乱。齐伐燕，杀王哙、子之。"◎**召公封燕七百年**：公元前11世纪，召公奭因辅佐武王伐纣（公元前1046），获封燕地。传至燕王哙已经700多年了。《史记·燕召公世家》："召公奭与周同姓，姓姬氏。周武王之灭纣，封召公于北燕。"◎**久慕尧禅许由德**：燕王哙欲效法"尧帝禅许由"，将王位让于他人。《史记·燕召公世家》："鹿毛寿谓燕王：'不如以国让相子之。人之谓尧贤者，以其让天下于许由，许由不受，有让天下之名而实不失天下。今王以国让于子之，子之必不敢受，是王与尧同行也。'"又《庄子·让王》："尧以天下让许由，许由不受。"◎**谁知一让国崩乱**：皓月曰：燕王哙以脱离政治现实、借传说谋求个人虚荣的昏庸行为，造成"燕国大乱，百姓恫怨，将军市被、太子平谋，将攻子之"，令燕国陷入内战——"太子因数党聚众，将军市被围公宫，攻子之，不克……将军市被死已殉，国构难数月，死者数万众，燕人恫怨，百姓离意。"这种政治乱局即是孟子所言"天作孽，犹可违；自作孽，不可活"。于是《战国策》中出现了唯一一条关于孟子的记录，《燕王哙既立》："孟轲谓齐宣王曰：'今伐燕，此文、武之时，不可失也。'"孟子以周文王、周武王伐纣之事，激励齐宣王伐燕。

六国 · 齐宣伐燕

慕圣思　齐　王在台
保民是　宣　羊亦哀
万乘征　伐　何取舍
漫天低　燕　孟子来

◎**齐宣伐燕：**公元前314年，因燕国发生内乱，齐宣王在孟子的激励下出兵伐燕，5个月就攻取燕国，但迫于燕人的反抗与诸侯外交压力撤军，令齐宣王发出"吾甚惭于孟子"的叹息。◎**慕圣思齐王在台：**齐宣王在高台之上思索伐燕大计，见贤思齐，招见孟子。《论语·里仁》："子曰：'见贤思齐焉，见不贤而内自省也。'"◎**保民是宣羊亦哀：**齐宣王"以羊易牛"被孟子赞为"仁术"，将此爱心"扩充于民"即是儒家所宣扬的"仁政"，而燕国内乱导致民众陷于水火，正需要仁主出兵相救。《尚书·大禹谟》："君子在野，小人在位，民弃不保，天降之咎。"◎**万乘征伐何取舍：**《孟子·梁惠王下》："宣王问曰：'以万乘之国伐万乘之国，五旬而举之，人力不至于此。不取，必有天殃。取之，何如？'孟子对曰：'取之而燕民悦，则取之。'"●《朱子语类》论《孟子》，弟子问"知皆扩而充之"。**朱子曰：**"如恻隐之心是仁，则每事皆当扩而为仁；羞恶之心是义，则每事皆当扩而为义……如不欲害人，这是本心，这是不忍处。若能充之于每事上，有害人之处便不可做，这也是充其恻隐。如齐宣王有爱牛之心，孟子谓'是乃仁术也'。若宣王能充著这心，看甚事不可做！只是面前见这一牛，这心便动，那不曾见底，便不如此了。至于'兴甲兵，危士臣，构怨于诸侯'，这是多少伤害！只为利心一蔽，见得土地之美，却忘了这心。"

六国·胡服骑射

赵武御　胡　筑长城
革弊夏　服　马蹄轻
欲纵骁　骑　云中下
万箭齐　射　咸阳宫

◎**胡服骑射**：公元前306年，赵武灵王力排众议，组建身穿胡服、更具机动性的骑兵军团。《史记·赵世家》："王曰：'……虙戏、神农教而不诛，黄帝、尧、舜诛而不怒。及至三王，随时制法，因事制礼。法度制令各顺其宜，衣服器械各便其用。故礼也不必一道，而便国不必古……故谚曰"以书御者不尽马之情，以古制今者不达事之变"。循法之功，不足以高世；法古之学，不足以制今。子不及也。'遂胡服招骑射。"◎**欲纵骁骑云中下**：《史记·赵世家》："主父欲令子主治国，而身胡服将士大夫西北略胡地，而欲从云中、九原直南袭秦，于是诈自为使者入秦。"●《朱子语类》论《春秋》，**朱子曰**："观《国语》之文，可见周之衰也。某尝读宣王欲籍千亩事（周宣王即位后，不行天子籍田之礼），便心烦。及战国时人，却尚事实（务实），观太史公《史记》可见。公子成与赵武灵王争胡服，甘龙与卫鞅争变法，其他如苏张之辩，莫不皆然。"又《朱子语类》论历代，**朱子曰**："赵武灵王也是有英气，所以做得恁地。也缘是他肚里事，会恁地做得，但他不合只倚这些子。如后来立后一乖，也是心不正后，感召得这般事来。"●**皓月曰**：赵武灵王因梦取妻立后不正，致子庶兄嫡弟；又发妇人之仁，致"饿死沙丘宫"，故朱子乖之。可谓，其服不守华制，且得；其政不尊夏礼，必失。故曰：胡服兴则骑射强；二王并则主父死。

六国·楚怀入秦

朝秦暮　楚　尔我心
郑袖临　怀　太子淫
章台一　入　武关闭
屈子望　秦　诵招魂

◎**楚怀入秦：**公元前299年，秦国借和亲为名骗楚怀王入秦。当初楚怀王的太子熊横在秦国当人质时与秦国大夫私斗，杀人后逃走。秦国便以楚国无礼为由，多次发兵攻取楚国领土。故此次楚怀王不顾反对执意入秦，结果被扣为人质，并用割地相要挟，楚怀王不从，3年后客死秦国。◎**朝秦暮楚尔我心：**秦楚之间尔虞我诈，战争不断，其他诸侯国时而倾秦、时而向楚。◎**章台一入武关闭：**《史记·楚世家》："楚王至，则闭武关，遂与西至咸阳，朝章台，如蕃臣，不与亢礼。楚怀王大怒，悔不用昭子言。"◎**屈子望秦诵招魂：**楚怀王死后，屈原作《思美人》加以纪念。此"美人"非指"美好之人"，而是取甲骨文金文的象形意，指戴着图腾头饰的首领。●**皓月曰：**楚怀王本为临事糊涂、事去后觉的一代昏君。且郑袖、郑袖所生太子横、皇子子兰、权臣靳尚，构建出涵盖后宫、储君、皇族、大臣于一体的利益集团。在这个"谗言系统"内楚怀王已退化成"存人欲，去天理"的典型亡国之君。面对此无解之局，即便是有《离骚》之思辨，高阳氏之雄心的屈子又可奈何？或许屈原能做的就如同样面对昏君的庄周一样"浮乎江湖"罢了。《大学》曰：格物，致知，诚意，正心，修身，齐家，治国，平天下。妄格物者，安能致知；非诚意者，焉能正心修身；不可齐家者，岂能治国？此楚怀王之写照耳。故屈子非为楚怀溺，是为楚先王殉也。

六国·长平之战

百里城　长　百里骸
魂嵌沟　平　颅筑台
朱岭荡　之　丹水塞
决死一　战　不归来

◎**长平之战**：公元前262年，秦攻韩上党，韩国上党郡首冯亭以献出上党为条件，向赵国求援。赵出兵，秦赵遂爆发长平之战。◎**百里城长百里骸**：廉颇在长平初战不利，后在丹朱岭至马鞍壑筑起百里石长城与秦军对峙，战斗陷入僵持。◎**魂嵌沟平颅筑台**：亡魂嵌平沟谷，头颅筑成高台。指公元前260年，赵军换帅，赵括转守为攻，战斗进入白热化。《水经注·沁水》："秦坑赵众，收头颅筑台于垒中，因山为台，崔嵬桀起，今仍号之曰白起台。"◎**朱岭荡之丹水塞**：山岭在血光中震荡，河流被血色凝结。指赵括被白起包围在北起丹朱岭的丹河河谷内。◎**决死一战不归来**：指赵军困兽犹斗，赵括拼死突围，他阵亡后赵军全军覆没。长平之战也作为战国形势的转折点，此役后六国均不再具有单独抗秦能力。●皓月曰：现对赵括之"纸上谈兵"分析如下：一、既然身经百战的廉颇在两年半里也敌不过秦国10级爵左庶长王龁，那么是否而立之年的赵括，就能战胜自公元前292年就成为秦国16级爵大良造的白起呢？二、秦坐拥关中之固与巴蜀粮仓能打消耗战，赵国不速战则无以为继，只得在两年半后换帅。三、赵括之父赵奢曾以"狭路相逢勇者胜"之势，在公元前270年阏与之战中击败秦国，故赵国可用"速战拼死"之将唯有赵括。四、赵国换赵括之实，赵、秦、白、括四者均知。故白起困而不打，赵括从容陷阵。

秦祚·献公称伯

天子使　献　黼黻章
只因秦　公　破魏王
太史儋　称　嬴姬好
五百王　伯　又合邦

◎**献公称伯：**公元前364年，在秦献公治理下秦国的国力增强，终于在秦魏争雄的"石门山之战"中大破魏国，斩首6万。由于魏惠王自立为王，对周天子带来极大侮辱，故秦公破魏王的"攘夷"壮举，获得周显王认可。周显王赐给秦献公只有天子才能穿着的服饰，并命其晋爵称"伯"。《史记·秦本纪》："（献公）二十一年，与晋（魏）战于石门，斩首六万，天子贺以黼黻。"又《史记·周本纪》："显王五年，贺秦献公，献公称伯。"◎**黼黻章：**天子袍服上象征"刑德"的花纹。《尚书·益稷》："帝曰：'予欲观古人之象，日、月、星辰、山、龙、华虫作会；宗彝、藻、火、粉米、黼、黻，绨绣，以五采彰施于五色，作服，汝明。'"《大戴礼记·五帝德》："黄帝黼黻衣，大带黼裳，乘龙扆云，以顺天地之纪。"《前汉纪·孝武皇帝纪》："天子负黼黻，袭翠被，凭玉几而居其中，设酒池肉林，以飨四夷之客。"◎**太史儋称嬴姬好，五百王伯又合邦：**早在"石门山之战"10年前，周天子派遣太史儋入秦拉拢秦献公。秦献公深为感动，时逢秦国都栎阳降下金色雨水，以为祥瑞，筑祭坛祭祀白帝，以彰秦祚，振兴秦国。《史记·封禅书》："周太史儋见秦献公曰：'秦始与周合，合而离，五百岁当复合，合十七年而霸王出焉。'栎阳雨金，秦献公自以为得金瑞，故作畦畤栎阳而祀白帝。"太史儋，为《史记》中所记录的老子原型之一。

秦祚·商鞅变法

商君抑　商　为重农
勒民以　鞅　黩战功
燔诗欲　变　先王律
自毙苛　法　九族烹

◎**商鞅变法**：公元前356年，秦孝公任命商鞅为左庶长，商鞅开启变法，包括：改革户籍，实施连坐，废除贵族世袭，制定20级军功爵位，开阡陌废井田，重农抑商，推行县制，严惩私斗，统一度量衡等。变法确实有效地增强了秦国国力，但也为秦国未来的崩塌埋下伏笔。《韩非子·和氏》："商君教秦孝公以连什伍，设告坐之过，燔诗书而明法令，塞私门之请而遂公家之劳，禁游宦之民而显耕战之士。孝公行之，主以尊安，国以富强，八年而薨，商君车裂于秦。"●《朱子语类》论《春秋》，**朱子曰**："及秦孝公下令，鞅西入秦。然观孝公下令数语，如此气势，乃是吞六国规模。鞅之初见孝公，说以帝道王道，想见好笑，其实乃是霸道。"●《苏轼集·商君功罪》苏轼曰："商君之法，使民务本力农，勇于公战，怯于私斗，食足兵强，以成帝业。然其民见刑而不见德，知利而不知义，卒以此亡。故帝秦者商君也，亡秦者亦商君也。其生有南面之福，既足以报其帝秦之功矣；而死有车裂之祸，盖仅足以偿其亡秦之罚。理势自然，无足怪者。后之君子，有商君之罪，而无商君之功，飨商君之福，而未受其祸者，吾为之惧矣。"●**皓月曰**：商鞅炮制耕战之术，连坐之法，燔诗之刑，黩武之律，必在国外威胁与国内压迫下方得实施，一旦天下统一，无仗可打，无爵可封，朝廷松懈，苛法继行，秦社是自取灭亡。

秦祚·文武之胙

秦誓雄　文　慨且辉
修德振　武　献孝随
西河复　之　并巴蜀
天子致　胙　是为谁

◎ **文武之胙**：公元前334年，周显王（时年约60岁）赐给秦惠文王（时年22岁）祭拜周文王、周武王用胙，以奖励与拉拢秦王。《史记·秦本纪》："惠文君元年，楚、韩、赵、蜀人来朝。二年，天子贺。三年，王冠。四年，天子致文武胙。"皓月曰："文武胙"是为天子对诸侯的最高褒奖，只有诸侯纵长，即春秋五霸等级方可获此殊荣，《史记》所载仅有齐桓公、越王勾践、秦孝公与秦惠文王，即"尊王攘夷"者。可见周天子是通过拉拢诸侯盟主来制衡其他诸侯国。公元前334年，魏惠王与齐威王在徐州互尊为"王"，这就是"徐州相王"。周天子对此事的看法，恐已从"文武胙"上表现出来。由此可见秦承周祚，也在情理之中。◎ **秦誓雄文慨且辉**：公元前627年，秦穆公的伐郑大军在回军途中遭晋国偷袭，全军覆没。秦穆公立誓雪耻，这就是《尚书·秦誓》的由来。◎ **修德振武献孝随**：进入战国时期，秦国一度在秦魏西河争霸中处于劣势。秦献公、秦孝公发扬《秦誓》精神，修德变法，力图重振秦威。◎ **西河复之并巴蜀**：秦惠文王正是有为之君。他起用公孙衍于公元前332年夺回被魏国侵占77年的西河要地；再拜张仪为相"连横"诸侯；后任用樗里子在公元前317年修鱼之战中击退六国伐秦大军；又命司马错于公元前316年灭巴、蜀两国；再认魏章为庶长于公元前312年南败楚军，掠取楚国600里土地设汉中郡；使秦国成为"七雄"之首。

秦祚·昭襄灭周

天道昭　昭　戈林风
云起龙　襄　万乘征
鄢陵明　灭　太行断
霸揽东　周　迁九鼎

◎**昭襄灭周**：公元前256年，秦昭襄王以周赧王欲合纵诸侯"背秦"为由攻周。《资治通鉴》："赧王入秦，顿首受罪，尽献其邑三十六，口三万。秦受其献，归赧王于周。是岁，赧王崩。"至此，立国跨越791年的周王朝灭亡。◎**鄢陵明灭太行断**：公元前279年，秦楚爆发鄢郢之战，白起水灌鄢城，攻破楚郢都，烧毁楚先王陵墓，楚国几近灭国，屈原因此自尽，故为鄢陵明灭。公元前262年，秦赵爆发长平之战，此役鏖战3年，秦全歼40万赵军，赵国一蹶不振，故为太行断。◎**霸揽东周迁九鼎**：《史记·封禅书》："秦灭周，周之九鼎入于秦。或曰宋太丘社亡，而鼎没于泗水彭城下。"●**皓月曰**：秦昭襄王迁九鼎入秦为实，九鼎后于项羽火烧咸阳时遗失。而"没于泗水彭城下"之说必为后世演绎谶语。泗水，指曾为泗水亭长的刘邦；彭城，指以彭城为都的项羽，即"定鼎"泗水、彭城之人可继承周祚为皇帝。●《苏轼集·汉鼎铭》苏轼曰："自春秋时，楚庄王已问其轻重大小。而战国之际，秦与齐、楚皆欲之，周人惴惴焉，视三虎之垂涎而睨己也。绝周之祀不足以致寇，裂周之地不足以肥国，然三国之君，未尝一日而忘周者，以宝在焉故也。三国争之，周人莫知所适与。得鼎者未必能存周，而不得者必碎之，此九鼎之所以亡也。周显王之四十二年，宋太丘社亡，而鼎沦没于泗水，此周人毁鼎以缓祸，而假之神妖以为之说也。"

四公子·孟尝君

燕坐推　食　孟尝君
鸡徒狗　客　出秦关
冯驩再　三　弹剑处
债烧万　千　换名贤

◎**食客三千：**公元前298年，在秦国为相的孟尝君田文险些被秦昭襄王加害。田文凭借他招揽的门客以"鸡鸣狗盗"的方式逃出函谷关。返齐后，他成为齐相，迅速合纵齐、韩、魏三国三次攻秦复仇。秦国则退守函谷关，割地求和。《史记·孟尝君列传》："孟尝君时相齐，封万户于薛。其食客三千人。"◎**燕坐推食孟尝君：**《史记·孟尝君列传》："孟尝君曾待客夜食，有一人蔽火光。客怒，以饭不等，辍食辞去。孟尝君起，自持其饭比之。客惭，自刭。士以此多归孟尝君。"◎**鸡徒狗客出秦关：**孟尝君靠着门客中有人装成狗潜入秦宫偷盗，学鸡叫骗开函谷关城门，得以逃回齐国。寓意虽卑技之徒，亦不能少。◎**冯驩再三弹剑处，债烧万千换名贤：**门客冯驩以"食无鱼""出无舆""无以为家"三次弹剑高歌，引起孟尝君关注。孟尝君便派遣冯驩去薛邑收债，但冯驩竟将债书全部烧掉，令薛地民众皆称赞孟尝君仁德，也使孟尝君先怒后悦。●**皓月曰：**道有先王之道，有黄老刑名；德有尊王攘夷，有合纵连横；心有善，有恶；术有仁，有霸；势有教，有驱；法有公，有私。故贾谊以纵横为志，述过秦之论，赞四公子宽厚爱人之贤；荀卿以性恶为本，表臣道之忠，贬孟尝君朋党比周之篡。是故孔子恶桓货之陪臣，孟子恶惠宣之庸君，墨翟恶礼乐之尊卑，韩非恶儒侠之五蠹。然此中善恶是非，莫非良知所昭然乎？

四公子·平原君

马服阏　与　破阵时
公孙龙　子　悟白石
长平天　高　孤鸿远
赴秦豪　饮　悔亦迟

◎**与子高饮**：公元前266年，战国四公子之一、贵为赵国丞相的平原君赵胜，邀请孔子六世孙子高饮酒。子高劝赵胜勿过饮，赵胜没有放在心上。《孔丛子·儒服》："平原君与子高饮，强子高酒，曰：'昔有遗谚：尧舜千钟，孔子百觚，子路嗑嗑，尚饮十榼。古之贤圣无不能饮也。吾子何辞焉？'子高曰：'以穿所闻，贤圣以道德兼人，未闻以饮食也。'"◎**马服阏与破阵时**：平原君门客赵奢，在公元前269年赵秦阏与之战中以"狭路相逢勇者胜"为战术，大破秦军，被封为马服君。◎**公孙龙子悟白石**：公孙龙为战国名家，以诡辩著称，他是平原君器重的谋士，有"离坚白"之论传世。◎**长平天高孤鸿远，赴秦豪饮悔亦迟**：公元前265年，秦昭襄王以"十日之饮"邀平原君入秦，赵胜欣然前往。不想在席间得知秦王是为给秦相范雎报仇，要平原君杀了门客魏齐。赵胜以爱士为由断然拒绝，竟遭扣留不得归国，赵国闻讯大乱。之后魏齐自刎，赵国遂用魏齐之头换平原君归国。赵胜由此痛恨秦昭襄王。故在公元前262年长平之战初始，平原君力劝赵孝成王赌上全国兵力，与秦昭襄王决一死战。但赵国战败，险被灭国。《荀子·臣道》荀子曰："故谏、争、辅、拂之人，社稷之臣也，国君之宝也……伊尹箕子可谓谏矣，比干子胥可谓争矣，平原君之于赵可谓辅矣，信陵君之于魏可谓拂矣。传曰：'从道不从君。'此之谓也。"

四公子·信陵君

公子欲　祈　五帝德
胜兵先　胜　战秦戈
虎符合　之　邯郸解
赵王执　礼　引西阶

◎**祈胜之礼：** 公元前247年，秦庄襄王派大将蒙骜攻打魏国。因在长平之战时"窃符救赵"得罪其兄魏王而滞留赵国10年的信陵君魏无忌，决定回国抗秦。在合纵诸侯出兵前，魏无忌向孔子六世孙子高请教战前动员的祭祀仪式。◎**公子欲祈五帝德：**《孔丛子·儒服》："子高适魏，会秦兵将至。信陵君惧，造子高之馆而问祈胜之礼焉。子高曰：'命勇谋之将以御敌，先使之迎于敌所从来之方，为坛祈克乎"五帝"，衣服随其方色，执事人数从其方之数，牲则用其方之牲。祝史告于社稷、宗庙、邦域之内名山、大川，君亲素服，誓众于太庙……'信陵君曰：'敬受教。'"◎**胜兵先胜战秦戈：** 信陵君率诸侯联军大破秦军，将秦军逼回函谷关内。《史记·魏公子列传》："公子率五国之兵破秦军于河外，走蒙骜。遂乘胜逐秦军至函谷关，抑秦兵，秦兵不敢出。"《孙子兵法·军形》："是故胜兵先胜，而后求战；败兵先战，而后求胜。"◎**虎符合之邯郸解，赵王执礼引西阶：** 信陵君率领联军在"河内之战"中战胜秦国，但因"功高震主"，得不到其兄魏安釐王的信任。这都是当年信陵君"窃符救赵"，在邯郸城外大破秦军后，赵王以帝王礼仪规格亲迎信陵君所致。信陵君从此纵酒声色，纵欲而死。《史记·魏公子列传》："赵王扫除自迎，执主人之礼，引公子就西阶。公子侧行辞让，从东阶上。自言罪过，以负于魏，无功于赵。"

四公子·春申君

为保楚　君　戏秦王
楚后曾　入　春申房
充耳荆　棘　毋望语
珠履宫　门　可彷徨

◎**君入棘门**：公元前238年，身为楚国令尹25年的春申君黄歇，在走入宫门时被埋伏的刺客杀死。《史记·春申君列传》："楚考烈王卒，李园果先入，伏死士于棘门之内。春申君入棘门，园死士侠刺春申君，斩其头，投之棘门外。"◎**为保楚君戏秦王**：公元前262年，黄歇冒死保护当时还是太子并在秦国做人质的楚考烈王归国，说服战国霸主的秦昭襄王建立"秦楚联盟"，并承诺归楚后建立亲秦政权。后考烈王登位，便重用黄歇。◎**楚后曾入春申房**：黄歇最终未能恪守政治底线，与李园合谋将其已有身孕的妹妹献于楚王为后。皓月曰：此等"孕女献王"的戏说皆不可信。古代史书不着眼于历史真相，而侧重揭示历史逻辑。故楚怀王惑于郑袖，春申君陷于李后，再加上"楚王好细腰，宫中多饿死"的典故，不难发现破坏了制度的庸俗政治文化才是楚国覆灭的根本原因。◎**充耳荆棘毋望语**：门客朱英警告春申君提防李园的诤语。《春申君列传》："春申君相二十五年，楚考烈王病。朱英谓春申君曰：'世有毋望之福，又有毋望之祸。今君处毋望之世，事毋望之主，安可以无毋望之人乎？'"◎**珠履宫门可彷徨**：春申君穿着楚国贵族特有的镶嵌着明珠的鞋子，可谓贵不可言，但他为何不在走入宫门时有所彷徨呢？扬子《法言·渊骞》："或问：'信陵、平原、孟尝、春申益乎？'扬子曰：'上失其政，奸臣窃国命，何其益乎！'"

九流·孔子

百折东　周　更催鞭
莞尔子　游　武城弦
获麟因　列　春秋志
千古中　国　第一贤

◎**周游列国：**公元前497年，孔子带领弟子离开鲁国，在诸侯间宣扬儒家的王道思想，后世常用"周游列国"概括其传奇的一生。●《二程遗书》程子曰："仲尼，元气也；颜子，春生也；孟子，并秋杀尽见。仲尼，无所不包；颜子示'不违如愚'之学于后世，有自然之和气，不言而化者也；孟子则露其才，盖亦时然而已。仲尼，天地也；颜子，和风庆云也；孟子，泰山岩岩之气象也。观其言，皆可以见之矣。仲尼无迹，颜子微有迹，孟子其迹著。"又曰："孔子教人常俯就，不俯就则门人不亲。孟子教人常高致，不高致则门人不尊。"●《朱子语类》论"性理"，**朱子**曰："孔子说仁，多说体；孟子说仁，多说用。如'克己复礼''恻隐之心'之类。"又论《论语》，弟子或问："孟子说'仁'字，义甚分明，孔子都不曾分晓说，是如何？"**朱子**曰："孔子未尝不说，只是公自不会看耳。譬如今沙糖，孟子但说糖味甜耳。孔子虽不如此说，却只将那糖与人吃。人若肯吃，则其味之甜，自不待说而知也。"●《象山先生全集·序》**阳明先生**曰："圣人之学，心学也。尧、舜、禹之相授受曰：'人心惟危，道心惟微，惟精惟一，允执厥中。'此心学之源也。中也者，道心之谓也；道心精一之谓仁，所谓中也。孔孟之学，惟务求仁，盖精一之传也。"●**皓月曰：**孔子所传"先王之道"的六经高于诸子学，今以时下"九流"分类是不得已之举。

九流·孟子

魏道齐　仁　诚诸侯
世希王　者　奈离娄
五百能　无　圣人出
万章已　敌　万古愁

◎**仁者无敌：**公元前320年,孟子来到魏国见到梁惠王。孟子师从孔子之孙子思,他继承孔子"周游列国"的传道方式辗转于中原大地,以"性善论"为基点劝诫诸侯们施行"仁政"。◎**魏道齐仁诚诸侯：**孟子曾劝导中原霸者魏惠王与齐宣王行"仁术"。◎**世希王者奈离娄：**离娄是千里眼。即世间缺少真正的明主,就算有千里眼也找不到,以喻孟子的境遇。《孟子》有《离娄》篇。◎**五百能无圣人出,万章已敌万古愁：**孟子一生没有实现"王道"理想,但他坚信"五百年必有王者兴",便著书立说,为把"仁"的哲学传给下一个圣人。《孟子》有《万章》篇。●《朱子语类》论"性理",或问性情心？朱子曰："性、情、心,惟孟子、横渠(张载)说得好。仁是性,恻隐是情(孟子四端说),须从心上发出来。'心,统性情者也。'性只是合如此底,只是理,非有个物事。若是有底物事,则既有善,亦必有恶。惟其无此物,只是理,故无不善。性是未动,情是已动,心包得已动未动。盖心之未动则为性,已动则为情,所谓'心统性情'也。欲是情发出来底。心如水,性犹水之静,情则水之流,欲则水之波澜,但波澜有好底,有不好底。欲之好底,如'我欲仁'之类；不好底则一向奔驰出去,若波涛翻浪；大段不好底欲则灭却天理,如水之壅决,无所不害。孟子谓情可以为善,是说那情之正,从性中流出来者,元无不好也。"

九流·荀子

儒分孟　荀　道术殊
一王天　子　一霸侯
入秦力　劝　昭襄恻
兰陵著　学　志未酬

◎**荀子劝学：**公元前255年，楚国春申君带兵灭鲁后，任命荀子为兰陵令。荀子的思想与孔孟提倡的"仁"与"心"不同，荀子强调"术"。其弟子韩非、李斯更倾向于法家，这也与荀子的"性恶论"有关。●**皓月曰：**《荀子》的"性恶论"常与《孟子》的"性善论"并列，二者关系如下：(1)二者的"善恶"定义，皆非"人性"的"善良"与"邪恶"，而是指人的意识与思想的"好"与"差"。即《孟子》云"人人可为尧舜"，人的意识与思想可以让人找到"正确的方法与归宿"；而《荀子》认为，一般人"虽不能为禹，无害可以为禹"，他们需要被圣人"伪作之礼"(社会制度)管理，否则人将按"利己主义"原则行事。(2)二者出发点不同，《孟子》是要说服诸侯以"王道"作为治国的理念，"王道"是过程又是目的；《荀子》则冀望诸侯以"儒术"作为强国手段，做到"上可以王，下可以霸"。(3)《孟子》的"道"包含对皇权的制约，《荀子》的"术"则充当帝王权术。(4)"性善"与"性恶"作为《孟子》与《荀子》的理论基础存在，正因为"性善"，王才能与尧舜同而行王道。正因为"性恶"，才需要"儒术"更好地治理民众。●**《朱子语类》"自论为学工夫"，朱子曰：**"如今都教坏了后生，个个不肯去读书，一味颠蹶没理会处，可惜！可惜！正如荀子不睹是，逞快胡骂乱骂，教得个李斯出来，遂至焚书坑儒！若使荀卿不死，见斯所为如此，必须自悔。"

九流·老聃

老聃绝　圣　欲出关
忽遇门　人　索玄言
阴阳圜　抱　道无为
天地合　一　青牛远

◎**圣人抱一：**公元前6世纪的某一天，在传说中作为老子原型的那个人，骑着青牛慢慢消失在人们的视野中。老聃，道家鼻祖。《史记·老子列传》对其进行"一人三身"式描述，一为孔子老师的东周柱下史，后预见东周衰落而出关；二为老莱子，后成为元代《二十四孝》中孝子之一；三为预言秦国将兼并天下的太史儋，其后人仕于汉文帝。老聃的形象经黄老学（黄帝、老子）、玄学（老子、庄子）与道教（太上老君、三清）的不断演变，成为最重要的中华民间信仰之一。《道德经》："是以圣人抱一为天下式。"●**《朱子语类》论老子**，朱子曰："康节（邵雍）尝言'老氏得易之体，孟子得易之用'。非也。老子自有老子之体用，孟子自有孟子之体用。'将欲取之，必固与之'（方法论），此老子之体用也；存心养性，充广其四端（意识论），此孟子之体用也。"又，弟子问："老子与乡原如何？"朱子曰："老子是出人理之外，不好声，不好色，又不做官，然害伦理。乡原犹在人伦中，只是个无见识底好人。"另，弟子问"反者，道之动；弱者，道之用"。朱子曰："老子说话都是这样意思……故张文潜（张耒，苏门四学士之一）说老子惟静故能知变，然其势必至于忍心无情，视天下之人皆如土偶尔。其心都冷冰冰的了，便是杀人也不恤，故其流多入于变诈刑名。太史公将他与申韩同传，非是强安排，其源流实是如此。"

九流·庄周

无为老　庄　喻逍遥
劲宋残　周　自醇浇
漆园一　梦　千载后
缥缈胡　蝶　谁知晓

◎**庄周梦蝶：** 公元前286年，庄周在死去前夕做了一个梦。《庄子·齐物论》："昔者，庄周梦为胡蝶，栩栩然胡蝶也，自喻适志与，不知周也。俄然觉，则蘧蘧然周也。不知周之梦为胡蝶与？胡蝶之梦为周与？"庄周，宋国人，其著作《庄子》是以神话、寓言、对话、诘问等方式探讨存在与政治的哲学作品，其成书过程复杂，杂糅后世伪托之作。《庄子》一书在战国两汉流传不广，至魏晋"玄学"兴起，经向秀、司马彪、郭象等注释，使其获得重生，遂成显学，与老子并称"老庄"。◎**劲宋残周自醇浇：** 皓月曰：庄周的思想在他的时代一定有其渊源，那就是：弱有弱国之用，强有强国之弊。当年"宋襄不鼓"却成为春秋五霸，现在宋国"东伐齐，南败楚，西败魏，又灭滕"，虽成"五千乘之劲宋"，然已结怨诸侯。当初武王伐纣后，让商朝遗民就宋地为国，已设计好宋国的地缘政治。宋国即作为周对楚的藩篱存在，宋的扩张向南方则强，向中原必亡。之后果不其然，趁劲宋内乱之际，齐湣王出兵灭掉宋国，这一年正是公元前286年。而这一切早看在曾学儒学的庄周眼中，但区区一个漆园吏的小官又怎能影响朝廷？那残存的东周不也正是如此，它苟且偷生还能在名义上被尊为周天子，一旦它合纵诸侯，就是自取灭亡之时。这即庄生的"无为则生，有为则死"。这种看似荒诞却极合逻辑的政治关系，不令人感到可悲吗？

九流・墨翟

公输绳　墨　楚云梯
解带墨　子　牒为械
利害是　非　衡楚宋
九距九　攻　留谈奇

◎**墨子非攻**：公元前5世纪，以"善守御，为节用"著称的宋国大夫墨翟来到楚国，说服楚王放弃攻宋，他竟然成功了。《墨子·公输》："公输盘为楚造云梯之械成，将以攻宋……于是见公输盘，子墨子解带为城，以牒为械，公输盘九设攻城之机变，子墨子九距之，公输盘之攻械尽，子墨子之守圉有馀。"●皓月曰：可将墨翟哲学思想解释为"战时互助主义"，即在战争状态这一特殊环境下，社会成员将"节用""兼爱""节葬"作为一种资源分配的原则。而一旦国家恢复正常、社会秩序回归后，墨翟所强调的"非乐"，即否定社会文化的必要性；"非儒"，否定由历史发展与流变所缔造的社会结构与其价值；"尚同"，否定社会个体的自由意志；"非攻"，否定人类战争有"以至仁伐至不仁"的正义属性，片面强调"绝对和平"，就极端不合常理了。即，墨翟在化用儒家哲学术语"仁""义""爱"的同时，重新演绎它们的属性，发展出一套反对社会价值与传承，反对社会文化，反对个体差异，反对人类战争正义性的反人类思想。所以《孟子·滕文公下》中将墨翟与杨朱并列，"杨氏为我，是无君（指国家制度）也；墨氏兼爱，是无父（指社会秩序）也。无父无君（反社会反国家），是禽兽（即反人类）也。"故《墨子》传播的是一种看似有"仁"有"爱"，实质反"仁"反"爱"，是"乡愿""德之贼也"的异端思想。

九流·惠施

狂思妙　惠　五车书
曾笑庄　子　池中鱼
身虽拮　据　志无穷
终弃寒　梧　驾凤去

◎**惠子据梧**：公元前318年，惠施与公孙衍一起筹划楚、韩、赵、魏、燕"五国伐秦"。惠施与庄周同国、同龄且为挚友，但与庄周不同，他积极入世。《庄子》中记述了惠施大量的生平，故后世将其归为名家，淡化了他同为纵横家的身份。《庄子·齐物论》："昭文之鼓琴也，师旷之枝策也，惠子之据梧也，三子之知几乎！"唐成玄英疏为："昭文善能鼓琴，师旷妙知音律，惠施好谈名理。而三子之性，禀自天然，各以己能明示于世。世既不悟，己又疲怠，遂使柱策假寐，以复凭几而暝。"
◎**狂思妙惠五车书**：惠施学富五车，有诸多奇思妙想，如"飞鸟之影未尝动；镞矢之疾而有不行不止之时；一尺之捶，日取其半，万世不竭"等。《庄子·天下》："惠施多方，其书五车。"◎**曾笑庄子池中鱼**：《庄子·秋水》："庄子与惠子游于濠梁之上。庄子曰：'鯈鱼出游从容，是鱼乐也。'惠子曰：'子非鱼，安知鱼之乐？'庄子曰：'子非我，安知我不知鱼之乐？'惠子曰：'我非子，固不知子矣；子固非鱼也，子之不知鱼之乐全矣。'"◎**身虽拮据志无穷**：惠施"之梁、去楚、相魏"为展示其才四处奔波。刘向《说苑·杂言》载，惠施赶着去做梁相，落水险些溺毙。◎**终弃寒梧驾凤去**：惠施度过蛰伏期成为魏相，从车百乘，一飞冲天。《淮南子·齐俗训》："故惠子从车百乘以过孟诸，庄子见之，弃其馀鱼。"唐王勃著有《寒梧栖凤赋》。

九流·公孙龙

石离坚　白　岂知石
白去白　马　复为白
名辩是　非　实取正
天地白　马　衔白石

◎**白马非马**：公元前257年，赵国平原君的妻弟信陵君率魏军解"邯郸之围"，有人建议应给平原君记大功，公孙龙用逻辑论证建议平原君不要领封。《史记·平原君列传》："龙曰：'……今信陵君存邯郸而请封，是亲戚受城而国人计功也。此甚不可。且虞卿操其两权，事成，操右券以责；事不成，以虚名德君。君必勿听也。'"公孙龙为战国名家，有白马、坚白、名实三论传世。●皓月曰："坚白论"，可溯源至《论语·阳货》子曰："不曰坚乎，磨而不磷；不曰白乎，涅而不缁"，在《庄子》中也多次提及；"白马论"，可见《史记》"二世乃斋于望夷宫，欲祠泾沈四白马"与《汉书》"高皇帝刑白马而盟"，即"刑白马"是秦汉间重要盟誓立约活动；"名实论"，出自《邓析子》《尹文子》前代名家。可见公孙龙之学涉猎广泛，且针对现实，绝非卖弄口舌之学。故总体上说，名家将事物绝对抽象的逻辑分析与思想高蹈并非不可取，且因其特殊的思想方法在同时代中独树一帜，但因其缺少儒家的总体上把握政治的原则性；道家的宏观上思考政治的辩证性；法家、纵横家的具体上行使政治的策略性；其在处理国家内政外交上的功能性不强，即《孔丛子》中子高对公孙龙的批评"君子之论，贵当物理，不贵繁辞"，当政治家更需要的是如《论语·卫灵公》中孔子所说"辞达而已矣"，故名家哲学被后世剔除出政治哲学的范畴。

九流·孙武

军纪吴　孙　斩宫娥
阵破楚　子　摧郢荷
不战屈　兵　善战者
十三兵　法　衍史辙

◎**孙子兵法：** 公元前512年，孙武将已写成的《兵法十三篇》献给吴王阖庐，经过试炼，阖庐拜孙武为大将。◎**军纪吴孙斩宫娥：** 孙武斩吴宫美姬以束军纪之事。《史记·孙子列传》："吴王从台上观，见且斩爱姬，大骇。趣使使下令曰：'寡人已知将军能用兵矣。寡人非此二姬，食不甘味，愿勿斩也。'孙子曰：'臣既已受命为将，将在军，君命有所不受。'"◎**阵破楚子摧郢荷：** 公元前506年，吴楚爆发柏举之战，孙武率精兵3万击溃数倍于己的楚军，攻破楚国郢都。楚国从此衰败，直至100多年后吴起变法，才重新崛起。◎**不战屈兵善战者：** 孙武对战争关系的精辟描述，成为后世军事战略的最高思想原则。《孙子兵法·谋攻》："是故百战百胜，非善之善者也；不战而屈人之兵，善之善者也。"●《朱子语类》论《易》，弟子问："《谦》是不与人争，如何五、上二爻皆言'利用侵伐''利用行师'？《象》曰：'利用侵伐，征不服也。'若以其不服而征，则非所以为《谦》矣。"朱子曰："老子言：'大国以下小国，则取小国；小国以下大国，则取大国。'又言：'抗兵相加，哀者胜矣。'孙子曰：'始如处女，敌人开户；后如脱兔，敌不及拒！'大抵《谦》自是用兵之道，只退处一步耳，所以'利用侵伐'也。盖自初六积到六五、上六，谦亦极矣，自宜人人服之。尚更不服，则非人矣，故'利用侵伐'也。如'必也临事而惧'，皆是此意。"

九流·吴起

兵至孙　吴　惊鬼神
西河奋　起　虏强秦
相楚为　雪　啮臂誓
杀妻之　泣　何悲辛

◎**吴起雪泣**：公元前387年，魏武侯将吴起调离西河防线，吴起认为自己走后西河必重归秦国，魏国霸业将倾，痛苦万分，流下男儿泪。《吕氏春秋·恃君览》："吴起至于岸门，止车而休，望西河，泣数行而下。其仆谓之曰：'窃观公之志，视舍天下若舍屣。今去西河而泣，何也？'吴起雪泣而应之，曰：'子弗识也。君诚知我，而使我毕能，秦必可亡，而西河可以王。今君听谗人之议，而不知我，西河之为秦也不久矣，魏国从此削矣。'"◎**兵至孙吴惊鬼神**：兵法运用到孙武与吴起（此特指吴起）的境界已经出神入化了。《史记·吴起列传》："文侯问李克曰：'吴起何如人哉？'李克曰：'起贪而好色，然用兵司马穰苴（春秋时期兵家，著有兵书《司马法》）不能过也。'"◎**西河奋起虏强秦**：公元前409年，吴起率领魏军攻陷秦国西河地带，建西河郡。从此魏国掌控对秦国的战略主动权，在吴起指挥下的魏军对秦军构成绝对优势。◎**相楚为雪啮臂誓**：吴起是卫国人，少时不务正业成为游侠，常遭人嘲笑。吴起一怒之下杀死诽谤者，在逃亡前，他咬破臂膀，对其母发誓，以后不成为卿相，决不回家，后逃至鲁国拜曾子为师。公元前386年，吴起在离开魏国后终于成为楚国卿相，展开变法。◎**杀妻之泣何悲辛**：最初吴起在鲁国为将，但妻子是齐国人，因此鲁国怀疑其攻齐决心，吴起遂杀妻表忠，率兵大破齐军。

九流·起翦颇牧

武安白　起　终自裁
不若王　翦　三请宅
亡楚廉　颇　思赵酒
洒向李　牧　衔剑哀

◎**起翦颇牧：**指白起、王翦、廉颇、李牧战国四大名将。《千字文》："起翦颇牧，用军最精。" ◎**武安白起终自裁：**公元前257年，白起被赐死。《史记·白起列传》："秦王乃使使者赐之剑，自裁。武安君引剑将自刭，曰：'我何罪于天而至此哉？'良久，曰：'我固当死。长平之战，赵卒降者数十万人，我诈而尽坑之，是足以死。'遂自杀。" ◎**不若王翦三请宅：**公元前224年，王翦在率领秦军攻楚前讨要田宅，以获取秦王嬴政的信赖。《史记·王翦列传》："王翦行，请美田宅园池甚众。始皇曰：'将军行矣，何忧贫乎？'王翦曰：'为大王将，有功终不得封侯，故及大王之向臣，臣亦及时以请园池为子孙业耳。'始皇大笑。" ◎**亡楚廉颇思赵酒：**公元前243年，廉颇在楚国郁郁而终。《史记·廉颇列传》："廉颇遂奔魏之大梁。廉颇居梁久之，魏不能信用。楚闻廉颇在魏，阴使人迎之。廉颇一为楚将，无功，曰：'我思用赵人。'廉颇卒死于寿春。" ◎**洒向李牧衔剑哀：**公元前229年，赵国名将李牧自尽而死。《战国策·文信侯出走》："武安君北面再拜赐死，缩剑将自诛，乃曰：'人臣不得自杀宫中。'遇司空马门，趣甚疾，出诚门也。右举剑将自诛，臂短不能及，衔剑征之于柱以自刺。" ●**皓月曰：**兵者诡道乎？然杀人者终自裁，自辱者保残生，功高者独无赏，震主者谁不亡。孙武、吴起、乐毅、韩信、岳飞皆无例外，是诡道终不祥也。

九流·公孙衍

操戟披　犀　五国兵
一人搔　首　天下倾
虎牢刃　合　黄河暗
箭雨已　纵　函谷宁

◎**犀首合纵**：公元前328年，贵为秦国大良造（16级爵，获此爵位的另有商鞅、白起）的公孙衍热盼能成为秦相，秦王却将此职授予他瞧不起的张仪。公孙衍一怒之下诀秦而去，成为魏相。公元前323年，在公孙衍斡旋下，魏、韩、赵、燕、中山五国发起"五国相王"运动，同时称王"合纵"抗秦。公元前318年，其又与惠施合作"合纵"魏、赵、韩、燕、楚，五国伐秦。《孟子·滕文公下》："景春曰：'公孙衍、张仪岂不诚大丈夫哉？一怒而诸侯惧，安居而天下熄。'孟子曰：'是焉得为大丈夫乎？子未学礼乎？丈夫之冠也，父命之；女子之嫁也，母命之。往送之门，戒之曰："往之女家，必敬必戒，无违夫子！"以顺为正者，妾妇之道也。居天下之广居，立天下之正位，行天下之大道。得志，与民由之；不得志，独行其道。富贵不能淫，贫贱不能移，威武不能屈。此之谓大丈夫。'"●**皓月曰**：孟子以"先王之道"的"天下"立场，贬斥纵横家的行径不过是以权谋之术附和诸侯的妾妇之道。纵横家仍是为诸侯攻城割地服务的阴谋家，而只有"救民于水火之中"，民"箪食壶浆以迎"才能叫"王师"。●《朱子语类》解《孟子·公孙丑上》"诐辞知其所蔽，淫辞知其所陷，邪辞知其所离，遁辞知其所穷"，**朱子曰**："诐是险诐不可行，故蔽塞。淫是说得虚大，故有陷溺。邪则离正道。遁则穷；惟穷，故遁。如仪秦杨墨庄列之说，皆具四者。"

九流·张仪

唇枪恫　破　六国心
舌剑一　纵　扫千军
诡策连　连　山东涣
跋扈骄　横　终去秦

◎**破纵连横：**公元前328年，张仪成为秦相，开始施展他的"大外交"政治学，破坏六国"合纵"的"连横"战略。●《朱子语类》论战国汉唐诸子，**朱子曰：**"扬子云谓南北为'经'，东西为'纬'，故南北为'纵'，东西为'横'。六国之势，南北相连则'合纵'；秦据东西，以'横'破'纵'也。"●《东坡全集·论高丽买书利害札子三首》**苏轼曰：**"臣谨按：《汉书》：东平王宇来朝，上疏求诸子及《太史公书》，当时大臣以谓：'诸侯朝聘，考文章，正法度，非理不言。今东平王幸得来朝，不思制节谨度，以防违失，而求诸书，非朝聘之义也。诸子书或反经术，非圣人，或明鬼神，信物怪；《太史公书》有战国纵横权谲之谋，汉兴之初，谋臣奇策、天官灾异、地形厄塞，皆不宜在诸侯王家。不可予。诏从之。臣窃以谓东平王骨肉至亲，特以备位藩臣，犹不得赐，而况海外之裔夷，契丹之心腹者乎？"●《象山集·智者术之原论》**陆九渊曰：**"世之人往往以，谓凡所以经纶天下，创立法制，致利成顺，应变不穷者，皆圣人之所自为。而不知夫盖因其固然行其所无事，而未尝加毫末于其间。彼役役者，方且各以其私术求逞于天下，而曰此圣人之所谓智也。故老氏出于春秋，而有'弃智'之说；孟子生于战国，而有'恶凿'之言；是皆见夫逞私术之失也。然终至于纵横如仪秦，刑名如鞅斯者，杂然四出，而天下遂以分裂溃散，至秦则烬然矣。"

九流·稷下学宫

齐王社　稷　图九州
临淄城　下　拜田邹
刑名之　学　尚黄老
荀卿辞　宫　谪楚丘

◎**稷下学宫**：公元前302年，在齐宣王的招揽下，稷下学宫达到鼎盛时期。作为齐国官方学术机构，稷下学宫位于齐国国都临淄（今山东淄博）稷门旁，学者以阴阳家与黄老学派为主。《史记·田敬仲完世家》："十八年，宣王喜文学游说之士，自如驺衍、淳于髡、田骈、接予、慎到、环渊之徒七十六人，皆赐列第，为上大夫，不治而议论。是以齐稷下学士复盛，且数百千人。"●皓月曰：齐宣王是庸碌无为之君，孟子曾对其伐燕大业寄予厚望，但因其政治上的无能并没有获得燕地民心。故孟子以离开齐国表达对齐宣王的失望。著名成语"滥竽充数"就发生于齐宣王时期，可见齐宣王是附庸风雅、喜欢排场的人。稷下学宫也正以谈天说地的阴阳家与务虚的山东黄老派为主。所以仅在齐宣王死去15年后，燕国乐毅率五国兵马几乎将齐国灭国，可见稷下学宫治国能力不高。●《朱子语类》论战国汉唐诸子，至问："韩子（韩愈）称'孟子醇乎醇，荀（荀子）与扬（扬雄）大醇而小疵'。程子谓：'韩子称孟子甚善，非见得孟子意，亦道不到；其论荀扬则非也。荀子极偏驳，只一句"性恶"，大本已失。扬子虽少过，然亦不识性，更说甚道？'至谓韩子既以失大本不识性者为大醇，则其称孟子'醇乎醇'，亦只是说得到，未必真见得到。"朱子曰："韩子说荀扬大醇是泛说。与田骈慎到申不害韩非之徒观之，则荀扬为大醇。"

九流·邹衍

齐有三　邹　道术高
稷下学　子　为倾倒
燕野清　吹　万籁笛
五德是　律　九州嘹

◎**邹子吹律**：公元前301年，邹衍从齐国北上来到燕国。《史记·燕召公世家》："乐毅自魏往，邹衍自齐往，剧辛自赵往，士争趋燕。"邹衍是战国阴阳家，被齐人称为"谈天衍"，以"五德说""九州说"闻名于诸侯。因其"先序今以上至黄帝"可划分为黄老学派。由于邹衍精通五行、地理与气象，又有"邹子吹律"的典故流传。《论衡·寒温》："燕有寒谷，不生五谷。邹衍吹律，寒谷可种。燕人种黍其中，号曰黍谷。"又《列子·汤问》："师襄乃抚心高蹈曰：'微矣，子之弹也！虽师旷之清角，邹衍之吹律，亡以加之。'"◎**齐有三邹道术高**：《史记·孟子荀卿列传》："齐有三驺子。其前驺忌……其次驺衍……驺奭。"◎**五德是律九州嘹**：邹衍发展《尚书·洪范》"五行"为"五德转移"说，在"赤县神州"上传播。《史记·封禅书》："自齐威、宣之时，驺子之徒论著终始五德之运，及秦帝而齐人奏之，故始皇采用之。"《史记·孟子荀卿列传》："以为儒者所谓中国者，于天下乃八十一分居其一分耳。中国名曰赤县神州。赤县神州内自有九州，禹之序九州是也，不得为州数。中国外如赤县神州者九，乃所谓九州也。"●《朱子语类》论历代，**朱子曰**："五德相承，古人所说皆不定。谓周为木德，后秦以邹衍之说推之，乃以为火德。故秦以所不胜者承周，号水德。汉又承周不承秦。后又有谓汉非火德者。王莽又有云云。三代而上，未有此论。"

九流·屈原

长铗陆　离　楚三闾
忧思为　骚　别郢都
汨罗江　远　何处去
龙驾翱　游　赴太初

◎**离骚远游**：公元前278年6月6日，农历五月五日，屈原自沉汨罗江殉国。屈原是"楚辞"文体的创立者，代表作有《离骚》《远游》等。皓月曰：楚辞将《诗经》叙事传统与楚地神话传说相结合，以夸张的想象力与瑰丽的辞藻将中国古典文学发展到新的高度。楚辞省略掉语气词"兮"，可视为四六言文体，之后演变为汉赋与骈体文。◎**长铗陆离楚三闾**：屈原为楚国三闾大夫，常佩华美的长剑，戴高俊的切云冠。《楚辞·涉江》："带长铗之陆离兮，冠切云之崔嵬。"《史记集解》："《离骚序》曰：'三闾之职，掌王族三姓曰，昭、屈、景，序其谱属，率其贤良，以厉国士也。'"◎**忧思为骚别郢都**：公元前278年，秦白起攻破楚国都城郢都（今湖北荆州市荆州区纪南镇南），屈原作《哀郢》表达对国破家亡的悲愤之情。《史记·屈原贾生列传》："故忧愁幽思而作《离骚》。离骚者，犹离忧也。"◎**龙驾翱游赴太初**：屈原在其诗歌中所表现的升天之行。《离骚》："驾八龙之婉婉兮，载云旗之委蛇。"《远游》："超无为以至清兮，与泰初而为邻。"●《朱子语类》杂记，朱先生"每观一水一石，一草一木，稍清阴处，竟日目不瞬。饮酒不过两三行，又移一处。大醉，则跌坐高拱。经史子集之馀，虽记录杂记，举辄成诵。微醺，则吟哦古文，气调清壮。某所闻见，则先生每爱诵屈原《楚骚》、孔明《出师表》、渊明《归去来》并诗、并杜子美数诗而已"。

九流·吕不韦

　　黄钟大　吕　客三千
　　奇货嬴　氏　忆邯郸
　　十年芳　春　万户侯
　　一落残　秋　望蜀天

◎**吕氏春秋：** 公元前241年，秦国相邦吕不韦将其门客著作合篇为集，称为《吕氏春秋》（又名《吕览》），是一部黄老、尧舜、周孔并举，但"孔子学于老聃"的"尊儒派"杂家著作。《史记·吕不韦列传》："吕不韦乃使其客人人著所闻，集论以为八《览》、六《论》、十二《纪》，二十馀万言。以为备天地万物古今之事，号曰《吕氏春秋》。"◎**黄钟大吕客三千：** 秦庄襄王死后，秦王嬴政年幼，尊吕不韦为"仲父"，吕不韦的权力达到顶峰。鸣钟鼎食，有门客三千人。《周礼·春官·大司乐》："乃奏黄钟，歌大吕，舞云门，以祀天神。"◎**奇货嬴氏忆邯郸：** 当初，吕不韦在赵国邯郸见到作为人质的秦国公子楚，视其"奇货可居"，游说秦华阳夫人以立子楚为嗣为代价，得到子楚"分秦国与君共之"的承诺。后子楚成为秦庄襄王，吕不韦从此飞黄腾达。◎**十年芳春万户侯，一落残秋望蜀天：** 吕不韦献侍人嫪毐讨好太后，祸乱后宫引发政变，终在秦王政十年十月遭到罢免。嬴政以"君何功于秦，秦封君河南，食十万户。君何亲于秦，号称仲父"质问吕不韦，将其发配蜀地，吕不韦梦碎，饮鸩自尽。●《朱子语类》训门人，**朱子曰：**"诸葛诚之尝言，孟子说'性善'，说得来缓，不如说恶底较好。那说恶底，便使得人戒慎恐惧后方去为善。不知是怎生见得偏后，恁地跷蹊。尝见他执得一部吕不韦《吕览》到，道里面煞有道理，不知他见得是如何。"

九流·李斯

秦王纳　谏　始称皇
上蔡何　逐　狡兔忙
生岂食　客　死亦伤
谁摹篆　书　峄山岗

◎**谏逐客书**：公元前237年，由于秦国接连发生"郑国渠疲秦计"与"嫪毐宫乱"，秦王嬴政颁布"逐客令"，欲驱逐六国客卿。时为吕不韦门客的李斯为避免被逐，作《谏逐客书》劝秦王行"儒术"，"王者不却众庶，故能明其德；是以地无四方，民无异国，四时充美，鬼神降福，此五帝三王之所以无敌也。"被嬴政采纳。◎**秦王纳谏始称皇**：秦王嬴政虽然性格暴躁，却能从谏如流，能听取不同意见，这才使秦国继续强盛，终统一中国。◎**上蔡何逐狡兔忙**：公元前208年，李斯在被赵高族灭，腰斩临刑前，"顾谓其中子曰：'吾欲与若复牵黄犬，俱出上蔡东门，逐狡兔，岂可得乎！'"◎**生岂食客死亦伤**：李斯以门客出身，官至秦国丞相，其过人的才能不令人钦佩吗？但他未能恪守"儒术"，迷恋权位，与赵高合污，败坏秦政，换来满门抄斩，不令人伤感吗？◎**谁摹篆书峄山岗**：公元前219年，李斯用由他"创造"的小篆书写《峄山刻石》歌颂秦始皇功德，刻石立碑在山东峄山之上。《史记·秦始皇本纪》："二十八年，始皇东行郡县，上邹峄山。立石，与鲁诸儒生议，刻石颂秦德，议封禅望祭山川之事。"●皓月曰：《峄山刻石》与《泰山刻石》《芝罘刻石》《碣石门刻石》等均为"四字一句，三句一韵"，参考李斯《狱中上书》"更刻画，平斗斛，度量文章，布之天下"，可视为秦始皇"统一"后的文章行文规格，即秦国的文体。

九流·荆轲

地棘天　荆　风萧然
壮士轊　轲　去不还
图穷匕　刺　咸阳殿
天未亡　秦　易水寒

◎**荆轲刺秦：** 公元前227年，荆轲受燕国太子丹之托入秦刺杀秦王嬴政。◎**地棘天荆风萧然：** 秦国大军逼近燕国边境，燕国在外交、军事、资源方面处于绝境，被秦所灭只是时间问题。燕国太子策划刺杀秦王做最后一搏。◎**壮士轊轲去不还：** 荆轲出发前往秦国时的悲壮情景。《史记·刺客列传》："太子及宾客知其事者，皆白衣冠以送之。至易水之上，既祖，取道，高渐离击筑，荆轲和而歌，为变徵之声，士皆垂泪涕泣。又前而为歌曰：'风萧萧兮易水寒，壮士一去兮不复还！'复为羽声慷慨，士皆瞋目，发尽上指冠。于是荆轲就车而去，终已不顾。"◎**图穷匕刺咸阳殿：** 皓月曰：荆轲将匕首藏于地图中但行刺失败，他将失败解释为："事所以不成者，以欲生劫之，必得约契以报太子也。"即荆轲并非要行刺，而是要绑架嬴政，迫其保证不伐燕国。参照《孟子·离娄下》"可以死，可以无死，死伤勇"，荆轲是遵循"先王之道"的义士。●《朱子语类》论诗，朱子曰："李太白诗不专是豪放，亦有雍容和缓底，如首篇'大雅久不作'，多少和缓！陶渊明诗人皆说是平淡。据某看，他自豪放，但豪放得来不觉耳。其露出本相者是《咏荆轲》一篇，平淡底人如何说得这样言语出来！"附陶渊明《咏荆轲》前四句："燕丹善养士，志在报强嬴。招集百夫良，岁暮得荆卿。君子死知己，提剑出燕京。素骥鸣广陌，慷慨送我行。"

始皇·秦灭六国

霸道狂　秦　黩武功
百战覆　灭　山东兵
尚黑纪　六　置郡县
力匡中　国　成一统

◎**秦灭六国**：公元前221年，秦王嬴政共用15年时间先后攻取韩、赵、魏、楚、燕、齐等国，结束了中国自东周以来长达500多年的诸侯纷争局面，统一了天下。◎**尚黑纪六置郡县**：秦崇水德尚黑，数以"六"为本，弃分封制采用郡县制。《史记·秦始皇本纪》："始皇推终始五德之传，以为周得火德，秦代周德，从所不胜。方今水德之始，改年始，朝贺皆自十月朔。衣服旄旌节旗皆上黑。数以六为纪，符、法冠皆六寸，而舆六尺，六尺为步，乘六马。更名河曰德水，以为水德之始。"●**皓月曰**：《楚辞》去掉语气助词"兮"，可视为以"六言"为主的文体。"六"代表"六合"，即"天地"，与一统天下构成象征关系。另《汉书·礼乐志》："高祖庙奏武德、文始、五行之舞……五行舞者，本周舞也，秦始皇二十六年更名曰'五行'也。"始皇二十六年正是公元前221年，即秦始皇一统中国后，确实更定了"周礼"。且《汉书·礼乐志》"高祖时，叔孙通因秦乐人制宗庙乐"，可推测秦并六国后的礼乐是完备的。●《二程遗书》："嘉仲问：'封建可行否？'**程子曰**：'封建之法，本出于不得已。柳子厚有论，亦窥测得分数。秦法固不善，亦有不可变者，罢侯置守是也。'"●《朱子语类》论治道，**朱子曰**："封建实是不可行。若论三代之世，则封建好处，便是君民之情相亲，可以久安而无患；不似后世郡县，一二年辄易，虽有贤者，善政亦做不成。"

始皇·观礼于鲁

始皇曾　观　三百篇
三千曲　礼　八佾翻
刻石祠　于　泰山上
若尊邹　鲁　国何亡

◎**观礼于鲁：** 公元前219年，秦始皇封禅泰山，观礼于鲁。《水经注·泗水》："秦始皇观礼于鲁，登于峄山之上，命丞相李斯以大篆勒铭山岭。"《史记·秦始皇本纪》："二十八年，始皇东行郡县，上邹峄山。立石，与鲁诸儒生议，刻石颂秦德，议封禅望祭山川之事。乃遂上泰山，立石，封，祠祀。" ●**皓月曰：** 合理推测，秦始皇嬴政至山东鲁观礼，必定会观看八佾舞、浏览《诗三百》。此事件非同寻常，它表现了秦国作为一个战胜国，将如何面对与融合作为战败国的六国的制度和文化。显然，能"与鲁诸儒生议"——这个行为就表示秦始皇对此事高度重视。因为秦虽兼并六国，也需要获得六国的文化认可，"封禅"是重要的政治指标。刻石与观礼，表现了嬴政初并天下后，与"山东旧地"谋求合作的政治"蜜月期"。●《二程遗书》程子曰："文中子言：'封禅之费，非古也，其秦、汉之侈心乎！'此言极好。古者封禅，非谓夸治平，乃依本分祭天地，后世便把来做一件矜夸底事。如周颂告成功，乃是陈先王功德，非谓夸自己功德。" ●《朱子语类》论《论语》，弟子问"十世可知"？朱子曰："三纲、五常，虽衰乱大无道之世，亦都在。且如继周者秦，是大无道之世。毕竟是始皇为君，李斯等为臣；始皇为父，胡亥为子。三纲、五常地位占得大了，便是损益亦不多。至秦欲尊君，便至不可仰望；抑臣，便至十分卑屈。"

始皇·咸阳宫谏

威德克　咸　郡县初
置酒咸　阳　贺寿福
儒法极　宫　论皇建
师古明　谏　换焚书

◎**咸阳宫谏**：公元前213年，秦始皇置酒咸阳宫，引发"焚书"事件。《论衡·语增》："秦始皇帝三十四年，置酒咸阳台，儒士七十人前为寿……齐淳于越（秦博士）进谏始皇不封子弟功臣，自为狭辅……李斯非淳于越曰：'诸生不师今而学古，以非当世，惑乱黔首。臣请敕史官，非秦记皆烧之；非博士官所职，天下有敢藏《诗》《书》百家语诸刑书者；悉诣守、尉集烧之；有敢偶语《诗》《书》弃市；以古非今者族灭；吏见知弗举与同罪。'始皇许之。"皓月曰：结合《史记·秦本纪》"女华生大费，与禹平水土"，与《史记·秦始皇本纪》"三十七年……上会稽，祭大禹，望于南海，而立石刻颂秦德"，可知秦的祖先曾与大禹共同治水，后始皇又去祭大禹（此即是稽古），则秦国绝不会完全灭绝"诗书"，嬴政意在禁除以前六国对"诗书"的解释，只许流通"秦记"与"秦博士所职"。《朱子语类》杂类，**朱子曰**："古人以竹简写书，民间不能尽有，惟官司有之。如秦焚书，也只是教天下焚之，他朝廷依旧留得。如说：'非秦记及博士所掌者，尽焚之。'到六经之类，他依旧留得，但天下人无有。"◎**威德克咸郡县初**：秦并天下，六国降服，国家社会秩序井然。威德，《尚书·吕刑》："德威惟畏，德明惟明。"◎**儒法极宫论皇建**：淳于越谏言秦始皇用分封制，为儒家。李斯建议是今非古，为法家。皇建，《尚书·洪范》："皇建其有极。"

始皇·始皇默然

　　一焚四　始　禁前书
　　阿房皇　皇　蜀山秃
　　暴嬴何　默　侯生怒
　　长叹喟　然　悔坑儒

◎**始皇默然**：公元前212年，引发"坑儒"事件的侯生，在被行刑前痛斥嬴政的暴虐，令秦始皇默然无语，后将其释而不诛。《群书治要·说苑·反质》："诸生四百馀人，皆坑之。侯生后得，始皇召而见之。侯生曰：'陛下肯听臣一言乎？'始皇曰：'若欲何言？'侯生曰：'……臣等不惜臣之身，惜陛下国之亡耳。今陛下之淫，万丹朱（尧的逆子）而千昆吾（妲己之国）桀纣（夏桀商纣），臣恐陛下之十亡曾不一存。'始皇默然，久之，曰：'汝何不早言？'侯生曰：'陛下……上侮五帝，下凌三王，弃素朴就末技，陛下亡征久见矣……'始皇曰：'吾可以变乎？'侯生曰：'形已成矣。陛下坐而待亡耳，若陛下欲更之，能若尧与禹乎……'始皇喟然而叹，遂释不诛。"皓月曰：结合《史记·秦始皇本纪》"三十七年……上会稽，祭大禹，望于南海，而立石刻颂秦德"，可见刘向在《说苑》的描述，填补了嬴政先"坑儒"然后又去"祭大禹"之间的逻辑合理性。另，结合《秦始皇本纪》"坑儒"上下文，求仙药不得而令始皇大怒的是"方术家"，即齐国稷下学宫之黄老派。而《论语》在孔子逝后分为《齐论语》与《鲁论语》，齐国稷下学子必诵《齐论语》，此即扶苏所言"诸生皆诵法孔子，今上皆重法绳之，臣恐天下不安"的由来。◎**一焚四始禁前书**：《史记·孔子世家》："《关雎》之乱以为《风》始，《鹿鸣》为《小雅》始，《文王》为《大雅》始，《清庙》为《颂》始。"

始皇·亡秦者胡

政乱人　亡　沙丘鸣
傲世嬴　秦　鲍鱼腥
早知宦　者　身后叛
何劳拒　胡　垒长城

◎**亡秦者胡**：公元前210年，秦始皇在最后一次巡游途中病逝。◎**政乱人亡沙丘鸣**：沙丘宫是不祥之地，是商纣王淫乱与赵武灵王饿死之处，这预示秦的灭亡。《史记·秦始皇本纪》："七月丙寅，始皇崩于沙丘平台（今河北邢台广宗县）。"◎**傲世嬴秦鲍鱼腥**：曾经不可一世的秦始皇死去了，皇帝的行在却绕远路返回咸阳，因天气炎热，皇帝的车队悬挂上鲍鱼，来掩盖车辆散发的尸臭。《史记·秦始皇本纪》："行，遂从井陉抵九原。会暑，上辒车臭，乃诏从官令车载一石鲍鱼，以乱其臭。"◎**早知宦者身后叛**：始皇的死讯被赵高与李斯隐瞒下来，他们随即矫诏，赐死太子扶苏，扶植胡亥为秦二世。皓月曰：李斯师从荀子学习"儒术"，但倾向于申不害、韩非的刑名学，又继承秦国商鞅法家政治传统，故他的思想内核为"是以明君独断，故权不在臣也"的"儒刑法融合型尊王之术"，这与赵高以宦官架空皇帝的内廷权术存在不可调和的矛盾。◎**何劳拒胡垒长城**：公元前215年，秦始皇相信谶图所示，认为"亡秦"者一定是胡人，遂发兵攻击北胡。而实质上，此"胡"指嬴政的次子胡亥。《史记·秦始皇本纪》："始皇巡北边，从上郡入。燕人卢生使入海还，以鬼神事，因奏录图书，曰'亡秦者胡也'。始皇乃使将军蒙恬发兵三十万人北击胡，略取河南地。"又《史记·秦始皇本纪》："乃使蒙恬北筑长城而守藩篱，却匈奴七百馀里。"

始皇·秦兵马俑

威武大　秦　军阵雄
戟士弩　兵　跃如生
将军车　马　号令在
八千陶　俑　守地宫

◎**秦兵马俑**：公元1974年3月29日，陕西省西安市临潼区西杨村的村民在打井时，意外发现了真人大小的陶俑。经发掘考证，陶俑属于秦代，俑坑中出土了刻有不同年份的"相邦吕不韦造"铸造戈矛；陶俑做工精良、布局考究，规模浩大，距秦始皇陵封土直线距离为1500米，从考古与逻辑上分析，这样大规模的陶俑只可能属于秦始皇，即为秦始皇陵陪葬的一部分，故被命名为"秦始皇兵马俑"，被誉为"世界第八大奇迹"。◎**威武大秦军阵雄，戟士弩兵跃如生**：秦军以士兵众多、作战勇猛著称。兵马俑坑中出土的陶俑作手握戈矛与弩箭之姿，有的凝神肃立，有的跃跃欲试，栩栩如生。《荀子·议兵》："故齐之技击，不可以遇魏氏之武卒；魏氏之武卒，不可以遇秦之锐士；秦之锐士，不可以当桓文之节制；桓文之节制，不可以敌汤武之仁义。"◎**将军车马号令在，八千陶俑守地宫**：俑坑还出土了车马俑、将军俑，这是一支8000人规模的始皇禁卫部队，好似还在执行他们的任务，守卫始皇帝的安全。●**皓月曰**：当我们端详秦俑，却更像陶俑在凝望我们。他们诉说着历史，他们给了我们暗示，我们却像孩子不太理解父辈的语言。他们站在那里，笔直而阳刚，像年轻时代的父亲，小腹刚刚隆起，一眼就可洞穿我们。他们只站着，却能让无声回响，构成哲学与艺术，值得我们用永恒的注视去反复理解。

第二辑　楚汉传奇

仁・斩蛇起义

释徒醉　斩　泽径析
闻说白　蛇　引赤帝
祥云常　起　芒砀间
祭黄举　义　汉刘季

◎**斩蛇起义**：公元前210年，泗水亭长刘邦负责押解囚徒到骊山，途中不断有人逃走，刘邦干脆释放所有囚徒，自己也逃走，在逃亡途中斩杀了挡路的象征秦祚的白蛇，在祭拜黄帝后反秦起义。《汉书·高帝纪》："高祖以亭长为县送徒骊山，徒多道亡。自度比至皆亡之，到丰西泽中亭，止饮，夜皆解纵所送徒。曰：'公等皆去，吾亦从此逝矣！'徒中壮士愿从者十馀人。高祖被酒，夜径泽中，令一人行前。行前者还报曰：'前有大蛇当径，愿还。'高祖醉，曰：'壮士行，何畏！'乃前，拔剑斩蛇。蛇分为两，道开。……后人来至蛇所，有一老妪夜哭。人问妪何哭，妪曰：'人杀吾子。'人曰：'妪子何为见杀？'妪曰：'吾子，白帝子也，化为蛇，当道，今者赤帝子斩之，故哭。'"◎**祥云常起芒砀间**：《汉书·高帝纪》："高祖隐于芒、砀山泽间，吕后与人俱求，常得之。高祖怪，问之，吕后曰：'季所居上常有云气，故从往常得季。'"◎**祭黄举义汉刘季**：《汉书·高帝纪》："高祖乃立为沛公。祠黄帝，祭蚩尤于沛廷，而衅鼓旗。帜皆赤，由所杀蛇白帝子，所杀者赤帝子故也。"●《朱子语类》论《春秋》，弟子问："左传载卜筮，有能先知数世后事，有此理否？"朱子曰："此恐不然。只当时子孙欲僭窃，故为此以欺上罔下尔。如汉高帝蛇，也只是脱空。陈胜王凡六月，便只是他做不成，故人以为非；高帝做得成，故人以为符瑞。"

仁·张良进履

家资分　张　为刺秦
以显忠　良　报韩心
投椎不　进　隐楚地
竟遇坠　履　一老人

◎**张良进履**：公元前218年，张良在逃亡中遇到黄石公。《汉书·张良传》："良尝闲从容步游下邳圯上，有一老父，衣褐，至良所，直堕其履圯下，顾谓良曰：'孺子下取履！'良愕然，欲殴之。为其老，乃强忍，下取履，因跪进。父以足受之，笑去。良殊大惊。父去里所，复还，曰：'孺子可教矣。后五日平明，与我期此。'良因怪之，跪曰：'诺。'"◎**家资分张为刺秦**：《张良传》："韩破，良家僮三百人，弟死不葬，悉以家财求客刺秦王，为韩报仇，以五世相韩故。"◎**投椎不进隐楚地**：《张良传》："（张良）得力士，为铁椎重百二十斤。秦皇帝东游，至博狼沙中，良与客狙击秦皇帝，误中副车。秦皇帝大怒，大索天下……良乃更名姓，亡匿下邳。"●《朱子语类》论历代，弟子问子房、孔明人品。朱子曰："子房全是黄老，皆自黄石一编中来。"又问："一编非今之三略乎？"朱子曰："又有黄石公素书，然大率是这样说话。"广云："观他博浪沙中事也甚奇伟。"朱子曰："此又忒煞不黄老。为君报仇，此是他资质好处。后来事业则都是黄老了，凡事放退一步。若不得那些清高之意来缘饰遮盖，则其从衡诡谲，殆与陈平辈一律耳。孔明学术亦甚杂。"广云："他虽尝学申韩，却觉意思颇正大。"朱子曰："唐子西（唐庚，北宋政治家，诗人）尝说子房与孔明皆是好人才。但其所学，一则从黄老中来，一则从申韩中来。"

仁·胯下之辱

淮阴俛　胯　小儿难
漂母篱　下　一饭艰
等闲戏　之　英雄短
豪杰荣　辱　在千年

◎**胯下之辱**：约公元前210年，韩信隐其志，受淮阴少年的胯下之辱。◎**淮阴俛胯小儿难**：《汉书·韩信传》："淮阴少年又侮信曰：'虽长大，好带刀剑，怯耳。'众辱信曰：'能死，刺我；不能，出胯下。'于是信孰视，俛出胯下。一市皆笑信，以为怯。"◎**漂母篱下一饭艰**：《韩信传》："至城下钓，有一漂（以水击絮曰漂）母哀之，饭信，竟漂数十日。信谓漂母曰：'吾必重报母。'母怒曰：'大丈夫不能自食，吾哀王孙而进食，岂望报乎！'"●《象山集·删定官轮对札子》陆九渊曰："臣尝谓事之至难，莫如知人。事之至大，亦莫如知人。人主诚能知人，则天下无馀事矣。管仲常三战三北，三见逐于君，鲍叔何所见，而遽使小白置弯刀之怨，释囚拘而相之。韩信家贫无行，不得推择为吏，不能自业，见厌于人，寄食于漂母，受辱于胯下，萧相国何所见而必使汉王拔于亡卒之中，斋戒设坛而拜之？陆逊吴中年少书生耳，吕蒙何所见而必使孙仲谋度越诸老将而用之？诸葛孔明南阳耕夫，偃蹇为大者耳。徐庶何所见，而必欲屈蜀先主枉驾顾之？此四人者，自其已成之效观之，童子知其非常士也。当其困穷未遇之时，臣谓常人之识，必无能知之。理人之知识若登梯然，进一级则所见愈广，上者能兼下之所见，下者必不能如上之所见。陛下诚能坐进此道，使古今人品了然于心目，则四子之事又岂足为陛下道哉？"

仁·大泽起义

身卑志　大　雨淫淫
扶苏灵　泽　项燕心
揭竿而　起　伐无道
鸿鹄有　义　诛暴秦

◎**大泽起义**：公元前209年秋，陈胜、吴广在大泽乡起义。◎**身卑志大雨淫淫**：《汉书·陈胜传》："秦二世元年秋七月，发闾左戍渔阳九百人，胜、广皆为屯长。行至蕲大泽乡，会天大雨，道不通，度已失期。失期法斩，胜、广乃谋曰：'今亡亦死，举大计亦死，等死，死国可乎？'"◎**扶苏灵泽项燕心**：《汉书·陈胜传》："胜曰：'天下苦秦久矣。吾闻二世，少子，不当立，当立者乃公子扶苏。扶苏以数谏故不得立，上使外将兵。今或闻无罪，二世杀之。百姓多闻其贤，未知其死。项燕为楚将，数有功，爱士卒，楚人怜之……今诚以吾众为天下倡，宜多应者。'广以为然。"◎**揭竿而起伐无道**：《汉书·陈胜传》引《过秦论》曰："然而陈涉，瓮牖绳枢之子，氓隶之人，迁徙之徒也，材能不及中庸，非有仲尼、墨翟之知，陶朱、猗顿之富。蹑足行伍之间，而崛起阡陌之中，帅罢散之卒，将数百之众，转而攻秦。斩木为兵，揭竿为旗，天下云合响应，赢粮而景从，山东豪俊遂并起而亡秦族矣。"◎**鸿鹄有义诛暴秦**：《汉书·陈胜传》："胜少时，尝与人佣耕。辍耕之垄上，怅然甚久，曰：'苟富贵，无相忘！'佣者笑而应曰：'若为佣耕，何富贵也？'胜太息曰：'嗟乎，燕雀安知鸿鹄之志哉！'"又《汉书·陈胜传》："乃入据陈。数日，号召三老豪杰会计事。皆曰：'将军身被坚执锐，伐无道，诛暴秦，复立楚之社稷，功宜为王。'胜乃立为王，号为张楚。"

仁·陈王至陈

陈涉据　陈　号张楚
置侯谴　王　裂秦宇
千乘已　至　骊山陵
兵败弃　陈　死城父

◎**陈王至陈**：公元前209年，陈胜在陈县（今河南周口淮阳县）称王，国号张楚。《史记·陈涉世家》："初，陈王至陈，令铚人宋留将兵定南阳，入武关。"《汉书·陈胜传》"攻陈……乃入据陈。数日，号召三老豪杰会计事……胜乃立为王，号为张楚。"
◎**置侯谴王裂秦宇**：陈胜传檄天下，分割秦域，立吴广为"假王"，攻荥阳；命武臣、张耳、陈馀攻赵；命邓宗攻九江；命周市攻魏；任蔡赐为上柱国。◎**千乘已至骊山陵**：陈胜拜周章将，率兵十万，车千乘，攻入关中，被章邯击败。◎**兵败弃陈死城父**：陈胜同样不敌章邯，弃陈县逃走，死于城父（今安徽亳州涡阳县东南），历时6个月的大泽乡起义宣告失败。●《朱子语类》论历代，黄仁卿问："自秦始皇变法之后，后世人君皆不能易之，何也？"朱子曰："秦之法，尽是尊君卑臣之事，所以后世不肯变。且如三皇称'皇'，五帝称'帝'，三王称'王'，秦则兼'皇帝'之号。只此一事，后世如何肯变！"又问："贾生'仁义攻守'之说，恐秦如此，亦难以仁义守之。"朱子曰："它若延得数十年，亦可扶持整顿。只是犯众怒多……所以不旋踵而亡。如三皇五帝三王以来，皆以封建治天下。秦一切扫除，不留种子。秦视六国之君，如坑婴儿。今年捉一人，明年捉两人，绝灭都尽，所以犯天下众怒。当时但闻'秦'字，不问智愚男女，尽要起而亡之！陈涉便做陈王，张耳便做赵王，更阻遏它不住。"

仁·梁起东阿

武信项　梁　吴中豪
八千兵　起　惊江蛟
合纵山　东　立楚帝
怎料太　阿　坠定陶

◎**梁起东阿**：公元前208年，在陈胜张楚失败后，项梁率领楚地起义军在东阿（今山东聊城阳谷县阿城镇）击败秦军，极大振奋了反秦力量。《汉书·项籍传》："梁起东阿，比至定陶，再破秦军，羽等又斩李由，益轻秦，有骄色。"◎**武信项梁吴中豪**：项梁为项羽叔父，其父为原楚国大将项燕。项燕在秦灭楚之战中，歼灭了李信率领的20万秦军，后被率领60万秦军的王翦击败，自杀。项氏在楚国世代为将，项梁以反秦天命自居，自命为武信君。◎**八千兵起惊江蛟**：《汉书·项籍传》："秦二年，广陵人召平为陈胜徇广陵，未下。闻陈胜败走，秦将章邯且至，乃渡江矫陈王令，拜梁为楚上柱国，曰：'江东已定，急引兵西击秦。梁乃以八千人渡江而西。'"◎**合纵山东立楚帝**：项梁北上，沿途各路人马以项氏名重而归附之，然而秦嘉已在彭城立景驹为楚王，项梁以"逆无道"为名将其剿灭，获得楚地起义军绝对领导权，后拥立昔日楚怀王之孙为名义上的楚王。◎**怎料太阿坠定陶**：公元前208年9月，项梁骄兵冒进，遭遇章邯阻击，在定陶战死。太阿，春秋时欧冶子、干将所铸名剑，喻项梁勇猛刚毅。●《朱子语类》论历代，朱子曰："汉高祖见始皇出，谓：'丈夫当如此耳！'项羽谓：'彼可取而代也！'其利心一也。"又，《朱子语类》论《论语》，朱子曰："（程颢）第三说亦曰：'务民之义'，如项梁立义帝，谓从民望者，是也。"

义·指鹿为马

万夫所　指　一赵高
惑秦失　鹿　击惊涛
天道无　为　人自孽
终引戎　马　咸阳桥

◎**指鹿为马**：公元前 207 年 8 月，赵高以"指鹿为马"之计钳制群臣之口，以便愚弄秦二世。原辞出自唐李善《文选注·西征赋》引东汉《风俗通》(佚文)："秦相赵高，指鹿为马，束蒲为脯，二世不觉。"典故出自《史记·秦始皇本纪》："项羽急击秦军，虏王离，邯等遂以兵降诸侯。八月己亥，赵高欲为乱，恐群臣不听，乃先设验，持鹿献于二世，曰：'马也。'二世笑曰：'丞相误邪？谓鹿为马。'问左右，左右或默，或言马以阿顺赵高。或言鹿者，高因阴中诸言鹿者以法。后群臣皆畏高。"
◎**天道无为人自孽，终引戎马咸阳桥**：赵高矫诏始皇，害扶苏蒙恬，杀嬴氏宗室，族灭李斯，逼死二世，是罪孽太深。《孟子·离娄上》："《太甲》曰：'天作孽，犹可违；自作孽，不可活。'"《道德经》："天下有道，却走马以粪。天下无道，戎马生于郊。罪莫大于可欲，祸莫大于不知足，咎莫大于欲得。" ●《东坡全集·赵高李斯》苏轼曰："始皇致乱之道，在用赵高。夫阉尹之祸，如毒药猛兽，未有不裂肝碎胆者也。自书契以来，惟东汉吕强、后唐张承业二人号称善良，岂可望一二于千万，以致必亡之祸哉？然世主皆甘心而不悔，如汉桓、灵，唐肃、代，犹不足深怪，始皇、汉宣皆英主，亦湛于赵高、恭、显之祸。彼自以为聪明人杰也，奴仆熏腐之馀何能为，及其亡国乱朝，乃与庸主不异。吾故表而出之，以戒后世人主如始皇、汉宣者。"

义·卿子冠军

宋义拜　卿　坐论筹
北救赵　子　欲渔收
鲁公冲　冠　亮吴钩
斩帅挥　军　震诸侯

◎**卿子冠军：**公元前208年，楚怀王封宋义为"卿子冠军"。《汉书·项籍传》："王召宋义与计事而说之，因以为上将军；羽为鲁公，为次将，范增为末将。诸别将皆属，号卿子冠军。北救赵。"又《汉书·高帝纪》："章邯已破项梁，以为楚地兵不足忧，乃渡河北击赵王歇，大破之。歇保巨鹿城，秦将王离围之。赵数请救，怀王乃以宋义为上将……北救赵。"◎**宋义拜卿坐论筹，北救赵子欲渔收：**宋义准备用以逸待劳的方式解巨鹿之围，即最大限度地套牢秦军主力，为刘邦西入武关创造战略条件，以时间换空间。一旦刘邦攻取咸阳，巨鹿之围不战自破。显然项羽反对此策。《汉书·项籍传》："秦三年，羽谓宋义曰：'今秦军围巨鹿，疾引兵渡河，楚击其外，赵应其内，破秦军必矣。'宋义曰：'不然。夫搏牛之虻不可以破虮。今秦攻赵，战胜则兵罢，我承其敝；不胜，则我引兵鼓行而西，必举秦矣。故不如先斗秦、赵。夫击轻锐，我不如公；坐运筹策，公不如我。'因下令军中曰：'猛如虎，狠如羊，贪如狼，强不可令者，皆斩。'"◎**鲁公冲冠亮吴钩，斩帅挥军震诸侯：**皓月曰：项羽急于为项梁报仇，又想先取关中立功，故捏造罪名斩杀宋义。楚怀王只得顺水推舟，立项羽为上将军继续巨鹿的战事。项羽阵前杀帅之举"威震诸侯"，想必范增在整个事件中应发挥了某种作用，以便实现自己与项羽的利益最大化。

义·巨鹿之战

秦师锋　巨　气冲天
诸侯逐　鹿　壁上观
项王怒　之　破釜船
决死九　战　屠秦胆

◎**巨鹿之战**：公元前208年闰9月—前207年7月，项羽率5万楚军于巨鹿（今河北邢台巨鹿县）击败章邯、王离所率40万秦军，是秦末以少胜多的著名战役。
◎**秦师锋巨气冲天**：秦将王离率20万秦军围巨鹿，章邯又率20万秦军北上合围，而项羽兵力只有5万。《前汉纪》："初，宋义与项羽将五万距秦三将。当王离与羽大战时，精兵四十万众，并章邯军故也。"◎**诸侯逐鹿壁上观**：各路诸侯都参与救赵行动，但惧怕秦军兵众力强，又想保存实力，故只坚守营壁观望事态发展。《汉书·项籍传》："当是时，楚兵冠诸侯。诸侯军救巨鹿者十馀壁，莫敢纵兵。及楚击秦，诸侯皆从壁上观。楚战士无不一当十，呼声动天地。诸侯军人人惴恐。"◎**项王怒之破釜船**：项羽以破釜沉舟之势，发起对秦军的攻势。《汉书·项籍传》："羽乃悉引兵渡河。已渡，皆湛舡，破釜甑，烧庐舍，持三日粮，视士必死，无还心。"
◎**决死九战屠秦胆**：项羽在巨鹿决战中九战九胜，彻底歼灭秦国最有战斗力的两支部队。其后秦国再无力组织对联军的反击，秦国覆灭只剩时间问题。《汉书·项籍传》："于是至则围王离，与秦军遇，九战，绝甬道，大破之，杀苏角，虏王离。涉闲不降，自烧杀。"●《朱子语类》论为学之方，朱子曰："且如项羽救赵，既渡，沉船破釜，持三日粮，示士必死，无还心，故能破秦。若瞻前顾后，便做不成。"

义·西略入关

沛公砀　西　遇酒徒
拜将以　略　陈留粟
屠颍兵　入　平阴津
降宛袭　关　收秦符

◎**西略入关**：公元前208年10月，楚怀王命刘邦"西略地入关"，约定"先入定关中者王之"。《汉书·高帝纪》："怀王诸老将皆曰：'……秦父兄苦其主久矣，今诚得长者往，毋侵暴，宜可下。项羽不可遣。独沛公素宽大长者遣。'"《史记·高祖本纪》："令沛公西略地入关。与诸将约，先入定关中者王之。"◎**沛公砀西遇酒徒，拜将以略陈留粟**：郦食其自称"高阳酒徒"拜见刘邦，以"夫陈留，天下之冲，四通五达之郊也，今其城中又多积粟"为由强调陈留的重要性，并亲自策反陈留守军，被封"广野君"。陈留属于砀郡。◎**屠颍兵入平阴津**：公元前207年4月，刘邦屠颍川、绝河津。《汉书·高帝纪》："四月，南攻颍川，屠之。因张良遂略韩地。时赵别将司马卬方欲渡河入关，沛公乃北攻平阴，绝河津。"◎**降宛袭关收秦符**：刘邦用张良计，降宛城，袭武关，取关中，秦子婴向刘邦投降。《汉书·高帝纪》："沛公至霸上。秦王子婴素车白马，系颈以组，封皇帝玺符节，降枳道旁。"●《朱子语类》论《论语》，朱子曰："汉高从初起至入秦，只是掳掠将去，与项羽何异。但宽大，不甚杀人耳。秦以苛虐亡，故高祖不得不宽大。"《朱子语类》论历代，朱子曰："汉高祖自小路入秦，由今襄阳、金、商、蓝田入关，节录作'从长安角上入关'。项羽自河北大路入关。及项羽尽杀秦人，想得秦人亦悔不且留取子婴在也。"

义·怀王之约

仁者胸　怀　入咸阳
礼待秦　王　不杀降
重宝封　之　还灞上
去苛立　约　法三章

◎**怀王之约：** 公元前207年10月，秦王子婴向刘邦投降。刘邦取咸阳后，遵照与楚怀王的约定，最大限度地保护战乱下关中地区的社会秩序，取得政治上的主动，获得关中百姓支持。《汉书·高帝纪》："元年冬十月，五星聚于东井。沛公至霸上。秦王子婴素车白马，系颈以组，封皇帝玺符节，降枳道旁。"◎**礼待秦王不杀降：** 刘邦礼遇秦王。《汉书·高帝纪》："诸将或言诛秦王，沛公曰：'始怀王遣我，固以能宽容，且人已服降，杀之不祥。'乃以属吏。"◎**重宝封之还灞上：** 刘邦不掠秦宝。《汉书·高帝纪》："（邦）欲止宫休舍，樊哙、张良谏，乃封秦重宝财物府库，还军灞上。萧何尽收秦丞相府图籍文书。"◎**去苛立约法三章：** 公元前207年11月，刘邦废秦苛法，约法三章维护关中秩序。《汉书·高帝纪》："十一月，召诸县豪杰曰：'父老苦秦苛法久矣，诽谤者族，耦语者弃市。吾与诸侯约，先入关者王之，吾当王关中。与父老约，法三章耳：杀人者死，伤人及盗抵罪。馀悉除去秦法。'" ●《朱子语类》训门人，**朱子曰：** "某说'克、伐、怨、欲'，此四事，自察得却绝少。昨日又思量'刚'字，先圣所取甚重，曰：'吾未见刚者。'某验之于身，亦庶几焉……如汉高祖得关中，若见宝货妇女喜后便住，则败事矣！又如既取得项羽，只管喜后，不去经画天下，亦败事。正如过渡，既已上岸，则当向前，不成只管赞叹渡船之功！"

义·鸿门宴

鸿门刘　项　生死宴
亚父项　庄　张良眼
杀气漫　舞　杯中汗
催马仗　剑　灞上返

◎**鸿门宴**：公元前206年初，项羽得知刘邦欲在关中称王，大怒，突破函谷关，40万大军驻扎在新丰鸿门（今陕西西安临潼区新丰街道鸿门堡村）欲攻刘邦。◎**鸿门刘项生死宴**：刘邦听从张良与项伯建议，前往鸿门向项羽谢罪。《汉书·高帝纪》："沛公旦日从百馀骑见羽鸿门，谢曰：'臣与将军勠力攻秦，将军战河北，臣战河南，不自意先入关，能破秦，与将军复相见。今者有小人言，令将军与臣有隙。'……羽因留沛公饮。"◎**亚父项庄张良眼**：在晨宴上，范增数次用目光暗示项羽，项羽不回应，范增便命项庄在舞剑时伺机动手，而这一切都被张良看在眼中。◎**杀气漫舞杯中汗**：《史记·项羽本纪》："项庄拔剑起舞，项伯亦拔剑起舞，常以身翼蔽沛公，庄不得击。于是张良至军门，见樊哙……良曰：'甚急。今者项庄拔剑舞，其意常在沛公也。'"◎**催马仗剑灞上返**：刘邦听从樊哙建议，在宴会中途逃走返回灞上（今陕西西安东南白鹿原）。《史记·项羽本纪》："沛公起如厕，因招樊哙出……沛公曰：'今者出，未辞也，为之奈何？'樊哙曰：'大行不顾细谨，大礼不辞小让。如今人方为刀俎，我为鱼肉，何辞为。'于是遂去。"●《朱子语类》论读书法，弟子问："读《通鉴》与正史如何？"朱子曰："好且看正史，盖正史每一事关涉处多，只如高祖鸿门一事，《本纪》与张良灌婴诸传互载，又却意思详尽，读之使人心地欢洽，便记得起。"

义·戏亭分封

项羽至　戏　满目仇
焚尽秦　亭　斩嬴头
关中三　分　负王约
霸道以　封　十八侯

◎**戏亭分封：**公元前206年2月，项羽在戏（今陕西西安临潼区东北戏水西岸）设将军帐，分封十八路诸侯。◎**项羽至戏满目仇：**项羽兵驻戏西鸿门，记恨刘邦妄想称王关中，又急切地想为叔父项梁复仇，故满眼仇恨。项羽为重瞳。《汉书·项籍传》："闻沛公已屠咸阳，羽大怒，使当阳君击关。羽遂入，至戏西鸿门，闻沛公欲王关中，独有秦府库珍宝。亚父范增亦大怒，劝羽击沛公。"◎**焚尽秦亭斩嬴头：**《汉书·项籍传》："羽乃屠咸阳，杀秦降王子婴，烧其宫室，火三月不灭；收其宝货，略妇女而东。"◎**关中三分负王约：**项羽将关中三分封给章邯、司马欣与董翳，违背起兵时"先入定关中者王之"的约定。《汉书·项籍传》："羽既背约。使人致命于怀王。怀王曰：'如约。'羽乃曰：'怀王者，吾家武信君所立耳，非有功伐，何以得颛主约？天下初发难，假立诸侯后以伐秦。然身被坚执锐首事，暴露于野三年，灭秦定天下者，皆将相诸君与籍力也。怀王亡功，固当分其地王之。'"◎**霸道以封十八侯：**项羽凭借自己的兵力与战功凌驾于各路诸侯之上，自立为西楚霸王，并从维护自身利益角度出发，分封十八路诸侯领地，封刘邦为汉王。●《朱子语类》朱子曰："汉高祖自小路入秦，由今襄阳、金、商、蓝田入关，节录作'从长安角上入关'。项羽自河北大路入关。及项羽尽杀秦人，想得秦人亦悔不且留取子婴在也。"

义·西楚霸王

定北镇　西　战欲狂
亡秦必　楚　勇无双
雄欺五　霸　诸侯惧
衣锦称　王　为还乡

◎**西楚霸王**：公元前206年2月，项羽自立为西楚霸王。《史记·项羽本纪》："项王自立为西楚霸王，王九郡，都彭城。"◎**定北镇西战欲狂，亡秦必楚勇无双**：项羽北定巨鹿，西破函谷，火烧咸阳，愈战愈狂，亡秦之功非项羽莫属。◎**雄欺五霸诸侯惧，衣锦称王为还乡**：项羽之强悍凌驾于春秋五霸之上，令诸侯谈之变色。但他成为霸主却不都长安，执意回彭城"衣锦还乡"。《汉书·项籍传》："于是韩生说羽曰：'关中阻山带河，四塞之地，肥饶，可都以伯。'羽见秦宫室皆已烧残，又怀思东归，曰：'富贵不归故乡，如衣锦夜行。'韩生曰：'人谓楚人沐猴而冠，果然。'羽闻之，斩韩生。"●《东坡全集·上皇帝书》苏轼曰："昔项羽入关，既烧咸阳，而东归则都彭城。夫以羽之雄略，舍咸阳而取彭城，则彭城之险固形便，足以得志于诸侯者可知矣。臣观其地，三面被山，独其西平川数百里……真若屋上建瓴水也……其城三面阻水，楼堞之下，以汴、泗为池，独其南可通车马，而戏马台在焉。"●**皓月曰**：项羽自立为"霸王"，起码说明项羽不认为自己的德才能做天子或皇帝；由于项羽自视甚高，也可以证明项羽不认为别人能做天子或皇帝。所以他"重返"春秋，做起"诸侯从长"。这是否表示项羽遵从周礼？这不恰恰符合他"鲁公"的封号？既然项羽遵从周礼，那么《史记》中说"项籍少时，学《书》不成"，是否成立呢？

礼·月下萧何

朗朗皓　月　照乾坤
蹄飞鞭　下　踏千钧
风也萧　萧　路崎远
崇岭缘　何　寻一人

◎**月下萧何**：公元前206年4月，萧何在月光下飞马追回因背楚从汉仍未得到重用而灰心离去的韩信。《汉书·韩信传》："信度何等已数言上，不我用，即亡。何闻信亡，不及以闻，自追之。人有言上曰：'丞相何亡。'上怒，如失左右手。居一二日，何来谒……上曰：'所追者谁也？'曰：'韩信。'……何曰：'诸将易得，至如信，国士无双。王必欲长王汉中，无所事信；必欲争天下，非信无可与计事者。'"经萧何力荐，刘邦设坛拜韩信为大将。●《象山集·语录》陆九渊曰："燕昭王之于乐毅，汉高帝之于萧何，蜀先主之于孔明，苻秦之于王猛，相知之深，相信之笃，这般处所不可不理会。读其书，不知其人，可乎？"●《朱子语类》论《易》，**朱子曰**："《乾》如创业之君，《坤》如守成之君。《乾》如萧何，《坤》如曹参。"又《朱子语类》论兵，**朱子曰**："欲识得将，须是具大眼力，如萧何识韩信，方得。"另《论衡·效力》："高祖行封，先及萧何，则比萧何于猎人，同樊、郦于猎犬也。夫萧何安坐，樊、郦驰走，封不及驰走而先安坐者，萧何以知为力，而樊、郦以力为功也。萧何所以能使樊、郦者，以入秦收敛文书也。众将拾金，何独掇书，坐知秦之形势，是以能图其利害。众将驰走者，何驱之也。故叔孙通定仪，而高祖以尊；萧何造律，而汉室以宁。案仪、律之功，重于野战；斩首之力，不及尊主。"

礼·暗度陈仓

天远峦　暗　古道深
攻心忖　度　羽为人
韩信耳　陈　排兵策
汉出陈　仓　收三秦

◎**暗度陈仓**：公元前206年5—8月，刘邦用韩信策，奇袭陈仓（今陕西宝鸡），击败三秦，再夺关中，为抗衡项羽奠定先决条件。◎**攻心忖度羽为人**：韩信向刘邦列举项羽"匹夫之勇"与"妇人之仁"的性格缺陷；"不居关中而都彭城"的战略失误；"背义帝约，诸侯不平"的道义劣势；"所过亡不残灭，百姓不附"的狼藉名声，强调项羽"名虽为霸，实失天下心，故曰其强易弱"，并以此激励刘邦回军。《汉书·韩信传》："今大王诚能反其道，任天下武勇，何不诛！以天下城邑封功臣，何不服！以义兵从思东归之士，何不散！"◎**韩信耳陈排兵策，汉出陈仓收三秦**：《汉书·高帝纪》："因陈羽可图、三秦易并之计。汉王大说，遂听信策，部署诸将。留萧何收巴蜀租，给军（粮）食。五月，汉王引兵从故道出袭雍。雍王邯迎击汉陈仓，雍兵败，还走。"《史记·淮阴侯列传》："八月，汉王举兵东出陈仓，定三秦。"●《朱子语类》解《论语》，弟子问："'小不忍'，如妇人之仁，匹夫之勇，似是两意，皆说得。妇人之仁是姑息，匹夫之勇是不能涵容。"朱子曰："只是一意。妇人之仁，不能忍于爱；匹夫之勇，不能忍于忿，皆能乱大谋，如项羽是也。"又，《朱子语类》论读书法，**朱子曰**："人读史书，节目处须要背得，始得。如读汉书，高祖辞沛公处，义帝遣沛公入关处，韩信初说汉王处，与《史赞》《过秦论》之类，皆用背得，方是。"

礼·山东崩乱

代郡常　山　两不宁
济北胶　东　复交兵
帝死约　崩　项羽祸
缟素诛　乱　汉东征

◎**山东崩乱：**公元前 206 年 6—8 月，项羽分封诸侯时规划的山东旧地地缘政治格局迅速崩溃。◎**代郡常山两不宁，济北胶东复交兵：**项羽主导的诸侯分封本就建立在西楚的利益与个人好恶上，这就造成诸侯实力与地位的不相称，再加上诸侯间犬牙交错的矛盾关系，分封后的中原大地，并未进入和谐的春秋模式，而是如战国一般混乱。◎**帝死约崩项羽祸：**当初怀王之约被撕毁，现在义帝也被谋害，这都是项羽造成的。《汉书·项籍传》："二年，羽阴使九江王布杀义帝。"◎**缟素诛乱汉东征：**刘邦决定为义帝报仇，东征项羽。《史记·高祖本纪》："新城三老董公遮说汉王以义帝死故。汉王闻之，袒而大哭。遂为义帝发丧，临三日。发使者告诸侯曰：'天下共立义帝，北面事之。今项羽放杀义帝于江南，大逆无道。寡人亲为发丧，诸侯皆缟素。悉发关内兵，收三河士，南浮江汉以下，愿从诸侯王击楚之杀义帝者。'"●《朱子语类》论历代，**朱子曰：**"汉高祖取天下所谓仁义者，岂有诚心哉！其意本谓项羽背约。及到新城，遇三老董公遮道之言，方假此之名，以正彼之罪。所谓缟素发丧之举，其意何在？似此之谋，看当时未必不是欲项羽杀之而后罪之也。"●另《象山集·经德堂记》陆九渊曰："汉高帝除项籍，其要领在为义帝发丧一事，天常民彝莫大于此，新城三老盖深于老氏者也，彼知取天下之大计在此耳。"

礼·彭城之战

兵车彭彭为帝仇
汉夺楚城犬马收
纵酒歌之羽骑返
灵璧鏖战睢不流

◎**彭城之战：**公元前205年4月，刘邦以50万大军攻破彭城，却被3万楚军击溃。
◎**兵车彭彭为帝仇，汉夺楚城犬马收：**刘邦大军浩浩荡荡，攻取彭城后，却自恃兵多，放松警惕。《汉书·项籍传》："汉王劫五诸侯兵，凡五十六万人，东伐楚。羽闻之，即令诸将击齐，而自以精兵三万人南从鲁出胡陵。汉王皆已破彭城，收其货赂美人，日置酒高会。"◎**纵酒歌之羽骑返，灵璧鏖战睢不流：**项羽率精兵3万大破汉军，将刘邦的父亲、妻子劫走。《汉书·项籍传》："羽乃从萧晨击汉军而东，至彭城，日中，大破汉军。汉军皆走，迫之谷、泗水。汉军皆南走山，楚又追击至灵璧东睢水上。汉军却，为楚所挤，多杀。汉卒十馀万皆入睢水，睢水为不流。汉王乃与数十骑遁去。语在高纪。太公、吕后间求汉王，反遇楚军。楚军与归，羽常置军中。"●《朱子语类》论《礼》，朱子曰："未几，（邦）便出来定三秦，已自侵占别人田地了。但是那三降王不足以王秦，却也是定。若是夺得那关中便也好住，便且关了关门，守得那里面底也得。又不肯休，又去寻得弑义帝说话出来，这个寻得也是，若汤武也不肯放过。但既寻得这个说话，便只依傍这个做便是。却又率五诸侯，合得五十六万兵走去彭城，日日去吃酒，娶那美人，更不理会，却被项羽来杀得狼当走，汤武便不肯恁地。自此后，名义坏尽了。从此去，便只是胡做胡杀了。"

礼·京索之战

建储定　京　卫栎阳
关中萧　索　老弱伤
六宗祀　之　四方帝
振军回　战　破楚狂

◎**京索之战：**公元前205年5—9月，彭城之战后，刘邦收拾残部，重整旗鼓，定京立储，祭祀上天，巩固后方，在京县（今河南郑州荥阳豫龙镇京襄城）、索县（今河南郑州荥阳索河街道）之间击退楚军，遏制住项羽的进攻势头。《汉书·项籍传》："汉王稍收散卒，萧何亦发关中卒悉诣荥阳，战京、索间，败楚。楚以故不能过荥阳而西。"◎**建储定京卫栎阳：**刘邦册立太子，巩固后方政治基础。《汉书·高帝纪》："六月，汉王还栎阳。壬午，立太子，赦罪人。令诸侯子在关中者皆集栎阳为卫。"◎**关中萧索老弱伤：**刘邦解决后方民生问题，保障民众基础。《汉书·高帝纪》："关中大饥，米斛万钱，人相食。令民就食蜀汉。"◎**六宗祀之四方帝：**禋祀六宗，祭拜四方上帝，即刘邦举行祭祀大典，复兴文化，振兴士气。《汉书·高帝纪》："令祠官祀天地四方上帝山川，以时祠之。"六宗，《尚书·舜典》："在璇玑玉衡，以齐七政。肆类于上帝，禋于六宗，望于山川，遍于群神。"《朱子语类》论《尚书》，弟子问"六宗"。朱子曰："古注说得自好。郑氏'宗'读为'禜'，即祭法中所谓'祭时、祭寒暑、祭日、祭月、祭星、祭水旱'者。如此说，则先祭上帝，次禋六宗，次望山川，然后遍及群神，次序皆顺。"◎**振军回战破楚狂：**韩信建议用大迂回战略破楚。《汉书·高帝纪》："信使人请兵三万人，愿以北举燕赵，东击齐，南绝楚粮道。汉王与之。"

礼·汉王请和

绝甬困　汉　邦乏食
割荥求　王　羽弗依
陈平恳　请　金四万
楚帐疏　和　亚父死

◎**汉王请和**：公元前204年4月，刘邦在与项羽的成皋（今河南郑州荥阳汜水镇，即虎牢关）相持战中，被楚军包围截断粮草，刘邦求和。**皓月曰**：刘邦的战略是，一、命韩信北上夺取更多土地与资源；二、策反楚军，如英布；三、死守成皋，以时间换空间。反之，项羽只要突破成皋以最直接的方式击败刘邦即可。◎**绝甬困汉邦乏食，割荥求王羽弗依**：刘邦以项羽承认其王关中并以荥阳中分天下为条件，向项羽求和。从此条件可明显看出刘邦是作缓兵之计。《史记·高祖本纪》："汉王军荥阳南，筑甬道属之河，以取敖仓。与项羽相距岁馀。项羽数侵夺汉甬道，汉军乏食，遂围汉王。汉王请和，割荥阳以西者为汉。项王不听。"◎**陈平恳请金四万，楚帐疏和亚父死**：《史记·高祖本纪》："汉王患之，乃用陈平之计，予陈平金四万斤，以闲疏楚君臣。于是项羽乃疑亚父。亚父是时劝项羽遂下荥阳，及其见疑，乃怒，辞老，愿赐骸骨归卒伍，未至彭城而死。"●《朱子语类》论历代，**朱子曰**："某常说，陈平说高祖（《史记·陈丞相世家》）曰，项王能敬人，故多得廉节之士。大王嫚侮人，故廉节之士多不为用，然廉节士终不可得。臣愿得数万斤金以间疏楚君臣。这便是商鞅说孝公底一般。他知得高祖决不能不嫚侮以求廉节之士。但直说他，则恐未必便从，故且将去吓他一吓。等他不从后，却说之，此政与商鞅之术同。"

礼·纪信诳楚

桃李年　纪　千女流
披甲怀　信　迎敌走
王驾佯　诳　狡兔出
汉得脱　楚　忍回首

◎**纪信诳楚：** 公元前204年5月，汉军被楚军包围、绝粮，刘邦求和不成。汉将纪信扮假刘邦投降，得以让真刘邦逃走。《汉书·高帝纪》："五月，将军纪信曰：'事急矣！臣请诳楚，可以间出。'" ◎**桃李年纪千女流，披甲怀信迎敌走：** 为吸引楚军注意力，汉军在深夜派出2000名女兵组成的敢死队，披甲胄怀着必死信念，迎敌陷阵而去，可想她们将无一生还。《史记·高祖本纪》："汉军绝食，乃夜出女子东门二千馀人，被甲，楚兵四面击之。"《汉书·高帝纪》："于是陈平夜出女子东门二千馀人，楚因四面击之。"此计谋只能出自陈平之口，可与公元前496年吴越"檇李之战"相"媲美"。彼时越王勾践派罪犯奔至吴军阵前自杀，趁吴军惊呆，越军趁虚猛攻致吴王阖庐身死。《左传·定公十四年》："吴伐越，越子勾践御之，陈于檇李，勾践患吴之整也，使死士再禽焉，不动。使罪人三行，属剑于颈，而辞曰，二君有治，臣奸旗鼓，不敏于君之行前，不敢逃刑，敢归死，遂自刭也。师属之目，越子因而伐之，大败之。灵姑浮以戈击阖庐，阖庐伤将指，取其一屦。还，卒于陉，去檇李七里。" ◎**王驾佯诳狡兔出，汉得脱楚忍回首：**《史记·项羽本纪》："纪信乘黄屋车，傅左纛，曰：'城中食尽，汉王降。'楚军皆呼万岁。汉王亦与数十骑从城西门出，走成皋。项王见纪信，问：'汉王安在？'曰：'汉王已出矣。'项王烧杀纪信。"

智·背水一战

韩侯之　背　贵无极
太行绵　水　挥令旗
兵忌执　一　唯通变
井陉诡　战　取陈馀

◎**背水一战：** 公元前205年10月，汉、赵两军在太行山井陉（今河北石家庄井陉县）展开大战。韩信先以"背水阵"诱敌出战，后以2000骑兵突入赵军营盘，且插满汉军大旗，前方激战的赵军望营中赤旗一片以为兵败，阵溃兵逃，汉军遂斩赵帅陈馀，俘虏赵王歇。◎**韩侯之背贵无极：**《汉书·蒯通传》："蒯通知天下权在信，欲说信令背汉，乃先微感信曰：'仆尝受相人之术，相君之面，不过封侯，又危而不安；相君之背，贵而不可言。'"◎**太行绵水挥令旗：** 韩信挥旗发令，汉军渡过太行山绵蔓水，背水列阵。◎**兵忌执一唯通变，井陉诡战取陈馀：**《汉书·韩信传》："诸将问背水阵何术？信曰：'兵法不曰"陷之死地而后生，投之亡地而后存"乎？且信非得素拊循士大夫，经所谓"驱市人而战之"也，其势非置死地，人人自为战；今即予生地，皆走，宁尚得而用之乎！'"《唐太宗与李靖问对》太宗问汉张良、韩信兵法，李靖曰："张良所学，《六韬》《三略》是也。韩信所学，（司马）穰苴、孙武是也。"●《朱子语类》论历代，弟子问："南轩（张栻）尝对上论韩信诸葛之兵异。"朱子曰："韩都是诡诈无状。"又《朱子语类》论《论语》"先事后得"，朱子曰："正如韩信背水阵，都忘了反顾之心，战必胜矣。"●《二程遗书》程子曰："惜乎，韩信与项羽，诸葛亮与司马仲达，不曾合战。更得这两个战得几阵，不妨有可观。"

智·成皋之战

一帅垂　成　百将功
汉复成　皋　并北兵
渡津扰　之　乱尾首
项羽疲　战　徒奔命

◎**成皋之战**：公元前204年5—10月，楚汉两军在成皋陷入拉锯战，成皋几经易手，终在刘邦阵营"群策群力"下被汉军收复。这之间，楚军疲于奔命，连连失策，项羽败象初露。◎**一帅垂成百将功**：指纪信诳楚、刘邦逃出成皋后，为刘邦划策与建功的群臣，如谏刘邦南下宛城以降低成皋压力的辕生，渡睢水东进战下邳的彭越，与刘邦北渡黄河的滕公，北收赵兵的张耳，劝刘邦深堑勿战的郎中郑忠，渡白马津佐彭越烧楚军粮草的卢绾、刘贾，出使齐国游说齐王的郦食其。◎**汉复成皋并北兵**：刘邦能收复成皋的一大原因是他合并了韩信伐赵部队。《汉书·高帝纪》："汉王跳，独与滕公共车出成皋玉门，北渡河，宿小修武。自称使者，晨驰入张耳、韩信壁，而夺之军。"◎**渡津扰之乱尾首**：汉军穿插到楚军后方，项羽首尾相离，不得不领兵回击，给刘邦复夺成皋创造了机会。《汉书·高帝纪》："使卢绾、刘贾将卒二万人，骑数百，渡白马津入楚地，佐彭越烧楚积聚，复击破楚军燕郭西，攻下睢阳、外黄十七城。"●《朱子语类》论学，**朱子曰**："人只有个天理人欲，此胜则彼退，彼胜则此退，无中立不进退之理。凡人不进便退也。譬如刘项相拒于荥阳成皋间，彼进得一步，则此退一步；此进一步，则彼退一步。初学则要牢扎定脚与他捱，捱得一毫去，则逐旋捱将去。此心莫退，终须有胜时。胜时甚气象！"

智·潍水沉沙

常忆古　潍　兵圣谋
壅囊决　水　斩龙头
旗荡心　沉　三分计
暮苇寒　沙　劝公留

◎**潍水沉沙**：公元前204年11月，楚汉两军在齐地爆发"潍水之战"。◎**常忆古潍兵圣谋，壅囊决水斩龙头**：韩信率汉军攻齐，对项羽构成"大迂回"攻势，项羽派大将龙且援齐，两军在山东高密古潍水两岸列阵。龙且轻敌贪功，冒渡潍水。韩信却参考地势、水文因素，在潍水上游"囊沙壅水"后"决囊泄水"，拖延楚军渡河时间。在楚军被潍水一分为二、官兵懈怠之时，汉军突然大举进攻，斩杀龙且，楚军大败，导致项羽在战略上转为被动。此战遂成中国古代战争史上神话。◎**旗荡心沉三分计，暮苇寒沙劝公留**：谋士蒯通劝韩信自立齐王，三分天下，且机不可失。韩信望着潍水两岸摇曳的芦苇，与被冲到堤岸上已泄漏的沙囊，沉思数日，不忍叛汉。《史记·淮阴侯列传》："韩信犹豫不忍倍汉，又自以为功多，汉终不夺我齐，遂谢蒯通。"●《二程遗书》弟子问："用兵，掩其不备、出其不意之事，使王者之师，当如此否？"程子曰："固是。用兵须要胜，不成要败？既要胜，须求所以胜之之道。但汤、武之兵，自不烦如此，'罔有敌于我师'，自可见，然汤亦尝升自陑，陑亦闲道。且如两军相向，必择地可攻处攻之，右实则攻左，左实则攻右，不成道我不用计也，且如汉、楚既约分鸿沟，乃复还袭之，此则不可。如韩信囊沙壅水之类，何害？他师众非我敌，决水，使他一半不得渡，自合如此，有甚不得处？"

智·广武对峙

旗繁阵　广　戟满山
攻谋伐　武　日月偏
赤帝子　对　重瞳后
刘项相　峙　语何言

◎ **广武对峙**：公元前204年10月，刘邦复夺成皋包围钟离眜，项羽闻讯杀回。由于长期苦战，楚汉两军都相当疲惫，于是在广武城头，上演了刘邦与项羽亲自对峙的一幕。在充满戏剧性的对话中，项羽略显稚气地想与刘邦"独身挑战"，刘邦则用长者口吻列举项羽的不义之举。《汉书·高帝纪》："汉王数羽曰：'吾始与羽俱受命怀王，曰先定关中者王之。羽负约，王我于蜀汉，罪一也。羽矫杀卿子冠军，自尊，罪二也。羽当以救赵还报，而擅劫诸侯兵入关，罪三也。怀王约入秦无暴掠，羽烧秦宫室，掘始皇帝冢，收私其财，罪四也。又强杀秦降王子婴，罪五也。诈坑秦子弟新安二十万，王其将，罪六也。皆王诸将善地，而徙逐故主，令臣下争畔逆，罪七也。出逐义帝彭城，自都之，夺韩王地，并王梁楚，多自与，罪八也。使人阴杀义帝江南，罪九也。夫为人臣而杀其主，杀其已降，为政不平，主约不信，天下所不容，大逆无道，罪十也。'数落项羽十恶不赦，项羽大怒，射伤刘邦。" ●《朱子语类》论历代，**朱子曰**："广武之会，太公既已为项羽所执。高祖若去求告他，定杀了。只得以兵攻之，他却不敢杀。时高祖亦自知汉兵已强，羽亦知杀得无益，不若留之，庶可结汉之欢心。"又《朱子语类》论《孟子》，**朱子曰**："今且以粗言之，如项羽一个意气如此，才被汉王数其罪十，便觉沮去不得了。"

智·彭越扰楚

草莽黥　彭　矫且健
游击梁　越　略邑县
往来纷　扰　苦羽军
助灭西　楚　兴炎汉

◎**彭越扰楚**：公元前204年冬，彭越用游击战在项羽后方绝粮、扰楚。《汉书·高帝纪》："关中兵益出，而彭越、田横居梁地，往来苦楚兵，绝其粮食。"皓月曰：如果说"潍水沉沙"所表现的齐地被韩信征服，标志着项羽在战略上的失败；"广武对峙"所表现的项羽霸主形象的崩塌，标志着项羽在政治上的失败；那么"彭越扰楚"所表现的楚军后勤补给的中断，则标志着项羽在军事上的失败。◎**草莽黥彭矫且健**：英布早年为逃犯，彭越早年为巨野泽中盗贼，他们都是草莽出身（在此特指彭越），矫捷且刚健。◎**游击梁越略邑县**：彭越常年采用游击战术，在项羽后方截取粮草，攻占邑县。《汉书·彭越传》："汉三年，越常往来为汉游兵击楚，绝其粮于梁地。项王与汉王相距荥阳，越攻下睢阳、外黄十七城。"又"项王南走阳夏，越复下昌邑旁二十馀城，得粟十馀万斛，以给汉食。"◎**往来纷扰苦羽军**：彭越虽率兵不多，但他用穿插、游击搞破坏的方式，给项羽后方与楚军补给造成极大困扰。这凸显出一个稳固后方的重要性，这正是项羽不定都关中，非要回彭城所埋下的大患。◎**助灭西楚兴炎汉**：彭越虽没有韩信那样高超的军事才能，但在他不断的骚扰与破坏下，胜利的天平逐渐向刘邦倾斜。炎汉，汉为火德。《汉书·高帝纪》："由是推之，汉承尧运，德祚已盛，断蛇著符，旗帜上赤，协于火德，自然之应，得天统矣。"

智·鸿沟和约

折戟孤　鸿　刘项间
中分残　沟　若天渊
绝粮苟　和　楚汉界
一纸空　约　有何难

◎**鸿沟合约**：公元前203年9月，经过多方军事与外交手段后，项羽在战略、资源、后勤补给上都陷入被动，难以继战。这时刘邦把握时机派遣侯公为特使，发动政治攻势，终于说服项羽，以中分天下并归还刘邦的父母、妻子为条件，楚汉双方停战，签订《鸿沟和约》。《汉书·项籍传》："时，汉关中兵益出，食多，羽兵食少。汉王使侯公说羽，羽乃与汉王约，中分天下，割鸿沟而西者为汉，东者为楚，归汉王父母妻子。已约，羽解而东。五年，汉王进兵追羽。"鸿沟，《史记·河渠书》："荥阳下引河东南为鸿沟，以通宋、郑、陈、蔡、曹、卫，与济、汝、淮、泗会。" ●《朱子语类》论《老子》，**朱子曰**："老氏之学最忍，它闲时似个虚无卑弱底人，莫教紧要处发出来，更教你枝梧不住，如张子房是也。子房皆老氏之学。如峣关之战，与秦将连和了，忽乘其懈击之；鸿沟之约，与项羽讲和了，忽回军杀之，这个便是他柔弱之发处。可畏！可畏！它计策不须多，只消两三次如此，高祖之业成矣。"又《朱子语类》论战国汉唐诸子，**朱子曰**："老子心最毒，其所以不与人争者，乃所以深争之也，其设心措意都是如此。闲时他只是如此柔伏，遇着那刚强底人，它便是如此待你。张子房亦是如此。如云'推天下之至柔，驰骋天下之至坚'，又云'以无为取天下'，这里便是它无状处。据此，便是它柔之发用功效处。"

智·天亡楚时

汤武顺　天　行中国
桀纣自　亡　徒兵戈
分地破　楚　共天下
用兵无　时　不人和

◎**天亡楚时**：公元前203年9月，刘邦单方撕毁和约。《史记·项羽本纪》："汉欲西归，张良、陈平说曰：'汉有天下太半，而诸侯皆附之。楚兵罢食尽，此天亡楚之时也，不如因其机而遂取之。今释弗击，此所谓养虎自遗患也。'汉王听之。"◎**汤武顺天行中国**：以商汤、周武王喻刘邦得道多助。《周易·革》："汤武革命，顺乎天而应乎人。"《孟子·离娄下》孟子曰："舜生于诸冯……东夷之人也。文王生于岐周……西夷之人也……得志行乎中国，若合符节。先圣后圣，其揆一也。"◎**桀纣自亡徒兵戈**：以夏桀、商纣王喻项羽众叛亲离。《孟子·离娄上》："夫人必自侮，然后人侮之；家必自毁，而后人毁之；国必自伐，而后人伐之。《太甲》曰：'天作孽，犹可违；自作孽，不可活。'此之谓也。"◎**分地破楚共天下**：刘邦用张良"共天下"之计。《汉书·高帝纪》："取睢阳以北至谷城皆以王彭越，从陈以东傅海与齐王信……使各自为战，则楚易败也。"●《朱子语类》论历代，弟子问："'养虎自遗患'事，张良当时若放过，恐大事去矣。如何？"朱子曰："若只计利害，即无事可言者。当时若放过未取，亦不出三年耳。"弟子问："机会之来，间不容发。况沛公素无以系豪杰之心，放过即事未可知。"朱子曰："若要做此事，先来便莫与项羽讲解。既已约和，即不可为矣。大底张良多阴谋，如入关之初，赂秦将之为贾人者，此类甚多。"

智·陈下之战

昔慕吴　陈　斩秦麾
今取天　下　擒乌骓
十路击　之　天网恢
汉师合　战　羽兵溃

◎**陈下之战**：公元前203年11月，破楚迫在眉睫，但韩信、彭越、英布都持观望态度，汉军未能发挥集团优势。刘邦率嫡系汉军，采用追击与包抄的方式，一面截断项羽的退路，一面穷追猛打，项羽则缺乏粮草无心恋战，急于撤退。汉军终在陈下（今河南周口市淮阳县）截获楚军主力展开大战，大破楚军。自此项羽兵力已处于绝对劣势，无力前往彭城，只得逃往垓下。陈下之战的胜利为使项羽在垓下之围中彻底覆灭奠定了基础。《汉书·樊哙传》："围项籍陈，大破之。"《汉书·灌婴传》："与汉王会颐乡。从击项籍军陈下，破之。所将卒斩楼烦将二人，虏将八人。赐益食邑二千五百户。"《汉书·靳歙传》："还击项籍军陈下，破之。"◎**昔慕吴陈斩秦麾**：当初陈胜、吴广揭竿而起，定都陈下，传檄天下，共诛暴秦。刘邦仰慕他们的气概，也投身于反秦起义中。◎**今取天下擒乌骓**：经历数年浴血奋战，刘邦又来到了陈县，而不同的是，秦王朝已经覆灭，而今再来陈下是为歼灭项羽、夺取他的坐骑乌骓马。元成廷珪《马国瑞所题李龙眠画赤黑二马相戏卷子索诗因题卷后》："君不见项王乌骓如黑龙，蹴踏万里烟尘空。五年乘之勇无敌，七十二战收奇功。"◎**十路击之天网恢，汉师合战羽兵溃**：刘邦麾下之周勃、樊哙、灌婴、靳歙、刘贾、夏侯婴、蛊逢、丁义、靳强、灵常、孔聚、陈贺、柴武等将领，与后续会合的韩信、彭越、英布等多路部队。

智·垓下之围

八埏九　垓　刃重重
垂拱天　下　待一功
十面伏　之　兵不动
只教荆　围　闻楚声

◎**垓下之围：**公元前203年12月—前202年1月，楚汉争霸最后一场大战。刘邦以40万汉军在垓下（今安徽宿州灵璧县）全歼项羽10万楚军。◎**八埏九垓刃重重：**剑戟戈矛层层叠叠布满天地，预示着从未有过的大战将在垓下展开。◎**垂拱天下待一功：**刘邦击败项羽，一统天下，只待取得垓下之战胜利，又喻垓下之战的正面战斗。《史记·高祖本纪》："五年，高祖与诸侯兵共击楚军，与项羽决胜垓下。淮阴侯将三十万自当之，孔将军（孔聚，孔子十世孙）居左，费将军（陈贺，费侯）居右，皇帝在后，绛侯（周勃）、柴将军（柴武）在皇帝后。项羽之卒可十万。淮阴先合，不利，却。孔将军、费将军纵，楚兵不利，淮阴侯复乘之，大败垓下。"垂拱，垂衣拱手。表示无为而治。《尚书·武成》："惇信明义，崇德报功。垂拱而天下治。"◎**十面伏之兵不动，只教荆围闻楚声：**项羽退守营盘，汉军围而不打，为避免楚军作最后的困兽犹斗，汉军在深夜高唱楚地民歌，展开攻心战。楚军将士厌战已久，忽闻乡音，军心动摇，兵溃一触即发。荆围，指楚军营盘。●《朱子语类》论史，或问："太史公书项籍垓下之败，实被韩信布得阵好，是以一败而竟毙。"朱子曰："不特此耳。自韩信左取燕齐赵魏，右取九江英布，收大司马周殷，而羽渐困于中，而手足日翦。则不待垓下之败，而其大势盖已不胜汉矣。"

智·垓下歌

徒有神　力　难解围
剑气空　拔　又向谁
无限江　山　皆过往
别虞姬　兮　跨乌骓

◎**垓下歌：**公元前202年1月，西楚霸王项羽被汉军重重围于垓下，战不能战，退无可退，兵困粮尽，面对四面楚歌，心生悲凉，歌诗以抒志，作《垓下歌》。北宋郭茂倩《乐府诗集》收项羽之歌，题为《力拔山操》。《汉书·项籍传》："羽壁垓下，军少食尽。汉帅诸侯兵围之数重。羽夜闻汉军四面皆楚歌，乃惊曰：'汉皆已得楚乎？是何楚人多也！'起饮帐中。有美人姓虞氏，常幸从；骏马名骓，常骑。乃悲歌慷慨，自为歌诗曰：'力拔山兮气盖世，时不利兮骓不逝。骓不逝兮可奈何！虞兮虞兮奈若何！'歌数曲，美人和之。羽泣下数行，左右皆泣，莫能仰视。"《朱子语类》论《孟子》，**朱子曰：**"浩然之气，只是气大敢做。而今一样人，畏避退缩，事事不敢做，只是气小。有一样人未必识道理，然事事敢做，是他气大。如项羽'力拔山兮气盖世'，便是这样气。人须是有盖世之气方得。"◎**徒有神力难解围，剑气空拔又向谁：**力能举鼎，万夫莫挡，盛气凌人的项羽，没了往日锋芒，手足无措起来。《史记·项羽列传》："籍长八尺馀，力能扛鼎，才气过人，虽吴中子弟皆已惮籍矣。"◎**无限江山皆过往，别虞姬兮跨乌骓：**眼见霸业已失，项羽咏唱《垓下歌》后与虞姬告别上马，趁夜突围。《汉书·项籍传》："于是羽遂上马，戏下骑从者八百馀人，夜直溃围南出驰。平明，汉军乃觉之，令骑将灌婴以五千骑追羽。"

智·乌江自刎

烈烈日　乌　耀血稠
滚滚长　江　泛孤舟
天亡何　自　苟活去
故知笑　刎　赠残头

◎**乌江自刎**：公元前202年1月，项羽以无颜面对江东父老为由，在长江北岸的乌江镇（今安徽马鞍山和县）自刎而死。◎**烈烈日乌耀血稠**：项羽在南逃中，且战且退，汉军在追击中，分而复围。《汉书·项籍传》："汉军不知羽所居，分军为三，复围之。羽乃驰，复斩汉一都尉，杀数十百人。"日乌，有三只脚的乌鸦，居住在日中，喻日之精华，代指太阳。唐代方干《感时诗》："日乌往返无休息，朝出扶桑暮却回。夜雨旋驱残热去，江风吹送早寒来。"◎**滚滚长江泛孤舟**：《史记·项羽本纪》："乌江亭长檥船待，谓项王曰：'江东虽小，地方千里，众数十万人，亦足王也。愿大王急渡。今独臣有船，汉军至，无以渡。'"《朱子语类》论《孟子》，朱子曰："浩然之气，清明不足以言之。才说浩然，便有个广大刚果意思，如长江大河，浩浩而来也。富贵、贫贱、威武不能移屈之类，皆低，不可以语此。"◎**天亡何自苟活去**：《汉书·项籍传》："羽笑曰：'乃天亡我，何渡为！且籍与江东子弟八千人渡而西，今亡一人还，纵江东父兄怜而王我，我何面目见之哉？纵彼不言，籍独不愧于心乎！'……乃令骑皆去马，步持短兵接战。羽独所杀汉军数百人，羽亦被十馀创。"◎**故知笑刎赠残头**：项羽死前以开玩笑的口吻，将头颅赠予身为汉军的故友吕马童。《汉书·项籍传》："羽乃曰：'吾闻汉购我头千金，邑万户，吾为公得。'乃自刭。"

信·霸王别姬

盖世楚　霸　气太骄
天赐汉　王　韩良萧
拔剑永　别　乌江缓
再忆虞　姬　愁更俏

◎**霸王别姬**：公元前202年1月，项羽自刎时的一瞬。皓月曰：霸王别姬，原指垓下之围时，项羽以虎落平阳之态作《垓下歌》愁咏时，虞姬以剑舞相和，为霸王解忧。此本戏说历史之故事，盖因其英雄美人的渲染力，感动了代代世人；又因年仅30岁的项羽被老谋深算的刘邦以撕毁和约的方式击败，激起后世对其深深的同情，故被演绎为众多文艺作品。今取其意概而括之，以表现楚汉争霸的不朽与震撼，纪念霸王与虞姬的豪气与柔情。◎**盖世楚霸气太骄**：《朱子语类》论《孟子》，朱子曰："塞天地，只是气魄大，如所谓'气盖世'。"又曰："如古人临之以死生祸福而不变，敢去骂贼，敢去殉国，是他养得这气大了，不怕他。又也是他识道理，故能如此。"又云："心有所主宰，则气之所向者无前，所谓'气盖世'之类是也。有其心而无其气，则虽十分道理底事，亦有不敢为者，气不充也。"◎**天赐汉王韩良萧**：刘邦言"汉初三杰"之事。《汉书·高帝纪》："上曰：'夫运筹帷幄之中，决胜千里之外，吾不如子房；填国家，抚百姓，给饷馈，不绝粮道，吾不如萧何；连百万之众，战必胜，攻必取，吾不如韩信。三者皆人杰，吾能用之，此吾所以取天下者也。'"◎**拔剑永别乌江缓，再忆虞姬愁更俏**：项羽自刎时，长江突然缓慢起来，好似虞姬乌黑的长发在流淌，项羽恍惚看见虞姬发愁的脸，变得更加俏丽。

信·鲁公礼葬

依稀齐　鲁　兵初起
鲁公沛　公　并驾驱
鸿门抗　礼　决雄雌
谷城厚　葬　汉王泣

◎**鲁公礼葬：** 公元前 202 年春，刘邦以鲁公的丧葬规格埋葬项羽。《史记·项羽本纪》："项王已死，楚地皆降汉，独鲁不下。汉乃引天下兵欲屠之，为其守礼义，为主死节，乃持项王头视鲁，鲁父兄乃降。始，楚怀王初封项籍为鲁公，及其死，鲁最后下，故以鲁公礼葬项王谷城（颜师古注：济北谷城。今山东泰安市东平县旧县乡旧县三村）。汉王为发哀，泣之而去。"鲁公：周公旦历时 3 年，平定三监之乱，并继续向东征服东夷族，将周的疆域推向大海后，其侄周成王将泰山南边原商奄国土地封于周公，是为鲁国。周公以需要留在朝中摄政为由，派其长子伯禽赴鲁国就任，是为第一代鲁公。《诗经·鲁颂·閟宫》概括地记述了此过程，"无贰无虞，上帝临女。敦商之旅，克咸厥功。王曰叔父，建尔元子，俾侯于鲁。大启尔宇，为周室辅。乃命鲁公，俾侯于东。"鲁公礼规格：由《左传正义·僖公二十五年》"晋侯朝王……请隧，弗许。疏：故隧为王之葬礼，诸侯皆县柩而下，故不得用隧"，可知公侯墓无墓道。由《左传正义·襄公二十五年》"下车七乘，不以兵甲。疏：下车，送葬之车。齐旧依上公礼，九乘，又有甲兵。今皆降损"，知送葬有车马。由《礼记·杂记下》"上大夫之虞也，少牢"，可知祭用少牢。又《康熙字典·哭》："大声曰哭，细声有涕曰泣。"《楚辞·昔往日》："思久故之亲身兮，因缟素而哭之。"

信·汜水之阳

洋洋汜　汜　载物功
盈科唯　水　四海同
群力策　之　登帝位
天命阴　阳　造化中

◎**汜水之阳：**公元前202年2月甲午日，刘邦在群臣拥护下，在定陶汜水之阳登基，成为皇帝。《汉书·高帝纪》："于是诸侯王及太尉长安侯臣绾等三百人，与博士稷嗣君叔孙通谨择良日二月甲午，上尊号。汉王即皇帝位于汜水之阳。"◎**洋洋汜汜载物功：**《周易·坤卦》："至哉坤元，万物资生，乃顺承天。坤厚载物，德合无疆。"《象传》："地势坤，君子以厚德载物。"◎**盈科唯水四海同：**《孟子·离娄下》："徐子曰：'仲尼亟称于水，曰："水哉，水哉！"何取于水也？'孟子曰：'原泉混混，不舍昼夜。盈科而后进，放乎四海，有本者如是，是之取尔。'"又《孟子·尽心上》："流水之为物也，不盈科不行；君子之志于道也，不成章不达。"◎**群力策之登帝位：**刘邦发动各路诸侯，群策群力；项羽自命霸王，单打独斗。《扬子法言·重黎卷第十》或问："楚败垓下，方死，曰：'天也。'谅乎？"扬雄曰："汉屈群策，群策屈群力。楚憞群策而自屈其力。屈人者克，自屈者负。天曷故焉。"又李斯《谏逐客书》："是以泰山不让土壤，故能成其大；河海不择细流，故能就其深；王者不却众庶，故能明其德。"◎**天命阴阳造化中：**《汉书·楚元王传》刘向曰："观孔子之言，考暴秦之异，天命信可畏也。及项籍之败，亦孛大角。汉之入秦，五星聚于东井，得天下之象也。"《论衡·命义》："实者项羽用兵过于高祖，高祖之起，有天命焉。"

信·论功行赏

置酒畅　论　雒南宫
兴汉首　功　谁可封
项羽德　行　难人主
从谏能　赏　是真龙

◎**论功行赏：** 公元前202年5月，刘邦论功行赏。《汉书·萧何传》："汉五年，已杀项羽，即皇帝位，论功行封，群臣争功，岁馀不决。"◎**置酒畅论雒南宫：** 天下大定，兵罢归家，刘邦在洛阳大宴群臣，畅论刘项成败得失。《汉书·高帝纪》："高祖置酒雒阳南宫。"◎**兴汉首功谁可封：** 刘邦首封萧何为酂侯。《汉书·萧何传》："上以何功最盛，先封为酂侯，食邑八千户……上曰：'夫猎，追杀兽者狗也，而发纵指示兽处者人也。今诸君徒能走得兽耳，功狗也；至如萧何，发纵指示，功人也。'"◎**项羽德行难人主：** 刘邦以"项氏之所以失天下者何？"发问。《汉书·高帝纪》："高起、王陵对曰：'陛下嫚而侮人，项羽仁而敬人。然陛下使人攻城略地，所降下者，因以与之，与天下同利也。项羽妒贤嫉能，有功者害之，贤者疑之，战胜而不与人功，得地而不与人利，此其所以失天下也。'上曰：'公知其一，未知其二。夫运筹帷幄之中，决胜千里之外，吾不如子房；填国家，抚百姓，给馈饷，不绝粮道，吾不如萧何；连百万之众，战必胜，攻必取，吾不如韩信。三者皆人杰，吾能用之，此吾所以取天下者也。项羽有一范增而不能用，此所以为我禽也。'"●《朱子语类》论《论语》"君子泰而不骄"，**朱子曰：**"泰是从容自在底意思，骄便有私意……如汉高祖有个粗底泰而不骄。他虽如此胡乱骂人之属，却无许多私意。"

信·伪游云梦

世间情　伪　诸侯心
天子出　游　纵欲擒
龙隐重　云　藏牙爪
钟离入　梦　惊韩信

◎**伪游云梦**：公元前202年12月，刘邦欲以谋反为由讨伐楚王韩信，因忌其军事才能，决定不可以征伐擒之，只可以礼乐取之，故纳陈平"伪游云梦"之计。《史记·高祖本纪》："十二月，人有上变事告楚王信谋反，上问左右，左右争欲击之。用陈平计，乃伪游云梦，会诸侯于陈，楚王信迎，即因执之。是日，大赦天下。"《朱子语类》论历代，朱子曰："韩信反，无证见。"◎**世间情伪诸侯心**：《汉书·公孙弘传》："臣闻之，仁者爱也，义者宜也，礼者所履也，智者术之原也。致利除害，兼爱无私，谓之仁；明是非，立可否，谓之义；进退有度，尊卑有分，谓之礼；擅杀生之柄，通（壅）塞之涂，权轻重之数，论得失之道，使远近情伪必见于上，谓之术；凡此四者，治之本，道之用也，皆当设施，不可废也。"◎**龙隐重云藏牙爪**：天子对诸侯行欲擒故纵之术。《九章·悲回风》："鱼葺鳞以自别兮，蛟龙隐其文章。"曹植《矫志诗》："仁虎匿爪，神龙隐鳞。"◎**钟离入梦惊韩信**：韩信梦见手捧头颅的钟离眛。《史记·淮阴侯列传》："项王亡将钟离眛家在伊庐，素与信善。项王死后，亡归信……高祖且至楚，信欲发兵反，自度无罪，欲谒上，恐见禽。人或说信曰：'斩眛谒上，上必喜，无患。'信见眛计事。眛曰：'汉所以不击取楚，以眛在公所。若欲捕我以自媚于汉，吾今日死，公亦随手亡矣。'乃骂信曰：'公非长者！'卒自刭。"

信·钟室之祸

鼎食鸣　钟　震主侯
一入宫　室　缚为囚
天与拒　之　承其咎
半生福　祸　陷女手

◎**钟室之祸：** 公元前196年春，吕雉以萧何引韩信入长乐宫后杀之。《汉书·韩信传》："吕后欲召，恐其党不就，乃与萧相国谋，诈令人从帝所来，称豨已死，群臣皆贺。相国绐信曰：'虽病，强入贺。'信入，吕后使武士缚信，斩之长乐钟室……遂夷信三族。"皓月曰：《汉书》以《史记》为源，《史记》以黄老学为根，演绎夸张，隐实现虚，钟室之祸亦如彭越之叛，全由吕雉捏造，真相迷离。结合之后张良的遭遇，合理解释为：吕雉趁刘邦讨伐陈豨之际，一面罗织罪名，一面拉拢韩信，命其转投己方支持刘盈立储，韩信自恃功高，不与诸吕为伍，被吕雉害死。后刘邦"怜"其死，在审问蒯通时，判定韩信绝非谋反，必为吕雉构陷。但悔恨已晚，故刘邦箭伤后忧郁不治，崩于长乐宫。◎**鼎食鸣钟震主侯：** 王侯贵族用餐时，鸣钟奏乐、列鼎就食，以示高贵。韩信虽因难以驾驭被刘邦由楚王贬为淮阴侯，但世人皆知其仍是"国士无双"、功高无二的军事天才与震主之侯。唐王勃《滕王阁序》："闾阎扑地，钟鸣鼎食之家。"◎**天与拒之承其咎：** 韩信被封齐王时，齐人蒯通劝韩信自称王，三分天下，警告其机不可失。《汉书·蒯通传》："盖闻'天与弗取，反受其咎；时至弗行，反受其殃。'愿足下孰图之。"◎**半生福祸陷女手：** 韩信落魄时被漂母救济，拜侯后被吕雉杀害。古联评其一生为"生死一知己，存亡两妇人"。

信·梁王称病

纵横齐　梁　骑追风
慢怠勤　王　贬蜀中
涕泗还　称　臣无罪
愈遭诟　病　醢为烹

◎**梁王称病：**公元前196年3月，彭越出身草莽，不通政令，面对天子征兵令却托病不往，论罪当死，后贬为庶人，发配蜀郡青衣（今四川乐山）。然而彭越心存侥幸，希望通过吕后求情，致使罪上加罪，遭族灭。◎**纵横齐梁骑追风：**刘项大战时，彭越率骑兵游击于齐、梁之地，断绝项羽粮道，立下赫赫战功。◎**慢怠勤王贬蜀中：**《汉书·彭越传》："陈豨反代地，高帝自往击之，至邯郸，征兵梁。梁王称病，使使将兵诣邯郸。高帝怒，使人让梁王……于是上使使掩捕梁王，囚之雒阳。有司治反形已具，请论如法。上赦以为庶人，徙蜀青衣。"◎**涕泗还称臣无罪：**《汉书·彭越传》："西至郑，逢吕后从长安东，欲之雒阳，道见越。越为吕后泣涕，自言亡罪，愿处故昌邑。吕后许诺，诏与俱东。"◎**愈遭诟病醢为烹：**彭越遭吕后陷害，处以醢刑。《汉书·彭越传》："至雒阳，吕后言上曰：'彭越壮士也，今徙之蜀，此自遗患，不如遂诛之。妾谨与俱来。'于是吕后令其舍人告越复谋反。廷尉奏请，遂夷越宗族。"又《史记·黥布列传》："夏，汉诛梁王彭越，醢之，盛其醢遍赐诸侯。"●《朱子语类》论《礼》，朱子曰："今人只说汉封诸侯王土地太过，看来不如此不得。初间高祖定天下，不能得韩彭英卢许多人来使，所得地又未定是我底。当时要杀项羽，若有人说道：'中分天下与我，我便与你杀项羽。'也没奈何与他。"

信·见醢聚兵

黥王瞥　见　鼎中膏
身如遭　醢　腹火烧
奈何徒　聚　陷阵士
疏略交　兵　死江郊

◎**见醢聚兵：**公元前196年7—10月，淮南王英布谋反。刘邦亲自也是最后一次率兵平定了英布。◎**黥王瞥见鼎中膏，身如遭醢腹火烧：**英布本为亡命之徒，受秦律黥刑，脸上被刺字涂墨，又被称为黥布。当他看到梁王彭越被处醢刑后的肉泥时，极度恐惧。韩信、彭越、英布并称为"汉初三将"，为刘邦击败项羽立下汗马功劳，然而此一时，彼一时。如今二将已死，是兔死狗烹，唇亡齿寒。英布内心崩溃，遂起兵叛汉。《史记·黥布列传》："十一年，高后诛淮阴侯，布因心恐。夏，汉诛梁王彭越，醢之，盛其醢遍赐诸侯。至淮南，淮南王方猎，见醢，因大恐，阴令人部聚兵，候伺旁郡警急。"◎**疏略交兵死江郊：**英布初叛时，故楚令尹薛公向刘邦献上、中、下策，从战略上分析，如果英布传檄天下，鼓动山东诸侯皆叛乱，汉朝将彻底分崩离析；如果英布占据中原要冲，欲与刘邦平分汉土，则胜败未可知；而如果英布只在地方上叛乱，妄图偏安一隅，大汉就可高枕无忧了。事实证明英布有勇无谋，果然采用下策，被刘邦率军迅速扑灭。《汉书·英布传》："上恶之，（刘邦）与布相望见，遥谓布'何苦而反？'布曰：'欲为帝耳。'上怒骂之，遂战，破布军。布走度淮，数止战，不利，与百馀人走江南。布旧与番君婚，故长沙哀王使人诱布，伪与俱亡走越，布信而随至番阳。番阳人杀布兹乡，遂灭之。"

信·留侯杜门

金屋但　留　一石床
万户封　侯　避谷粮
欲化黄　杜　寻仙子
诸吕击　门　挟子房

◎**留侯杜门：**公元前202—前195年，张良为避免卷入政治风波，选择功成身退，闭门不出。《史记·留侯列传》："留侯从入关。留侯性多病，即道引不食谷，杜门不出岁馀。"◎**金屋但留一石床：**张良为开国功臣，贵不可言，被赐朱门大户，住在金屋银室中，但生性抱朴，只睡在一张石床上。◎**万户封侯避谷粮：**张良被封为万户侯，却身弱多病，只愿辟谷求仙。◎**欲化黄杜寻仙子：**《汉书·张良传》："良乃称曰：'愿弃人间事，欲从赤松子（秦汉间传说的仙人）游耳。'乃学道，欲轻举（死而升仙）。高帝崩，吕后德良，乃强食之，曰：'人生一世，如白驹之过隙，何自苦如此！'良不得已，强听食。"◎**诸吕击门挟子房：**当初吕后与戚夫人争立太子，遂使其兄吕泽"劫"张良，张良被迫献"四皓"之策。《汉书·张良传》："吕后恐，不知所为。或谓吕后曰：'留侯善画计，上信用之。'吕后乃使建成侯吕泽劫良，曰：'君常为上谋臣，今上日欲易太子，君安得高枕而卧？'良曰：'始上数在急困之中，幸用臣策；今天下安定，以爱欲易太子，骨肉之间，虽臣等百人何益！'吕泽强要曰：'为我画计。'"●《朱子语类》论历代，**朱子曰：**"唐子西云：'自汉而下，惟有子房孔明尔，而子房尚黄老，孔明喜申韩。'也说得好。子房分明是得老子之术，其处己、谋人皆是。孔明手写申韩之书以授后主，而治国以严，皆此意也。"

信·大风歌

历史浩　大　泗水长
芒砀微　风　催泪扬
三尺剑　起　百沙场
慷慨歌　兮　归故乡

◎ **大风歌：** 公元前196年10月，刘邦作《大风歌》。《汉书·高帝纪》："十二年冬十月……上还，过沛，留，置酒沛宫，悉召故人父老子弟佐酒。发沛中儿得百二十人，教之歌。酒酣，上击筑，自歌曰：'大风起兮云飞扬，威加海内兮归故乡，安得猛士兮守四方！'令儿皆和习之。上乃起舞，慷慨伤怀，泣数行下。谓沛父兄曰：'游子悲故乡。吾虽都关中，万岁之后吾魂魄犹思乐沛。且朕自沛公以诛暴逆，遂有天下，其以沛为朕汤沐邑，复其民，世世无有所与。'"《乐府诗集》按《琴操》题为《大风起》。《文选注》解为："风起、云飞，以喻群凶竞逐，而天下乱也。威加四海，言已静也。夫安不忘危，故思猛士以镇之。"《大戴礼记·夏小正》："时有俊风。俊者，大也。大风，南风也。何大于南风也？曰：'合冰必于南风，解冰必于南风；生必于南风，收必于南风；故大之也。'"《淮南子·本经训》："尧乃使羿诛凿齿于畴华之野，杀九婴于凶水之上，缴大风于青丘之泽。"许慎注："大风，风伯也。"《汉书·高帝纪》载彭城之战时："（项羽）大破汉军，多杀士卒，睢水为之不流。围汉王三匝。大风从西北起，折木发屋，扬沙石，昼晦，楚军大乱，而汉王得与数十骑遁去。"《毛诗正义·桑柔》："大风有隧，有空大谷"，郑玄笺："西风谓之大风。大风之行，有所从而来，必从大空谷之中。喻贤愚之所行，各由其性。"

信·高帝过鲁

风起云　高　天地遥
楚王汉　帝　自分晓
将功折　过　心犹失
重来邹　鲁　祠太牢

◎**高帝过鲁**：公元前196年11月，汉高祖刘邦过鲁地，祭祀孔子，并藉祭孔表现对重建中国礼乐制度的信心。刘邦于祭拜半年后死去。《史记·孔子世家》："高皇帝过鲁，以太牢祠焉。诸侯卿相至，常先谒然后从政。"另《汉书·高帝纪》："十一月，行自淮南还。过鲁，以大牢祠孔子。"祠：《礼记·曲礼上》："祷祠祭祀，供给鬼神，非礼不诚不庄。是以君子恭敬、撙节、退让以明礼。"《礼记·王制》："天子、诸侯宗庙之祭，春曰礿，夏曰禘，秋曰尝，冬曰烝。"《正义》解："此盖夏殷之祭名。周则改之，春曰祠，夏曰礿，以禘为殷祭。"太牢：《大戴礼记·曾子天圆》："诸侯之祭，牲牛，曰太牢；大夫之祭，牲羊，曰少牢；士之祭，牲特豕，曰馈食。"◎**将功折过心犹失**：**皓月曰**：在"以布衣提三尺取天下"后，作为天子的刘邦还需完成一件必须完成的事情，那就是恢复社会的道德秩序、文化秩序、政治秩序——即由孔子的儒家思想传承与发扬中华礼乐制度。刘邦藉由祭孔，从容地完成了它。●《朱子语类》论《论语》，弟子问："'克己复礼，乾道；主教行恕，坤道'，如何？"**朱子曰**："仲弓资质温粹，颜子资质刚明。'克己复礼，天下归仁。为仁由己，而由人乎哉！'颜子之于仁，刚健果决，如天旋地转，雷动风行做将去！仲弓则敛藏严谨做将去。颜子如创业之君，仲弓如守成之君。颜子如汉高祖，仲弓如汉文帝。"

信·楚汉传奇

凤飞吴　楚　民无倦
龙吟蜀　汉　天统灿
百代颂　传　先祖德
千载称　奇　有诗篇

●**皓月曰**：仁义礼智信者，五常也。木金火水土者，五行也。仁为木神，义为金神，礼为火神，智为水神，信为土神，此五德也。这是物质与意识的连接，这是存在与象征的融合，这是中华文明的哲性美学，这是中国人的存在契约。然而面对天下大乱之世，人们往往认为，仁义形同粪土，礼仪属于弱者，智慧皆为诡诈，信用不过是暴力的附庸。可在楚汉争霸之际，当人们面对别人，他们确实尔虞我诈、以柔克刚、宁叫我负天下人；但当人们面对自我时，他们的言谈与行事无不体现着仁义礼智信的光芒，即作为人的存在的尊严。如《斩蛇起义》《张良进履》体现的仁的精神；《巨鹿之战》《怀王之约》体现的义的精神；《月下萧何》《纪信诳楚》体现的礼的精神；《背水一战》《乌江自刎》体现的智的精神；《鲁公礼葬》《高帝过鲁》体现的信的精神。这是由良知构筑的人的道德，这是由良能支撑的人的存在，这就是"仁"，如同"四端"，人皆有之。"仁者，浑然与物同体，义、礼、智、信皆仁也。识得此理，以诚敬存之而已，不须防检，不须穷索"，与时光共存，与中华同在！故，当我阅读古人的故事，仿佛重视当代的众生；想象古人的面孔，亦如镜中的对望——这是仁义礼智信的连接。五行在地，五德在天，五常是行，五星闪耀。楚汉在上，我心激荡。四端五常，我志昂扬。故皓月作诗以记之。

第三辑　两汉经学

汉初·今文经

是古非　今　秦火燃
诗书无　文　口相传
伏生授　经　晁错隶
汉初儒　学　几波澜

◎**今文经学：** 公元前213年，秦始皇"燔《诗》《书》，坑儒士"，一失足而二世亡。而后中国又经楚汉战争动荡，这给"经学"带来无法挽回的损失。虽然经学在民间得以流传，但传至汉初六经文字已失去原始版本，均用当时的汉隶抄写。故后世将汉初用汉隶抄写之经学著作，称为"今文经"。反之，进入西汉后再发现的由战国时期六国文字抄写的经学典籍，称为"古文经"。◎**是古非今秦火燃，诗书无文口相传：** 当初，李斯以儒学"是古非今"为由，蛊惑秦始皇禁《诗》《书》，行愚民政策，造成经学在民间无法著于简牍，只能口头传播。◎**伏生授经晁错隶：** 朝廷派晁错将伏生口授《尚书》用汉隶抄写下来，标志西汉"今文经"学的确立。《汉书·儒林传》："伏生，济南人也，故为秦博士。孝文时，求能治尚书者，天下亡有，闻伏生治之，欲召。时伏生年九十馀，老不能行，于是诏太常，使掌故晁错往受之。秦时禁书，伏生壁藏之，其后大兵起，流亡。汉定，伏生求其书，亡数十篇，独得二十九篇，即以教于齐、鲁之间。"●《朱子语类》论《尚书》，弟子问："林少颖说，《盘》《诰》之类皆出伏生，如何？"朱子曰："此亦可疑。盖书有古文，有今文。今文乃伏生口传，古文乃壁中之书。《禹谟》《说命》《高宗肜日》《西伯戡黎》《泰誓》等篇，凡易读者皆古文。况又是科斗书，以伏生书字文考之，方读得。"

汉初·无为而治

始皇若　无　挟书律
高帝岂　为　白蛇拒
舜抚琴　而　天下和
文景之　治　启新语

◎**无为而治：** 公元前202年，陆贾向怠慢儒士的汉高祖谏言"马上得天下，安可马上治天下"，获得刘邦的认可，作《新语》。《汉书·陆贾传》："贾时时前说称《诗》《书》。高帝骂之曰：'乃公居马上得之，安事《诗》《书》！'贾曰：'马上得之，宁可以马上治乎？且汤武逆取而以顺守之，文武并用，长久之术也。昔者吴王夫差、智伯极武而亡；秦任刑法不变，卒灭赵氏。乡使秦以并天下，行仁义，法先圣，陛下安得而有之？'高帝不怿，有惭色，谓贾曰：'试为我著秦所以失天下，吾所以得之者，及古成败之国。'贾凡著十二篇……称其书曰《新语》。"◎**始皇若无挟书律，高帝岂为白蛇拒：** 如果不是秦始皇听从李斯的"乱道之言"，定立"燔《诗》《书》"的《挟书律》以钳制人口，汉高祖刘邦能获得天下吗？《史记·秦始皇本纪》："臣请史官非秦记皆烧之，非博士官所职，天下敢有藏《诗》《书》百家语者，悉诣守、尉杂烧之。有敢偶语《诗》《书》者弃市。"白蛇拒，即刘邦斩蛇起义之事。◎**舜抚琴而天下和：** 无为而治，指不干预社会的治理国家，后世多认为是《老子》中的概念，实为儒家治国理念，由孔子提出。《论语·卫灵公》："子曰：'无为而治者，其舜也与？夫何为哉，恭己正南面而已矣。'"《新语·无为》："夫道莫大于无为，行莫大于谨敬。何以言之？昔虞舜治天下，弹五弦之琴，歌《南风》之诗，寂若无治国之意，漠若无忧民之心，然天下治。"

汉初·汉家儒宗

去楚就　汉　叔孙通
制礼帝　家　长乐宫
知变乃　儒　通则久
四代为　宗　取中庸

◎**汉家儒宗**：公元前200年，刘邦采用叔孙通制定的汉礼，在长安长乐宫朝十月。群臣之仪，令刘邦倍感欣慰。◎**去楚就汉叔孙通**：叔孙通师从孔子八世孙孔鲋，曾为秦博士，后由项羽阵营转投刘邦。◎**制礼帝家长乐宫**：叔孙通制定汉仪。《汉书·叔孙通传》："汉七年，长乐宫成，诸侯群臣朝十月……功臣列侯诸将军军吏以次陈西方，东乡；文官丞相以下陈东方，西乡……于是皇帝辇出房，百官执戟传警，引诸侯王以下至吏六百石以次奉贺。自诸侯王以下莫不震恐肃敬。至礼毕，尽伏，置法酒……竟朝置酒，无敢欢哗失礼者。于是高帝曰：'吾乃今日知为皇帝之贵也。'拜通为奉常，赐金五百斤。"◎**知变乃儒通则久**：《孟子·万章下》："孔子，圣之时者也。"即孔子时中。《中庸》："动则变，变则化。唯天下至诚为能化。"《周易·系辞下》："穷则变，变则通，通则久。"◎**四代为宗取中庸**：四代，即夏、商、周、秦。汉承秦制，叔孙通合秦仪与古礼作汉礼。《汉书·叔孙通传》："通曰：'五帝异乐，三王不同礼。礼者，因时世人情为之节文者也。故夏、殷、周礼所因损益可知者，谓不相复也。臣愿颇采古礼与秦仪杂就之。'上曰：'可试为之，令易知，度吾所能行为之。'"●《朱子语类》论历代，**朱子曰**："叔孙通制汉仪，一时上下肃然震恐，无敢喧哗，时以为善。然不过尊君卑臣，如秦人之意而已，都无三代燕飨底意思了。"

文景·三家诗

风雅齐　韩　鲁三学
辕固刺　诗　窦后诘
韩婴弦　外　索经史
申培训　传　孔安国

◎**韩诗外传**：公元前180—前141年，西汉"文景之治"时代，《诗经》学分为"鲁、齐、韩"三大家，后"鲁诗、齐诗"亡佚，只有韩婴的《韩诗外传》传世。《汉书·艺文志》："《诗经》二十八卷，鲁、齐、韩三家。"◎**辕固刺诗窦后诘**：辕固，齐诗传人，景帝时因贬低《老子》为外戚学说，得罪了窦太后。《汉书·儒林传》："窦太后好老子书，召问固。固曰：'此家人言耳。'太后怒曰：'安得司空城旦书乎！'乃使固入圈击彘。"◎**韩婴弦外索经史**：《汉书·儒林传》："韩婴，燕人也。孝文时为博士，景帝时至常山太傅。婴推诗人之意，而作《内》《外传》数万言，其语颇与齐、鲁间殊，然归一也。"◎**申培训传孔安国**：申培，鲁诗传人，汉文帝博士，孔安国是其弟子。●《朱子语类》论《论语》，伯谟曰："黄老之教，本不为刑名，只要理会自己，亦不说要惨酷，但用之者过耳。"朱子曰："缘黄老之术，凡事都先退一著做，教人不防他。到得逼近利害，也便不让别人，宁可我杀了你，定不容你杀了我。他术多是如此，所以文景用之如此。文帝犹善用之，如南越反，则卑词厚礼以诱之；吴王不朝，赐以几杖等事。这退一著，都是术数。到他教太子，晁错为家令。他谓太子亦好学，只欠识术数，故以晁错传之。到后来七国之变，弄成一场纷乱。看文景许多慈祥岂弟处，都只是术数。然景帝用得不好，如削（削藩）之亦反，不削亦反。"

文景·高堂士礼

仰之弥　高　钻弥坚
德在孔　堂　牺牲前
鲁地贤　士　资逸格
约我仪　礼　十七篇

◎**高堂士礼：**公元前180—前157年，汉文帝时期，文帝封高堂生弟子徐生为礼官大夫。《汉书·儒林传》："汉兴，鲁高堂生传《士礼》（后世《仪礼》）十七篇，而鲁徐生善为颂。孝文时，徐生以颂为礼官大夫。"《史记·儒林列传》："诸学者多言《礼》，而鲁高堂生最本。"◎**仰之弥高钻弥坚：**《论语·子罕》："颜渊喟然叹曰：'仰之弥高，钻之弥坚；瞻之在前，忽焉在后。夫子循循然善诱人，博我以文，约我以礼，欲罢不能。既竭吾才，如有所立，卓尔。'"◎**德在孔堂牺牲前：**孔堂为孔子所居堂奥，喻学识境界高深，引申为《仪礼》中燕、射、冠、婚之礼。牺牲为祭祀用品，引申为《仪礼》中丧服、士丧、少牢之礼。即"礼"所蕴含的"慎始敬终"思想即为"德"，是入"道"之门。●《朱子语类》论《礼》，**朱子曰：**"三代之礼，今固难以尽见。其略幸散见于他书，如《仪礼》十七篇多是《士礼》，邦国人君者仅存一二。遭秦人焚灭之后，至河间献王始得'邦国礼'五十八篇献之，惜乎不行。至唐，此书尚在，诸儒注疏犹时有引为说者。及后来无人说著，则书亡矣，岂不大可惜！"《朱子语类》论《仪礼》，**朱子曰：**"鲁共王坏孔子宅，得古文《仪礼》五十六篇，其中十七篇与高堂生所传十七篇同。郑康成注此十七篇，多举古文作某，则是他当时亦见此壁中之书。不知如何只解此十七篇，而三十九篇不解，竟无传焉！"

文景·吊屈原赋

长沙晚　吊　湘水扬
龙蛰蠖　屈　凤难翔
憔悴屈　原　悲贾子
楚辞汉　赋　惹神伤

◎**吊屈原赋：**公元前176年，汉文帝迫于老臣压力，"外放"太中大夫贾谊为长沙王太傅。贾谊在渡过湘水时，感于屈原的遭遇，写下《吊屈原赋》。◎**长沙晚吊湘水扬：**《汉书·贾谊传》："谊既以适去，意不自得，及渡湘水，为赋以吊屈原。屈原，楚贤臣也，被谗放逐，作《离骚赋》，其终篇曰：'已矣！国亡人，莫我知也。'遂自投江而死。谊追伤之，因以自谕。"◎**龙蛰蠖屈凤难翔：**《吊屈原赋》："凤缥缥其高逝兮，夫固自引而远去。袭九渊之神龙兮，沕渊潜以自珍；偭蟂獭以隐处兮，夫岂从虾与蛭蚓？所贵圣之神德兮，远浊世而自臧。使麒麟可系而羁兮，岂云异夫犬羊？"●**皓月曰：**贾谊在"下放"之前，献给汉文帝的是"易服色、定官名、兴礼乐"的强干弱枝之术。他面对的不是"谗臣"，而是周勃、灌婴、东阳侯等几位三朝元老。他们助刘邦打江山，灭异姓王，"诛吕安刘"，是汉文帝不可得罪的人物。当时贾谊只有20多岁，为汉文帝同龄人。贸然出此"大策"，自然成为几位元老级既得利益者的眼中钉。汉文帝为保贾谊才"外放"他，留他在长安才是不安全的。之后文帝亦招贾谊，俨然视贾谊为心腹。故贾生之悲来自《楚辞》夸张的风格与后世的渲染，贾生之幸才是后世望尘莫及的。●《朱子语类》论战国汉唐诸子，**朱子曰：**"贾谊之学杂。他本是战国纵横之学，只是较近道理，不至如仪秦蔡范之甚尔。"

文景·公羊春秋

子记昭　公　次乾侯
一卷公　羊　断狱畴
削藩二　春　七国乱
诛吕廿　秋　怎安刘

◎**公羊春秋**：公元前157—前141年，汉景帝时代，相传子夏弟子公羊高的五传弟子齐人胡毋生，成为汉景帝博士，他将《春秋公羊传》著于竹帛，其弟子有公孙弘。《公羊传》是"《春秋》三传"中最能彰显以"微言大义"的方式解读《春秋》的注释文本。汉武帝时，董仲舒成为《公羊传》另一大家。◎**子记昭公次乾侯**：由季氏与郈昭伯斗鸡引发鲁国政治动乱，鲁昭公逃亡晋国避难，后死于晋地乾侯。《春秋·昭公二十八年》："公如晋，次于乾侯。"◎**一卷公羊断狱畴**：儒家以"公羊学"作为政治判断的原则。《汉书·艺文志》："《公羊董仲舒治狱》十六篇。"《春秋繁露·精华》："《春秋》之听狱也，必本其事而原其志。志邪者，不待成，首恶者，罪特重，本直者，其论轻。"◎**削藩二春七国乱，诛吕廿秋怎安刘**：皓月曰：公元前195年，吕雉摄政后便大肆安排吕氏与刘氏通婚，安插吕氏外戚执掌军政大权，妄图霸占朝廷。公元前180年，吕雉死去。由陈平、灌婴等老臣发动了一系列政变，诛杀诸吕，废杀吕后指定的后少帝刘弘，改立刘恒为汉文帝。现在，由晁错《削藩策》引发的七国之乱虽被平定，汉景帝苦苦支撑局面，权臣、外戚、同姓王却都虎视眈眈，刘氏江山随时可能风雨飘摇。所以不能再放任"黄老刑名学"发展了。随着"今文经"的普及与儒学地位的抬升，时代呼唤新的哲学，这一切给董仲舒登上历史舞台铺平了道路。

汉武·河间献王

毛诗长　河　几曲折
左传书　间　起风波
雅乐一　献　八佾舞
尊儒武　王　何不乐

◎**河间献王：**公元前155年3月，汉景帝立皇子刘德（汉武帝同父异母兄）为河间王。因其曾献古籍，被后世尊称为"献书王"。◎**毛诗长河几曲折：**《诗经》的传播过程是很曲折的。陆玑《毛诗草木鸟兽虫鱼疏》："孔子删《诗》授卜商，商为之《序》，以授鲁人曾申，申授魏人李克，克授鲁人孟仲子，仲子授根牟子，根牟子授赵人荀卿，荀卿授鲁国毛亨，亨作《训诂传》，以授赵国毛苌。时人谓亨为大毛公，苌为小毛公。"子夏著《诗大序》、毛亨著《诗小序》，而毛苌为河间王博士。◎**左传书间起风波：**《左传》记录了大量政治纷争，不想河间王献《左传》竟也引起与汉武帝的矛盾。◎**雅乐一献八佾舞：**《汉书·艺文志》："河间献王好儒，与毛生等共采周官及诸子言乐事者，以作《乐记》，献八佾之舞，与制氏不相远。"◎**尊儒武王何不乐：**刘德献八佾舞，引发汉武帝猜忌。《史记集解》："武帝艴然难之，谓献王曰：'汤以七十里，文王百里，王其勉之。'"刘德归国后"纵酒听乐"，死于公元前129年。●《朱子语类》论《仪礼》，**朱子曰：**"先王之礼，今存者无几。汉初自有文字，都无人收拾。河间献王既得雅乐，又有礼书五十六篇，惜乎不见于后世！是当时儒者专门名家，自一经之外，都不暇讲，况在上又无典礼乐之主。故胡氏说道，使河间献王为君，董仲舒为相，汲黯为御史，则汉之礼乐必兴。这三个差除，岂不甚盛！"

汉武·鲁壁藏书

淮王迁　鲁　好治宫
损我孔　壁　闻磬钟
子鱼前　藏　论语简
终成汉　书　古文经

◎**鲁壁藏书**：公元前154年，汉景帝借腰斩晁错，弥合七国之乱对刘氏宗族造成的创伤。然后将自己口吃的儿子刘馀从淮阳，迁至鲁地，成为鲁王。正是他促使人们发现了"鲁壁藏书"。◎**淮王迁鲁好治宫，损我孔壁闻磬钟**：鲁恭王虽然口吃，但喜欢奢华的生活，为此甚至敢于侵占孔子的旧宅，就在扩建宫殿的时候，拆毁孔子旧屋之际，天空传来了音乐之声。《汉书·景十三王传》："鲁恭王馀以孝景前二年立为淮阳王。吴楚反破后，以孝景前三年徙王鲁。好治宫室苑囿狗马，季年好音，不喜辞。为人口吃难言……恭王初好治宫室，坏孔子旧宅以广其宫，闻钟磬琴瑟之声，遂不敢复坏，于其壁中得古文经传。"◎**子鱼前藏论语简**：秦始皇灭六国后，孔子八世孙孔鲋预感斯文将毁，提前将一批战国竹简砌于故宅墙壁中。西汉发现的便是这批简册。《孔丛子·独治》："陈馀谓子鱼曰：'秦将灭先王之籍，而子为书籍之主，其危矣。'子鱼曰：'顾有可惧者，必或求天下之书焚之，书不出则有祸。吾将先藏之以待其求，求至无患矣。'"◎**终成汉书古文经**：由于竹简是由战国文字写成，人们用"古文经"来命名，以区别用汉隶书抄写的"今文经"。《汉书·艺文志》："鲁共王坏孔子宅……而得《古文尚书》及《礼记》《论语》《孝经》凡数十篇，皆古字也。"

汉武·黄老刑名

　　管子尊　黄　明四维
　　韩非解　老　喻无为
　　阴阳德　刑　操权柄
　　百家争　名　法术势

◎**黄老刑名：**公元前135年，汉武帝捍卫黄老学的奶奶窦太后死去。汉武帝的舅舅田蚡拉开了罢黜"百家"的序幕。《汉书·儒林传》："及窦太后崩，武安君田蚡为丞相，黜黄老、刑名百家之言，延文学儒者以百数，而公孙弘以治春秋为丞相封侯，天下学士靡然乡风矣。"皓月曰：黄老学，又称黄老刑名学，是以"黄帝传说史"为史学源头，以《老子》为方法论，以刑名即申不害、商鞅、韩非子为代表的君主权力驾驭术与"唯刑律论"的国家权力观为执行手段的哲学、政治学学说。儒学与黄老学是先秦分庭抗礼的两大哲学学术流派，先秦诸子或九流十家，除儒家外几乎都可以因其尊"黄帝老子"被归纳为黄老学。而儒家的史学源头是《尚书》所记录的"虞夏商周"，指导思想为《五经》记载的"先王之道"，强调以"仁政"，即国家权力不能对社会肆意干预，从而谋求人的社会化超越性。其表现为国家是"天下"（社会）的一部分，君王也要被"礼乐"制约。这是儒学与黄老刑名学的区别所在。◎**管子尊黄明四维：**《管子》尊黄帝胜于唐尧，强调有四维（礼、义、廉、耻）来"牧民"。详见《管子·牧民》。◎**韩非解老喻无为：**《韩非子》有《解老》《喻老》篇，对《老子》进行政治衍说。◎**阴阳德刑操权柄：**刑名学操弄杀罚、奖赏为权柄。《韩非子·二柄》："二柄者，刑、德也。何谓刑德？曰：杀戮之谓刑，庆赏之谓德。"

汉武·淮南子

衡山庐　淮　豆花香
燕北越　南　有一王
老雁庄　鸿　无为路
彗星烈　烈　问苍茫

◎**淮南子**：公元前135年，彗星出现在天空中，淮南王刘安认为这是灾难的征兆。《汉书·淮南王传》："建元六年，彗星见，淮南王心怪之。或说王曰：'先吴军时，彗星出，长数尺，然尚流血千里。今彗星竟天，天下兵当大起。'王心以为上无太子，天下有变，诸侯并争，愈益治攻战具，积金钱赂遗郡国。"◎**衡山庐淮豆花香**：传说刘安在炼丹时无意间发明了豆腐，喻《淮南子》行术数之术。◎**燕北越南有一王**：惠施之辩，《庄子·天下》"我知天下之中央，燕之北，越之南是也"，喻《淮南子》行名家之术。◎**老雁庄鸿无为路**：喻《淮南子》推崇无为，行老庄之道，实为刑名学。●《朱子语类》论《论语》，弟子或曰："王介甫（安石）以为'不可使知（民可使由之，不可使知之）'，尽圣人愚民之意。"**朱子曰**："申、韩、庄、老之说，便是此意，以为圣人置这许多仁义礼乐，都是殃考人。《淮南子》有一段说，武王问太公曰：'寡人伐纣，天下谓臣杀主，下伐上。吾恐用兵不休，争斗不已，为之奈何？'太公善王之问，教之以繁文滋礼，以持天下，如为三年之丧，令类不蓄，厚葬久丧，以亶音丹。其家。其意大概说，使人行三年之丧，庶几生子少，免得人多为乱之意；厚葬久丧，可以破产，免得人富以启乱之意。都是这般无稽之语！"●**皓月曰**：《淮南子》俨然成为刑名学理论阵地，故它必然成为汉武帝独尊儒术的箭靶。

汉武·春秋繁露

董公三　春　不窥园
天人千　秋　感应延
阴阳纷　繁　运五行
三策如　露　润西汉

◎**春秋繁露：**公元前134年，董仲舒被推举为孝廉，上殿与汉武帝进行问对，留下著名的《天人三策》。日后董仲舒将一生哲思写成《春秋繁露》。◎**董公三春不窥园：**《汉书·董仲舒传》："(仲舒)少治春秋，孝景时为博士。下帷讲诵，弟子传以久次相授业，或莫见其面。盖三年不窥园，其精如此。进退容止，非礼不行，学士皆师尊之。"◎**天人千秋感应延：**董仲舒提出的建立在"五行象数学"概念上的"天人合一"思想。◎**三策如露润西汉：**董仲舒与汉武帝廷对中，提出"奉天法古"以尊"王道"，谏言"诸不在六艺之科孔子之术者，皆绝其道，勿使并进。邪辟之说灭息，然后统纪可一而法度可明"的政治主张，旨在恢复儒家"先王之道"作为政治主导思想，罢黜"乱政"的"黄老刑名学"。●**皓月曰：**董仲舒本《周易》"元"与"阴阳"概念、《尚书·洪范》"五行九畴"说、《公羊传》蕴含的"春秋大义"、《礼记·月令》"对应"说、《韩诗》演绎思想，将道家"黄帝史观"、阴阳家"五德衍生"说、名家"名实之辩"、法家"法术势"等诸子学说，与儒家的"孝""王道""礼乐""仁义"等社会学概念相结合，通过概念间抽象的数字对应关系，将自然、时空、历史、人体、意识、社会与制度相关联、相对接，构建出汉代创新的以儒学为基础的大一统哲学体系，将汉代主流学术由战国黄老学转换为以儒学为基础的"五行象数学"，并将西汉政治观念从刑名学的"权法"形态，扭转为儒家的"仁义法"——"礼法"形态。

汉武·公孙主父

儒列三　公　布衣眠
术弱王　孙　推恩颁
但使明　主　行王道
泰山梁　父　好祀天

◎**公孙主父**：公元前126年，齐王刘次昌因乱伦惧怕主父偃调查，畏罪自杀。经丞相公孙弘谏言，汉武帝决定族灭主父偃。《汉书·主父偃传》："上欲勿诛，公孙弘争曰：'齐王自杀无后，国除为郡，入汉，偃本首恶，非诛偃无以谢天下。'乃遂族偃。"◎**儒列三公布衣眠，术弱王孙推恩颁**：皓月曰：公孙弘以儒家贤良成为汉武帝丞相，他行事儒雅，"陈力就列，不能者止"，能主动承认错误，从不搞"团团伙伙"，位列三公，睡觉时只盖粗布被子。其可能是汉武帝唯一器重的逝于任上的丞相。因为在公孙弘之前有四任丞相，一个被斩首，一个被吓死，两个被免职；在公孙弘身后有七任丞相，五个被灭族，另两个方得善终。主父偃虽少时学纵横之术，以刑名见长，但他的"推恩令"还是可以显示出儒家政策的一些特点，即：不追求迅速的、激进的、违背社会公序良俗的社会变革，而是采用渐进的、柔和的、民众喜闻乐见的、将权力冲突化为无形的社会改良。◎**泰山梁父好祀天**：封泰山、禅梁父。《汉书·郊祀志上》："管仲曰：'古者封泰山、禅梁父者七十二家。'"●《朱子语类》论治道，北子问："后世封建郡县，何者为得？"**朱子曰**："论治乱毕竟不在此。以道理观之，封建之意，是圣人不以天下为己私，分与亲贤共理，但其制则不过大，此所以为得。贾谊于汉言'众建诸侯而少其力'。其后主父偃窃其说，用之于武帝。"

汉武·丝绸之路

```
汉地琼    丝    胡塞沙
葱岭云    绸    汗血马
千古颂    之    博望侯
昆仑归    路    楼兰霞
```

◎**丝绸之路：** 公元前123年，张骞因出使西域熟悉西域地形，助"飞将军"李广大破匈奴，被汉武帝封为"博望侯"。《汉书·张骞列传》："骞以校尉从大将军击匈奴，知水草处，军得以不乏，乃封骞为博望侯，是岁元朔六年也。" ◎**汉地琼丝胡塞沙：** 公元前139年，张骞奉汉武帝之命出使西域，在祁连山河西走廊被匈奴俘虏。后被匈奴单于囚禁长达10年，但张骞从未忘记自己的使命。◎**葱岭云绸汗血马：** 公元前129年，张骞逃出匈奴的控制，取道车师（今新疆吐鲁番盆地），经龟兹（今新疆库车东）、疏勒（今新疆喀什），翻越葱岭（今帕米尔高原），到达大宛（今位于乌兹别克斯坦、塔吉克斯坦和吉尔吉斯斯坦三国交界处）发现了汗血马。◎**千古颂之博望侯，昆仑归路楼兰霞：** 公元前128年，张骞启程，再经葱岭，沿昆仑山北麓东行，经莎车（今新疆莎车）、于阗（今新疆和田）、楼兰（今新疆若羌），并再次逃出匈奴的追捕，历尽艰险，终于返回中原。●《二程遗书》程子曰："《国风》《大雅》《小雅》《三颂》，《诗》之名也。六义，《诗》之义也。篇之中有备六义者，有数义者。能治乱丝者，可以治《诗》。" ●《朱子语类》论《中庸》，弟子问："'经纶皆治丝之事，经者，理其绪而分之；纶者，比其类而合之。'如何？" **朱子曰：** "犹治丝者，先须逐条理其头绪而分之，所谓经也；然后比其类而合之，如打绦者必取所分之绪，比类而合为一，所谓纶也。"

汉武·封狼居胥

打马提　封　冠军侯
回射天　狼　胭脂秋
单于休　居　姑衍侧
从今华　胥　在此游

◎**封狼居胥**：公元前119年，霍去病、卫青兵分两路深入漠北，歼灭匈奴7万人，彻底摧毁匈奴主力。然后在狼居胥山（今蒙古国肯特山）举行祭天封礼，在姑衍山（今蒙古国宗莫特博克多乌拉山）举行祭地禅礼，遥望瀚海（今贝加尔湖），大胜而归。《汉书·霍去病传》："上曰：'骠骑将军去病率师躬将所获荤允之士，约轻赍，绝大幕，涉获单于章渠，以诛北车耆，转击左大将双……封狼居胥山，禅于姑衍，登临瀚海，执讯获丑七万有四百四十三级，师率减什二，取食于敌，卓行殊远而粮不绝。以五千八百户益封骠骑将军。'"◎**打马提封冠军侯**：公元前123年，18岁的霍去病第一次统兵是随卫青出击匈奴。其间他率800轻骑兵甩开大军追击匈奴，杀敌2000，被封为"冠军侯"。◎**回射天狼胭脂秋**：公元前121年，西汉对匈奴展开"河西之战"，霍去病从陇西出发，穿越焉支山与匈奴决战。几个月后，其又渡过黄河，翻越贺兰山，绕道居延海，大迂回至匈奴背后发起猛攻。经此役河西走廊并入西汉版图。而匈奴则留下了"失我祁连山，使我六畜不蕃息，失我焉支山，使我妇女无颜色"的诗句。◎**单于休居姑衍侧，从今华胥在此游**：霍去病通过封狼居胥山，禅姑衍山，告诫匈奴自此狼居、姑衍为华夏族所有。华胥，传说为中国上古华胥国女首领，伏羲和女娲的母亲，炎帝和黄帝的远祖，代指华夏族与中国人。

汉武·琴挑文君

长卿抚　琴　凤凰临
美酒一　挑　锦城春
封禅雄　文　何慷慨
更忆文　君　白头吟

◎**琴挑文君：**公元前118年，司马相如去世了。汉武帝派特使去收集他的著作，得到《封禅文》。这则感人故事被收入《史记》《汉书》，然而，后世流传更广的则是司马相如与其妻卓文君的故事——"琴挑文君"。◎**长卿抚琴凤凰临：**司马相如以琴声吸引卓文君，二人私奔。《汉书·司马相如传》："是时，卓王孙有女文君新寡，好音，故相如缪与令相重而以琴心挑之……文君夜亡奔相如，相如与驰归成都。"司马相如有赋《凤求凰》："凤兮凤兮归故乡，遨游四海求其凰。时未遇兮无所将，何悟今夕升斯堂。"◎**美酒一挑锦城春：**相如与文君回成都后以卖酒为生，锦官城由此充满春色。《汉书·司马相如传》："相如与俱之临邛，尽卖车骑，买酒舍，乃令文君当垆。"◎**封禅雄文何慷慨：**司马相如发扬《诗经》《楚辞》传统，讽喻汉武帝为何还不封禅！《封禅书》："钦哉，符瑞臻兹，犹以为薄，不敢道封禅。盖周跃鱼陨杭，休之以燎，微夫斯之为符也，以登介丘，不亦恧乎！进让之道，其何爽与？"◎**更忆文君白头吟：**卓文君《白头吟》："愿得一心人，白头不相离。"●《朱子语类》论文，朱子曰："林艾轩云'司马相如赋之圣者。扬子云、班孟坚只填得他腔子，如何得似他自在流出！左太冲、张平子竭尽气力又更不及。'"又曰："古人作文作诗，多是模仿前人而作之。盖学之既久，自然纯熟。如相如《封禅书》，模仿极多。"

汉武·汉武帝

将军古　柏　封岳处
安得栋　梁　通丝路
血马轮　台　攘匈奴
乐府采　诗　尊儒术

◎**柏梁台诗**：公元前 115 年，汉武帝在建章宫建柏梁台，高数十丈。后在此与百官饮宴时，与群臣唱和一人一句的联句诗，称为"柏梁台体"。刘勰《文心雕龙·明诗》："孝武爱文，柏梁列韵。" **皓月曰**："柏梁体"开"七言诗"先河。后世梁武帝萧衍、唐太宗李世民都曾与群臣效仿"柏梁体"作诗。究其为"七言"的原因，见《汉书·天文志》："北斗七星，所谓'旋、玑、玉衡以齐七政'……斗为帝车，运于中央，临制四海。分阴阳，建四时，均五行，移节度，定诸纪，皆系于斗。"结合楚文化诗歌《楚辞·九歌·东君》"援北斗兮酌桂浆"，与董仲舒"五行象数学"的"天人合一"思想，即"七言"、北斗七星、帝王身份构成象征关系。而中国历史上第一首七言诗《燕歌行》亦为魏文帝曹丕所作，此推论可解释七言的成因。◎**将军古柏封岳处**：公元前 110 年，传汉武帝封中岳嵩山时，见柏树高大，封其为"将军"。◎**安得栋梁通丝路**：汉武帝的大战略即出使西域，夺取河西走廊，开通丝绸之路。◎**血马轮台攘匈奴**：可用获取大宛汗血马，击败匈奴与"巫蛊之祸"后《轮台诏》概括刘彻一生。◎**乐府采诗尊儒术**：汉武帝对中华文明的最大贡献是立乐府，将儒家思想制度化。《汉书·儒林传》："然孝文本好刑名之言。及至孝景，不任儒，窦太后又好黄老术……及窦太后崩，武安君田蚡为丞相，黜黄老、刑名百家之言……天下学士靡然乡风矣。"

汉武·汉郊祀歌

太一上　帝　佑汉土
天马降　临　伴龙虎
歌诗声　中　天子来
步登泰　坛　是汉武

◎**汉郊祀歌：** 公元前113年，为元鼎四年，这是不平凡的一年。在经历了上一年的关东大饥荒后，汉武帝展开史诗般的祭祀行动，并创建了乐府。《汉书·武帝纪》："四年冬十月，行幸雍，祠五畤。赐民爵一级，女子百户牛酒。行自夏阳，东幸汾阴。十一月甲子，立后土祠于汾阴脽上……六月，得宝鼎后土祠旁。秋，马生渥洼水中。作《宝鼎》《天马》之歌。"《汉书·礼乐志》："祭后土于汾阴，泽中方丘也。乃立乐府，采诗夜诵，有赵、代、秦、楚之讴。以李延年为协律都尉，多举司马相如等数十人造为诗赋，略论律吕，以合八音之调，作《十九章》之歌。"**太一上帝佑汉土，天马降临伴龙虎：** 详见《郊祀歌十九章》。◎**步登泰坛是汉武：** 公元前112年，即元鼎五年，汉武帝立泰坛（圜丘）于甘泉宫，亲自登坛。《汉书·武帝纪》："冬至。立泰畤于甘泉。天子亲郊见，朝日夕月。诏曰：'朕以眇身托于王侯之上，德未能绥民，民或饥寒，故巡祭后土以祈丰年。冀州脽壤乃显文鼎，获（祭）于庙。渥洼水出马，朕其御焉。战战兢兢，惧不克任，思昭天地，内惟自新。《诗》云："四牡翼翼，以征不服。"亲省边垂，用事所极。望见泰一，修天文禋。辛卯夜，若景光十有二明。《易》曰："先甲三日，后甲三日。"朕甚念年岁未咸登，饬躬斋戒，丁酉，拜况于郊。'"此行为标志汉武帝对儒家哲学、"天人合一"思想的认同与继承。

汉武·天人之际

```
五帝顺　天　殷周典
春秋圣　人　战国简
秦汉衍　之　多丕变
浩史存　际　司马迁
```

◎**天人之际**：公元前104年，汉朝改用太初历，于明堂公布，司马迁有感于"天人之际"决定继续孔子的事业，修史。《汉书·司马迁传》："太史公曰：'先人有言："自周公卒，五百岁而有孔子，孔子至于今五百岁，有能绍而明之，正《易传》，继《春秋》，本《诗》《书》《礼》《乐》之际。"意在斯乎！意在斯乎！小子何敢攘焉！'"10年后司马迁遭遇李陵之祸。◎**五帝顺天殷周典**：有五帝之顺天方有殷周之典籍。《史记·五帝本纪》："顺天之义，知民之急。仁而威，惠而信，修身而天下服。"《周易·革卦》："天地革而四时成，汤武革命，顺乎天而应乎人。"◎**春秋圣人战国简**：有孔子之经学方有战国之智慧。《史记·孔子世家》是研究孔子最重要著作之一。◎**秦汉衍之多丕变**：指《史记》记载的秦并六国、楚汉争霸、灭异姓王、七国之乱等历史事件。◎**浩史存际司马迁**：司马迁要记述历史的起因与边际，即历史有规律可循。●**皓月曰**：司马迁处于汉朝主流思潮从黄老学向儒学转换阶段，董仲舒引领的儒学新风，与汉代黄老刑名学传统都对其产生很大影响。可将其思想归为"尊儒"黄老学。其思想的杂糅在《史记》中呈现丰富表征。也正因司马迁遵从"黄老学史观"，《史记》中充斥着大量演绎、戏剧性夸张、前后"两说"的叙事现象。这表明在古代，面对残缺不全的史料，填补它们以让历史说话，再现历史发展的逻辑，比探究历史真相更重要。

汉武·古文尚书

曰若稽　古　述不作
孔壁籀　文　其意硕
安国志　尚　仲尼德
欲献漆　书　遇蛊祸

◎**古文尚书：**公元前91年，西汉宫廷爆发"巫蛊之祸"，这是汉武帝晚年发生的汉朝最惨烈的皇家政治动乱，致使朝廷瘫痪，政局动荡，无暇顾及学术思想。恰恰此时，孔安国已将"鲁壁古文"中的《尚书》整理编订完成。由于献书无门，于是孔安国自传其学，是为《古文尚书》。◎**曰若稽古述不作：**《尚书·尧典》："曰若稽古帝尧，曰放勋。"那个能顺考古代"先王之道"的人尧帝，名叫放勋。《论语·述而》子曰："述而不作，信而好古。"孔子自谓，他相信古代典籍，所以按史实论述，不造作。即，孔安国以孔子"述而不作"精神编修《古文尚书》。◎**孔壁籀文其意硕：**鲁壁藏《古文尚书》拥有深刻内涵。《昭明文选·尚书序》："《典》《谟》《训》《诰》《誓》《命》之文，凡百篇。所以恢弘至道，示人主以轨范也。帝王之制坦然明白，可举而行。"◎**安国志尚仲尼德：**孔安国发扬孔子著《春秋》的精神，整理《古文尚书》。●《东坡全集·题所作书易传论语说》苏轼曰："孔壁、汲冢竹简科斗，皆漆书也。终于蠹坏。景钟、石鼓益坚，古人为不朽之计亦至矣。然其妙意所以不坠者，特以人传人耳。大哉人乎！"●《朱子语类》论《尚书》，朱子曰："《尚书孔安国传》，此恐是魏晋间人所作，托安国为名，与毛公《诗传》大段不同。今观序文亦不类汉文章。汉时文字粗，魏晋间文字细。如《孔丛子》亦然，皆是那一时人所为。"

宣元·伊霍之事

殷都庖　伊　太甲囚
汉宫二　霍　海昏侯
高阁奉　之　族灭后
空殿何　事　惹皇忧

◎**伊霍之事：**公元前74年，由于年仅22岁便暴死的汉昭帝没有子嗣，在霍光主导下朝臣拥立汉武帝孙昌邑王刘贺（海昏侯）即位，但仅过27天，霍光又将其废除。后世将此事与伊尹放太甲并列，称为"伊霍之事"。◎**殷都庖伊太甲囚：**伊尹本有莘氏庖人陪嫁给商汤的奴隶，他利用进食的机会取得商汤信赖，辅商灭夏。在商汤死后佐其孙太甲。但太甲昏庸，伊尹便将其流放在桐地（今河北临漳县）3年。《史记·殷本纪》："帝太甲既立三年，不明，暴虐，不遵汤法，乱德。于是伊尹放之于桐宫三年，伊尹摄行政当国，以朝诸侯。帝太甲居桐宫三年，悔过自责，反善。于是伊尹乃迎帝太甲而授之政。"◎**汉宫二霍海昏侯：**霍光是霍去病异母弟，汉昭帝皇后的外祖父，汉宣帝皇后的父亲，权倾朝野，故有废立之权。《汉书·霍光传》皆曰："……今陛下嗣孝昭皇帝后，行淫辟不轨。《诗》云：'籍曰未知，亦既抱子。'五辟之属，莫大不孝。周襄王不能事母，《春秋》曰'天王出居于郑'，繇不孝出之，绝之于天下也。宗庙重于君，陛下未见命高庙，不可以承天序，奉祖宗庙，子万姓，当废。"◎**高阁奉之族灭后，空殿何事惹皇忧：**汉宣帝登基后，对霍光之恐惧有若芒刺在背。他在霍光死后第二年（公元前66）族灭霍光全家。公元前51年匈奴归降，汉宣帝又忆起霍光的功勋，令画"麒麟阁十一功臣图"以示纪念，霍光名列第一。

宣元·河内女子

九曲黄　河　水一清
烟波宇　内　闻箫筝
献籍素　女　飘然去
恍若帝　子　已乘风

◎**河内女子：** 公元前73—前69年，在史籍中没有留下姓名的西汉河内郡（今河南安阳至济源一带）女子在翻修家中老屋时，得到《尚书》中《泰誓》篇，将之交到官府。《论衡·正说》："孝宣皇帝之时，河内女子发老屋，得逸《易》《礼》《尚书》各一篇，奏之。宣帝下示博士，然后《易》《礼》《尚书》各益一篇，而《尚书》二十九篇始定矣。"又，陆德明《经典释文》："汉宣帝本始中，河内女子得《泰誓》一篇献之，与伏生所诵合三十篇，汉世行之。" ◎**九曲黄河水一清：**《尚书·泰誓》篇出现时，就像圣人出世一般，令黄河水变清，喻其崇高。《后汉书·襄楷传》引《京房易传》曰："河水清，天下平。" ◎**烟波宇内闻箫筝：** 喻《尚书·泰誓》篇被发现时，就如"鲁壁藏书"一样，从天空传来钟磬的音乐之声，指其珍贵。《汉书·艺文志》："《古文尚书》者，出孔子壁中。武帝末，鲁共王坏孔子宅，欲以广其宫，而得《古文尚书》及《礼记》《论语》《孝经》凡数十篇，皆古字也。共王往入其宅，闻鼓琴瑟钟磬之音，于是惧，乃止，不坏。" ◎**献籍素女飘然去，恍若帝子已乘风：** 献书的河内女子没有留下姓名，如帝子般飘然而去。帝子，传说中尧的女儿娥皇、女英。屈原《楚辞·九歌·湘夫人》："帝子降兮北渚，目眇眇兮愁予。"《水调歌头·明月几时有》苏轼吟曰："我欲乘风归去，又恐琼楼玉宇，高处不胜寒。起舞弄清影，何似在人间？"

宣元·汉家制度

春秋素　王　述仁风
战国侯　霸　祸无穷
恩威驳　杂　刑名里
儒法并　之　汉家政

◎**王霸杂之：** 公元前48年，汉元帝继位。在做太子时他曾劝告其父行仁术，遭到经历"伊霍之事"的汉宣帝斥责。《汉书·元帝纪》："（元帝）见宣帝所用多文法吏，以刑名绳下……尝侍燕从容言：'陛下持刑太深，宜用儒生。'宣帝作色曰：'汉家自有制度，本以霸王道杂之，奈何纯（住）德教，用周政乎！且俗儒不达时宜，好是古非今，使人眩于名实，不知所守，何足委任！'"●《朱子语类》论历代，弟子问宣帝杂王、伯之说。**朱子曰：**"须晓得如何是王，如何是伯，方可论此。宣帝也不识王、伯，只是把宽慈底便唤做王，严酷底便唤做伯。明道（程颢）《王伯札子》说得后，自古论王、伯，至此无馀蕴矣。"●《明道先生文集·论王霸之辨》**程子曰：**"臣伏谓：得天理之正，极人伦之至者，尧、舜之道也；用其私心，依仁义之偏者，霸者之事也。王道如砥，本乎人情，出乎礼义，若履大路而行，无复回曲。霸者崎岖反侧于曲径之中，而卒不可与入尧、舜之道。故诚心而王则王矣，假之而霸则霸矣，二者其道不同，在审其初而已。《易》所谓'差若毫厘，谬以千里'者，其初不可不审也。故治天下者，必先立其志，正志先立，则邪说不能移，异端不能惑，故力进于道而莫之御也。苟以霸者之心而求王道之成，是炫石以为玉也。故仲尼之徒无道桓、文（齐桓、晋文）之事，而曾西耻比管仲者，义所不由也，况下于霸者哉？"

宣元·京房易经

推律定　京　改姓名
荧惑犯　房　劝龙庭
五行释　易　解灾异
不料奏　传　石显睛

◎**京房易传：** 公元前45年，京房因其《易》的造诣，被举孝廉为郎官。皓月曰：京房经学最大成就是《京氏易传》，其文与《周易》存在明显差异。京房将《易》学与阴阳五行、天文历数、音律节气结合，揭示现象、规律与政治的关系，是彰显"天人感应"思想的著作。◎**推律定京改姓名：** 京房本姓李，推律改为京氏。《汉书·京房传》："房本姓李，推律自定为京氏。"◎**荧惑犯房劝龙庭：** 荧惑为火星，代表凶相兵变，房为房宿，代表明堂。《开元占经》载《洛书》曰："荧惑犯房，亡君之夷。"京房以灾异之说劝汉元帝注意石显。《汉书·京房传》："房指谓石显，上亦知之，谓房曰：'已谕。'"◎**五行释易解灾异：** 京房着眼于灾异，将灾害天象与政治行为相联结，是坚定的五行象数灾异论者。《汉书·五行志》多收入京房之言。◎**不料奏传石显睛：** 石显是汉元帝时宦官，京房向汉元帝暗示石显为乱国者，遭石显构陷杀害。●《朱子语类》论《易》，朱子曰："京房辈说数，捉他那影象才发见处，便算将去。且如今日一个人来相见，便就那相见底时节，算得这个是好人，不好人，用得极精密。他只是动时便算得，静便算不得。人问康节：'庭前树算得否？'康节云：'也算得，须是待他动时，方可。'须臾，一叶落，他便就这里算出这树是甚时生，当在甚时死。"又曰："文王八卦，有些似京房卦气，不取卦画，只取卦名。"

宣元·大戴礼记

道愈广　大　辞愈隆
宣元二　戴　删其重
七教至　礼　还三本
孔曾铭　记　是德性

◎**大戴礼记：**公元前1世纪，梁人戴德将刘向在石渠阁修订的130篇《礼经》删减为85篇，是为《大戴礼记》。而后，其侄戴圣又将《大戴礼记》进一步删减，并另加《月令》《明堂位》《乐记》三篇，合成49篇，称为《小戴礼记》，即今人所见之《礼记》。◎**道愈广大辞愈隆，宣元二戴删其重：**汉武帝立五经博士，使经学获得官方的认可，得到蓬勃的发展。但是却出现了"一经说至百馀万言，大师众至千馀人"的情况，这就需要有人来删减过于烦琐的哲学。身处汉宣帝与汉元帝时期的戴德、戴圣叔侄便承担起简化"礼学"的使命。◎**七教至礼还三本：**七教，《大戴礼记·主言》："孔子曰：'上敬老则下益孝，上顺齿则下益悌，上乐施则下益谅，上亲贤则下择友，上好德则下不隐，上恶贪则下耻争，上强果则下廉耻……此谓七教。'"三本，《大戴礼记·礼三本》："礼有三本：天地者，性之本也；先祖者，类之本也；君师者，治之本也。"●《朱子语类》论《礼》，**朱子曰：**"'若夫坐如尸，立如齐'，本《大戴》礼之文。上言事亲，因假说此乃成人之仪，非所以事亲也。记《曲礼》者撮其言，反带'若夫'二字，不成文理。而郑康成又以'丈夫'解之，益谬！他也是解书多后，更不暇仔细。此亦犹'子曰好学近乎智，力行近乎仁，知耻近乎勇'，家语答问甚详；子思取入《中庸》，而删削不及，反衍'子曰'两字。"

宣元·说苑新序

五行之　说　论兴亡
石渠鹿　苑　校书狂
六艺一　新　成七略
太学庠　序　在穀梁

◎**说苑新序：** 公元前 23 年，刘向成为中垒校尉，开始了他一生中最辉煌的校书事业。**皓月曰：** 刘向利用石渠阁中战国以来书籍档案，将史实记录与逸闻掌故相结合，分章别目编撰为《说苑》《新序》。二者均借鉴《韩诗》《史记》的再现式叙事方式，以历史人物之口表述治国方略与王道理念，开"史化哲学"先河。其子刘歆很可能从中领悟到日后整理《左传》的方法。刘向的贡献与特点有：一、将《穀梁传》研究与"《洪范》五行"哲学相结合，撰《洪范五行传论》（《汉书·五行志》前身），构建汉代创新学术思想——董仲舒、刘向"五行象数"体系。二、携其子刘歆编纂《别录》《七略》（《汉书·艺文志》前身），以"六艺"分类完整记录经学书目，从总结历史角度将诸子学从《史记》的"六家"，过渡为《汉书》的"九流十家"。三、整理群书，如《楚辞》《荀子》《战国策》《列女传》《山海经》等，为中华文化的流传与发展做出不可磨灭的贡献。四、由于刘向"借古喻今"的学术特点，他的编纂或多或少带有汉代文化色彩与解决当时政治现实的需要。◎**五行之说论兴亡：** 刘向撰《洪范五行传论》探讨自然事件与政治事件的哲学关联。◎**石渠鹿苑校书狂：** 石渠阁位于未央宫殿北，在皇家苑囿内。刘向在此不知疲倦地工作。◎**太学庠序在穀梁：** 刘向认为《穀梁传》在形式上比《公羊传》更符合"春秋大义"。

宣元·张侯论语

尧曰子　张　斯从政
宪问九　侯　麀管仲
编纂齐　论　合鲁论
仲尼圣　语　实天纵

◎**张侯论语：**公元前 7 年 4 月 17 日，汉成帝刘骜死去。**皓月曰：**汉成帝曾向其师张禹学习《论语》。但张禹一生中做的头等大事，并不是教育了汉成帝这个日后的昏君，而是将今文经的《鲁论语》与《齐论语》结合起来，编辑成《论语》的第一个修订本《张侯论》。汉成帝则成为《论语》里"学而不思则罔"的典型案例。◎**尧曰子张斯从政：**《论语·尧曰》："子张问于孔子曰：'何如斯可以从政矣？'子曰：'尊五美，屏四恶，斯可以从政矣。'"◎**宪问九侯麀管仲：**《论语·宪问》："子曰：'桓公九合诸侯，不以兵车，管仲之力也。'"◎**编纂齐论合鲁论：**张禹先向大名鼎鼎的"小夏侯"夏侯建学习《鲁论》，又向庸生学习《齐论》，后编辑《齐论》以合《鲁论》。◎**仲尼圣语实天纵：**《论语·子罕》："大宰问于子贡曰：'夫子圣者与？何其多能也？'子贡曰：'固天纵之将圣，又多能也。'"●《朱子语类》论《学》，**朱子曰：**"若不用躬行，只是说得便了，则七十子之从孔子，只用两日说便尽，何用许多年随着孔子不去。不然，则孔门诸子皆是呆无能底人矣！恐不然也。古人只是日夜皇皇汲汲，去理会这个身心。到得做事业时，只随自家分量以应之。如由（子路）之果，赐（子贡）之达，冉求（冉有）之艺，只此便可以从政，不用他求。若是大底功业，便用大圣贤做；小底功业，便用小底贤人做。各随他分量做出来，如何强得。"

始建国·王莽篡汉

昔有秦　王　苛六律
今来新　莽　设五均
刑名为　篡　妄托古
可怜炎　汉　祸伪儒

◎**王莽篡汉**：公元9年，世袭外戚、权臣王莽，通过表面上营造舆论、塑造符合儒家周公观念的自我形象，暗中却谋害汉帝、拉拢大臣，最终篡夺皇位，建立短暂的新朝。◎**昔有秦王苛六律，今来新莽设五均**：当年，秦始皇以刑律治国，焚书坑儒、钳制思想，导致灭亡；现在王莽建立新朝，以托古为名，颁布繁杂的条文，颠覆市场规律，愚弄百姓。《汉书·食货志下》："莽性躁扰，不能无为，每有所兴造，必欲依古得经文。"◎**刑名为篡妄托古**：皓月曰：儒家务求知行合一，即追求政策与效果的统一。即是说，如在名义上颁布惠民政策，而实际效果却是肥官谋私，那便不是仁政，而是刑名法术。王莽在名义与形式上大搞改革，涉及官制、土地制、民间经贸、币制、祭祀、学术教育等社会方方面面，但每一项"复古"都在实际运用中造成疲民、扰众。那么从儒家的角度就可以说，王莽不是真在改革，而是借王道之名，让所有社会成员都陷入恐慌与混乱，以此来掩盖其内心的虚伪，那因篡位而产生的极度的彷徨与不安全感。●《东坡全集·代吕申公上初即位论治道二首》苏轼曰："欲穷兵黩武，则曰：'吾以威四夷而安中国'；欲烦刑多杀，则曰：'吾以禁奸慝而全善人'；欲虐使厚敛，则曰：'吾以强兵革而诛暴乱，虽若不仁而卒归于仁。'此皆亡国之言也，秦二世、王莽尝用之矣，皆以经术附会其说。"

始建国·五德始终

赫赫三　五　几更迭
土代火　德　变史辙
新莽更　始　赤眉起
汉数未　终　在人和

◎**五德始终**：公元9年，王莽向天下布告："火德销尽，土德当代，皇天眷然，去汉与新。"●皓月曰：让我们思考，如何在一种语言系统里构成意义？即怎样用"一物"象征"另一物"，用"一物"诠释"另一物"。即如果用"物甲"来描述"物乙"，那么"物甲"一定要比"物乙"更具有普遍性，流通性，更容易被认知与理解。而甲的某些属性，在特定的语境与逻辑中，正好可以描述乙所拥有的属性，这就构成了意义的澄明。现在，让我们再来思考，如何以"一物"描述"另一物"的方式来描述政治，来描述人的意识？这肯定是困难的。但在古中国，古代的智者想出了好办法。他们用物质来描述意识。因为物质更易于理解，拥有普遍性。他们把最具普遍性的物质称为"五行"，分为木、火、土、金、水，来代表与象征仁、礼、信、义、智，即"五常"。这就是用物质的特性来描述人的社会属性。而木生火、火生土、土生金、金生水、水生木，这种物质的规律与循环，在历史与政治的语境里，很好地象征了王朝的更替。这就是五德始终。"五德"用五行描述，是物质性；"始终"被四时、年号与改元描述，这是时空性。即人的意识，在哲学语境中，被象征它的客体的物质属性与时空属性所表达、所界定，这就构成了意义。这就是古代中国人思考自我意识、自身存在、社会价值、王朝与政治、过去与未来的思维逻辑。

始建国·扬雄子云

文质飞　扬　刺甘泉
道德俊　雄　立法言
天地君　子　可相贯
方见子　云　亭上玄

◎**扬雄子云**：公元 18 年，扬雄去世。在他去世前，刘歆仍对扬雄提出的"太玄"概念嗤之以鼻，认为《太玄经》费解而无用，在后世只能用来"盖酱缸"。《后汉书·扬雄传下》："空自苦！今学者有禄利，然尚不能明《易》，又如《玄》何？吾恐后人用覆酱瓿也。"◎**文质飞扬刺甘泉**：扬雄作《甘泉赋》劝谏追求奢华又荒淫的汉成帝。◎**道德俊雄立法言**：扬雄仿《论语》作《法言》，续《孟子》述天、地、人之道，其中提到《老子》"捶提仁义，绝灭礼学，吾无取焉"。◎**天地君子可相贯**：扬雄之"玄"显然受道家影响。《太玄经·太玄图》："玄有一道：一以三起，一以三生。以三起者，方州部家也。以三生者，参分阳气以为三重，极为九营，是为同本离生，天地之经也。旁通上下，万物并也。"◎**方见子云亭上玄**：《陋室铭》："南阳诸葛庐，西蜀子云亭。"●**皓月曰**：扬雄在《易经》"阴阳"二爻的基础上，增加了"人"爻，使《太玄经》成为有别于《周易》六十四卦的八十七卦示意系统。其"玄"的概念为"玄者、幽摛万类而不见形者也"；且"天以不见为玄，地以不形为玄，人以心腹为玄"。可见其"玄"与魏晋之"玄"相仿，即超乎形象又可与思想类比。但其又提出"玄也者、天道也，地道也，人道也，兼三道而天名之。君臣、父子、夫妻之道"，可见扬雄之"玄"倾向与儒学沟通，与倾向"老庄"的魏晋玄学有本质区别。

始建国·刘歆

麟死芳　春　仲尼忧
太白耀　秋　又谁愁
常伴王　左　倡托古
谶语何　传　有刘秀

◎**春秋左传：**公元23年，刘歆因谋叛王莽的事件败露，饮恨自尽。◎**麟死芳春仲尼忧：**公元前481年，孔子因"西狩获麟"，感自己时日无多，为政治抱负没有实现而悲伤。《左传·哀公十四年》："十四年，春，西狩于大野，叔孙氏之车子锄商获麟，以为不祥，以赐虞人，仲尼观之，曰：'麟也。'然后取之。"◎**太白耀秋又谁愁：**《汉书·王莽传下》："歆怨莽杀其三子，又畏大祸至，遂与涉、忠谋，欲发。歆曰：'当待太白星出，乃可。'"但因等"天时"延误，造成事败。而刘歆死后，"秋，太白星流入太微，烛地如月光"。◎**常伴王左倡托古：**刘歆是王莽国师，可以肯定王莽一切"复古"主张的"理论依据"都是由刘歆考据与罗织的。◎**谶语何传有刘秀：**公元前6年，刘歆改名为刘秀。而新朝末年社会上流传《赤伏符》，其语为"刘秀发兵捕不道"，这可能也是他谋反的原因。●**皓月曰：**现推测《左传》的早期版本，或为战国所著，作者不详，经历秦火残缺不全，后藏于石渠阁，经刘向初步整理后，刘歆对其感兴趣，取其与《春秋》相合，并添加了一定内容，使之对历史的"诠释"更加精准，以标榜自身"古文学派"的权威性。如果说《公羊传》与《穀梁传》都是在"微言"上阐发"春秋大义"，《左传》则是用更多的相呼应的历史事件，揭示历史发展的"逻辑"与"宿命"。而这正好被王莽"托古改制"的篡位需要所利用，不得不说是可悲的。

光武 · 光武中兴

赤符玄　光　天下叛
赤眉黩　武　绿林乱
柔以执　中　登鄗县
社稷复　兴　昭云汉

◎**光武中兴：**公元 37 年，汉光武帝刘秀一统中国。而刘秀自公元 25 年登基至公元 57 年去世期间，实施一系列政策变革，实质性地提升了东汉的国力，史称"光武中兴"。◎**赤符玄光天下叛，赤眉黩武绿林乱：**王莽篡汉后，以儒教之名，行刑名之实，导致天下皆叛。公元 17 年，绿林军与赤眉军相继崛起，但因其农民起义的本质，要么自毁于穷兵黩武后的骄奢淫逸，要么自溃于内部的权力纷争。◎**柔以执中登鄗县：**刘秀以文治治国，这是他自鄗县登基能统一全国的关键。《后汉书·光武帝纪下》："帝闻之，大笑曰：'吾理天下，亦欲以柔道行之。'"◎**社稷复兴昭云汉：**从公元 26 年，刘秀建社稷坛，正火德；到公元 56 年，建造明堂、灵台等祭祀场所，标志东汉儒文化的全面复兴。《后汉书·光武帝纪上》："壬子，起高庙，建社稷于洛阳，立郊兆于城南，始正火德，色尚赤。"《后汉书·光武帝纪下》："是岁，初起明堂、灵台、辟雍，及北郊兆域。宣布图谶于天下。"●《朱子语类》论《礼》，弟子又问："五行相生相胜之说，历代建国皆不之废，有此理否？"朱子曰："须也有此理，只是他前代推得都没理会。如秦以水德，汉却黜秦为闰，而自以火德继周。如汉初张苍自用水德，后来贾谊公孙臣辈皆云当用土德，引黄龙见为证，遂用土德。直至汉末，方申火德之说。及光武以有赤伏符之应，遂用火德。"

光武·臣不为谶

书喻君　臣　股肱恩
明君何　不　悦直臣
有所不　为　乃狂狷
五经图　谶　怎相训

◎**臣不为谶**：公元25—57年，汉光武帝刘秀希望用图谶式的、更抽象、更绝对、更直白的方式判断政治问题，遭到儒臣反对。《后汉书·郑兴传》："帝尝问兴郊祀事，曰：'吾欲以谶断之，何如？'兴对曰：'臣不为谶。'帝怒曰：'卿之不为谶，非之邪？'兴惶恐曰：'臣于书有所未学，而无所非也。'帝意乃解。"又《后汉书·桓谭传》："帝谓谭曰：'吾欲谶决之，何如？'谭默然良久，曰：'臣不读谶。'帝问其故，谭复极言谶之非经。帝大怒。" ◎**书喻君臣股肱恩**：《尚书》强调君臣一体不可分割。《尚书·益稷》："帝曰：'臣作朕股肱耳目。'" ◎**明君何不悦直臣**：像汉光武帝这样伟大的皇帝为何也不喜欢直言谏诤之臣呢？指郑兴与桓谭。◎**有所不为乃狂狷**：《论语·子路》："子曰：'不得中行而与之，必也狂狷乎！狂者进取，狷者有所不为也。'" ●《朱子语类》论《论语》，弟子问"不得中行而与之"一段。朱子曰："谨厚者虽是好人，无益于事，故有取于狂狷。然狂狷者又各堕于一偏。中道之人，有狂者之志，而所为精密；有狷者之节，又不至于过激；此极难得。"又曰："人须是气魄大，刚健有立底人，方做得事成。而今见面前人都恁地衰，做善都做不力；便做恶，也做不得那大恶，所以事事不成。故孔子叹'不得中行而与之，必也狂狷乎'！人须有些狂狷，方可望。"又曰："狂狷是个有骨肋底人。乡原是个无骨肋底人。"

光武·严光钓台

安车清　严　客龙眠
光武咄　光　犯御轩
羊裘泽　钓　遁世外
七里濑　台　富春山

◎**严光钓台**：公元37—57年，汉光武帝儿时的同窗严光，拒绝了光武帝的劝进，执意做一名隐士。◎**安车清严客龙眠**：汉光武帝派人用最高礼遇的安车将严光接到洛阳宫中。《后汉书·逸民列传》："齐国上言：'有一男子，披羊裘钓泽中。'帝疑其光，乃备安车玄𬘘，遣使聘之。三反而后至。舍于北军，给床褥，太官朝夕进膳。"◎**光武咄光犯御轩**：光武亲自来劝进严光，就算容忍严光把脚放在自己肚子上，也说服不了严光。《逸民列传》："光卧不起，帝即其卧所，抚光腹曰：'咄咄子陵，不可相助为理邪？'光又眠不应，良久，乃张目熟视，曰：'昔唐尧著德，巢父洗耳。士故有志，何至相迫乎！'帝曰：'子陵，我竟不能下汝邪？'于是升舆叹息而去……因共偃卧，光以足加帝腹上。明日，太史奏客星犯御坐甚急。帝笑曰：'朕故人严子陵共卧耳。'"◎**七里濑台富春山**：严光辞官不受，回富春山隐居。《逸民列传》："除为谏议大夫，不屈，乃耕于富春山，后人名其钓处为严陵濑焉。"唐李贤引《舆地志》注："七里濑在东阳江下，与严陵濑相接。"●《朱子语类》说严光，朱子曰："光武是一个读书识道理底人，便去尊敬严子陵……胡文定（安国）父子平生不服人，只服范文正公《严子陵祠记》云：'先生之心，出乎日月之上；光武之量，包乎天地之外。微先生不能成光武之大，微光武岂能遂先生之高？'直是说得好！"

光武·二十八将

建平十　二　甲子天
建武三　十　二年前
四七廿　八　云阁上
画屏功　将　惹怆然

◎**二十八将：**公元60年，汉明帝为追思其父汉光武帝刘秀的丰功伟绩，命画师绘制追随光武建功立业的二十八位功臣画像，置于洛阳南宫云台阁中。《后汉书》："永平中，显宗追感前世功臣，乃图画二十八将于南宫云台。"◎**建平十二甲子天：**刘秀生于建平元年十二月甲子日，即公元前5年1月15日。◎**建武三十二年前：**刘秀死于建武中元二年二月戊戌日，即公元57年3月29日。他在位共32年。32年前，即公元25年，刘秀在鄗县登基。◎**四七廿八云阁上：**云台阁中兴二十八将，上应二十八宿，又呼应令刘秀起事的《赤伏符》。《后汉书·光武帝纪上》："刘秀发兵捕不道，四夷云集龙斗野，四七之际火为主。"唐李贤《后汉书注》："四七，二十八也。自高祖至光武初起，合二百二十八年，即四七之际也。"●**皓月曰：**刘秀少时"性勤于稼穑"，连他兄长都以此嘲笑他。当他成为皇帝，他的长辈都认为不可思议。一次，他的姑母们喝醉了聊起刘秀，说到一个小时候都不会应酬的人，怎么可能成为皇帝呢？显然，她们不懂得刘秀青年时在长安学习《尚书》的意义。●《**朱子语类**》论历代，**朱子曰：**"尝欲写出萧何、韩信初见高祖时一段，邓禹（光武帝的萧何，二十八将排名第一）初见光武时一段，武侯初见先主时一段，将这数段语及王朴（五代名臣，周世宗将其画像祀于宫中功臣阁）《平边策》编为一卷。"

明章·班固汉书

遥想三　班　兰台时
志坚心　固　续正史
褒贬前　汉　显儒思
身死成　书　垂永世

◎**班固汉书**：公元62年，班固因"私修国史"被逮捕关入京兆监狱。其弟班超为此游走呼吁，甚至上书，案件惊动了汉明帝。明帝惊异于班固的才华，免其罪，并召为兰台令史。班固从此成为史官，终于可以"光明正大"地修国史了。《汉书·班彪列传》："显宗甚奇之，召诣校书部，除兰台令史。"《汉书·班梁列传》："永平五年，兄固被召诣校书郎，超与母随至洛阳。"◎**遥想三班兰台时**：班固继承父亲班彪的遗志，成为兰台令史（相当于国家图书馆馆长）编修汉史。公元92年，班固受"窦宪案"牵连，枉死冤狱。其妹班昭再续班固夙愿，续修《八表》《天文志》，终完成中国第一部纪传体断代史《汉书》。●**皓月曰**：《汉书》，是对《史记》史学精神的发扬与修正，即东汉不再奉行西汉黄老学史观，而确立以儒家思想为历史的评判标准。《汉书》的另一贡献是弃《书》立《志》，其《艺文志》由编订刘向、刘歆《七略》而成，第一次在史学著作中分门别类记录古代典籍书目；其"九流十家"的定义，是对先秦诸子学重新划分与再次总结，对中国思想史发展具有极重要意义。其《五行志》收录刘向的《洪范五行传论》，展现了将自然现象与社会现象相沟通的哲学思想，显示了汉代董仲舒、刘向、刘歆"五行象数学"系谱。其后中国历代史书均有《五行志》，从此"五行"成为中国哲学与史学上"一以贯之"的命题。

明章·白马寺

白马东　汉　西域行
驮来光　明　天竺经
贝叶易　求　佛难解
摩腾竺　法　雒阳亭

◎ **汉明求法：** 公元 68 年，东汉在洛阳以东 20 公里处，建成中国历史上第一座寺庙，为纪念白马驮经之功，故名为白马寺。《后汉书·西域传》："世传明帝梦见金人，长大，顶有光明，以问群臣。或曰：'西方有神，名曰佛，其形长丈六尺而黄金色。'帝于是遣使天竺问佛道法，遂于中国图画形像焉。"又《魏书·释老志》："司马迁区别异同，有阴阳、儒、墨、名、法、道德六家之义。刘歆著《七略》，班固志《艺文》，释氏之学，所未曾纪。案汉武元狩中，遣霍去病讨匈奴，至皋兰，过居延，斩首大获。昆邪王杀休屠王，将其众五万来降。获其金人，帝以为大神，列于甘泉宫。金人率长丈馀，不祭祀，但烧香礼拜而已。此则佛道流通之渐也。及开西域，遣张骞使大夏还，传其旁有身毒国，一名天竺，始闻有浮屠之教。哀帝元寿元年，博士弟子秦景宪受大月氏王使伊存口授浮屠经。中土闻之，未之信了也。后孝明帝夜梦金人，项有日光，飞行殿庭，乃访群臣，傅毅始以佛对。帝遣郎中蔡愔、博士弟子秦景等使于天竺，写浮屠遗范。愔仍与沙门摄摩腾、竺法兰东还洛阳。中国有沙门及跪拜之法，自此始也。愔又得佛经《四十二章》及释迦立像。明帝令画工图佛像，置清凉台及显节陵上，经缄于兰台石室。愔之还也，以白马负经而至，汉因立白马寺于洛城雍关西。摩腾、法兰咸卒于此寺。"

明章 · 最差贵显

建初谁　最　应帝心
经谶参　差　左传均
舌耕达　贵　贾长头
十岁已　显　通儒襟

◎**最差贵显：**公元76年，东汉经学家贾逵上书，深明《左传》大义，令汉章帝龙心大悦。汉章帝不但重赏贾逵，更让《公羊传》《穀梁传》学者改修《左传》，从此确立《左传》的《春秋》"正统"地位。《后汉书·贾逵传》："逵于是具条奏之曰……五经家皆无以证图谶，明刘氏为尧后者，而《左氏》独有明文。五经家皆言颛顼代黄帝，而尧不得为火德。《左氏》以为少昊代黄帝，即图谶所谓帝宣也。如令尧不得为火，则汉不得为赤。"皓月曰：刘秀迷恋谶纬，是想证明东汉与尧帝同为火德，这即是东汉的政治合法性。而此说之前无有。贾逵凭借《左传》在黄帝与颛顼之间加入少昊，尧帝便与汉祚同为火德，遂赢得汉章帝之心。也使《左传》地位超越《公羊传》与《穀梁传》。故《后汉书》以其善于统筹、聚合差异形容贾逵"最差贵显"。《后汉书·贾逵传》："贾逵能附会文致，最差贵显。"◎**建初谁最应帝心：**《后汉书·贾逵传》："肃宗立，降意儒术，特好古文尚书、左氏传。建初元年，诏逵入讲北宫白虎观、南宫云台。帝善逵说，使发出《左氏传》大义长于二《传》者。"◎**舌耕达贵贾长头：**《拾遗记》："贾逵非力耕所得，诵经口倦，世所谓舌耕也。"贾逵身高八尺二寸，时被称为"贾长头"。◎**十岁已显通儒襟：**《拾遗记》："贾逵年五岁，明惠过人……闻邻中读书，旦夕抱逵隔篱而听之……至年十岁，乃暗诵六经。"

明章·白虎通义

星疏月　白　日初升
群儒白　虎　观中诤
天人相　通　成纲纪
五行志　义　青史弘

◎**白虎通义**：公元 79 年 11 月，汉章帝下诏，以孔子"学之不讲，是吾忧也"与"博学而笃志，切问而近思，仁在其中矣"激励文官，决定在白虎观召开会议，讨论五经异同，作《白虎议奏》。《后汉书·肃宗孝章帝纪》："于是下太常，将、大夫、博士、议郎、郎官及诸生、诸儒会白虎观，讲议五经同异，使五官中郎将魏应承制问，侍中淳于恭奏，帝亲称制临决，如孝宣甘露石渠故事，作《白虎议奏》。"◎**天人相通成纲纪**：以经学蕴含的"天人合一"为宏观概念，以董仲舒、刘向"五行象数学"为方法论的哲学思想。《白虎通义·辟雍》："明堂，上圆下方，八窗四闼，布政之宫，在国之阳。上圆法天，下方法地，八窗象八风，四闼法四时，九室法九州，十二坐法十二月。"●皓月曰：东汉建初四年，在洛阳北宫白虎观举行了著名的"白虎观会议"，目的是沟通儒家经学、汉代五行象数学、东汉谶纬学，统一东汉的学术思想与政治理念，建构大一统哲学表达。过程为群儒辩论，后经汉章帝亲自裁定，最后由班固总结集为《白虎通义》，作为一部彰显"治国理念"的哲学"法统"典。纵观《白虎通义》，其引谶纬书籍 20 余条，其引儒家经典 400—500 条，所以绝不能说《通义》反映的是谶纬学思想，而是《通义》在巩固五经与"五行象数学"关系后，也给予东汉"祖制"的谶纬学一定空间，好向汉章帝交差罢了。

明章·王充论衡

心慕素　王　志素臣
世谬滥　充　难衍仁
三增一　论　九虚妄
儒道权　衡　宣笔愤

◎**王充论衡**：公元 88 年，王充以现代式"独立思想家"的身份自居，当他写完 20 余万字的《论衡》后更加孤傲，连汉章帝的"公车"都不就了。●皓月曰：一、王充《论衡》探讨了诸多经学问题，但后世程朱陆王范欧苏，均未谈及《论衡》，可见并未将之置于经学范畴；反而是《文选注》《初学记》《玉海》等大量选取《论衡》之典，即将其作为一部汉代史学汇编"引而不评"地加以应用。二、《论衡》继承《白虎通义》法统，将黄帝与尧舜有机地结合在一起。而非汉初黄老学那样，让黄帝凌驾于尧舜之上，让老子凌驾于孔子之上。《论衡·恢国》："黄帝有涿鹿之战；尧有丹水之师；舜时有苗不服；夏启有扈叛逆；高宗伐鬼方，三年克之；周成王管、蔡悖乱，周公东征。"三、《论衡》毕竟带有汉代黄老学思潮，王充对汉儒学问题的批驳过于"严谨"，《论衡·儒增篇》："夫言周流不遇，可也；言干七十国，增之也。案《论语》之篇，诸子之书，孔子自卫反鲁，在陈绝粮，削迹于卫，忘味于齐，伐树于宋，并费与顿牟，至不能十国。传言七十国，非其实也。"熟悉古汉语诗性叙述特点的人都会了解，"七十国"明显是虚数，或与"七十弟子"互为一种象征关系。四、《论衡》在宣扬"黄老自然"的同时，剥离了其刑名学功能性，不再有"申韩"叫嚣的"唯刑律论"。这俨然是 100 年后魏晋玄学的一种"先行"，区别只是此刻"老庄"还未并列。

孝和·燕然勒石

玄甲惊　燕　出朔方
朱旗烈　然　大漠荒
十万金　勒　匈奴慑
封山刊　石　报汉皇

◎**燕然勒石：**公元89年，窦宪率东汉与南匈奴、乌桓联军，在燕然山（今蒙古国杭爱山）大破北匈奴，为纪念这次史无前例的史诗性的胜利，将班固所作《封燕然山铭》镌刻在燕然山上，史称燕然勒石。◎**玄甲惊燕出朔方：**汉军从朔方出发北上，玄甲耀日，惊动漫天飞鸟。《封燕然山铭》："乃与执金吾耿秉，述职巡御，治兵于朔方。"◎**朱旗烈然大漠荒：**联军赤旗绛天，深入漠北1500公里。《封燕然山铭》："勒以八阵，莅以威神，玄甲耀日，朱旗绛天。遂凌高阙，下鸡鹿，经碛卤，绝大漠。"◎**十万金勒匈奴慑：**面对联军北单于惊恐万分，向北逃窜，后在今蒙古国乌布苏湖展开大战。联军杀敌1.3万，招降20余万人。《后汉书·窦融列传》："遂临私渠比鞮海。斩名王已下万三千级……八十一部率众降者，前后二十馀万人。"10万为虚数，代表众多，实为3万。◎**封山刊石报汉皇：**封山刻石的目地是，光耀祖先之灵，振兴东汉之威。《封燕然山铭》："将上以摅高文之宿愤，光祖宗之玄灵；下以安固后嗣，恢拓境宇，振大汉之天声。兹可谓一劳而久逸。暂费而永宁也。乃遂封山刊石，昭铭盛德。其辞曰：铄王师兮征荒裔，勦凶虐兮截海外，敻其邈兮亘地界，封神丘兮建隆嵑，熙帝载兮振万世。"从此"燕然"成为边塞诗的一种"情节"。唐陈子昂《从魏大从军》："匈奴犹未灭，魏绛复从戎……勿使燕然上，惟留汉将功。"

孝和·投笔从戎

班超忿　投　吏砚庸
长剑做　笔　书西风
西域皆　从　玉门令
以戎制　戎　葱岭宁

◎**投笔从戎**：公元95年，班超因治理西域有功，被汉和帝封为定远侯。《后汉书·班梁列传》诏曰："超遂逾葱领，迄县度，出入二十二年，莫不宾从。改立其王，而绥其人。不动中国，不烦戎士，得远夷之和，同异俗之心，而致天诛，蠲宿耻，以报将士之仇。《司马法》曰：'赏不逾月，欲人速睹为善之利也。'其封超为定远侯，邑千户。" ◎**班超忿投吏砚庸**：班超早年随其兄班固在兰台校书，后厌烦刀笔小吏的琐碎人生，一怒之下投笔立誓，要像西汉张骞那样成就传奇伟业。《后汉书·班梁列传》："家贫，常为官佣书以供养。久劳苦，尝辍业投笔叹曰：'大丈夫无它志略，犹当效傅介子、张骞立功异域，以取封侯，安能久事笔研闲乎？'左右皆笑之。超曰：'小子安知壮士志哉！'" ◎**长剑做笔书西风**：公元73年，班超实现了他的愿望的第一步。他成为奉车都尉窦固的参谋，在巴里坤湖击溃匈奴。《后汉书·班梁列传》："十六年，奉车都尉窦固出击匈奴，以超为假司马，将兵别击伊吾，战于蒲类海，多斩首虏而还。" ◎**西域皆从玉门令**：班超终获指派出使西域诸国。他以"不入虎穴，焉得虎子"的气魄与"以戎制戎"的策略，先后使鄯善、于阗、疏勒、莎车、龟兹等50余国归附东汉，创立奇功。《通典·西戎总序》："（永元）三年，班超遂定西域，因以超为都护，居龟兹。复置戊己校尉。于是五十馀国悉纳质内属。"

孝和·出使大秦

甘英西　出　葱岭界
万里为　使　安息月
条支雀　大　卵如瓮
浩海绝　秦　思乡切

◎**出使大秦**：公元97年，甘英受班超指派，出使大秦（今罗马）。《后汉书·西域传》："和帝永元九年，都护班超遣甘英使大秦。"◎**甘英西出葱岭界，万里为使安息月**：甘英从龟兹（今新疆库车）出发，翻越葱岭，日夜兼程，终于见到了安息（今伊朗）的月亮。《后汉书·西域传》："其后甘英乃抵条支而历安息，临西海以望大秦，距玉门、阳关者四万馀里。"◎**条支雀大卵如瓮**：甘英来到美索不达米亚，记录那里的风物。《后汉书·西域传》："条支国城在山上，周回四十馀里。临西海，海水曲环其南及东北，三面路绝，唯西北隅通陆道。土地暑湿，出师子、犀牛、封牛、孔雀、大雀。大雀其卵如瓮。"◎**浩海绝秦思乡切**：安息人警告甘英，渡海去罗马少则三月，长则两年，且渡大海将倍感孤独，也很危险。甘英便放弃了计划，返回东汉。《后汉书·西域传》："临大海欲度，而安息西界船人谓英曰：'海水广大，往来者逢善风三月乃得度，若遇迟风，亦有二岁者，故入海人皆赍三岁粮。海中善使人思土恋慕，数有死亡者。'英闻之乃止。"●**皓月曰**：古代中国不去海外殖民是一个哲学问题。结合《尚书·洪范》与史书《五行志》，儒家思想强调"正"，四时如四季，五行相分明，才叫作"正"。即冬不能热，夏不能冷；冬不能过冷，夏不能过热。五行与五常，物质与意识是相联系的；物质不正，人的存在也会不正。这就是原因。

孝和·蔡伦造纸

仲尼陈　蔡　蚕丝弦
公孙臣　伦　布被酣
春捣抄　造　展素练
龙亭凤　纸　薄云天

◎**蔡伦造纸：** 公元105年，蔡伦将改良的"造纸术"，上报朝廷，汉和帝龙心大悦，将其命名为蔡侯纸。《后汉书·宦者列传》："自古书契多编以竹简，其用缣帛者谓之为纸。缣贵而简重，并不便于人。伦乃造意，用树肤、麻头及敝布、渔网以为纸。元兴元年奏上之，帝善其能，自是莫不从用焉，故天下咸称'蔡侯纸'。"◎**仲尼陈蔡蚕丝弦：** 当年孔子被困陈蔡绝粮，但弦歌讲学不辍，以明心志。这里的蚕丝弦，是对渔网的雅化；即蔡伦的纸一定是用孔子弹过的琴弦做成的，喻其高义。
◎**公孙臣伦布被酣：** 当年公孙弘贵为三公，睡觉时只盖粗布被子，以明臣伦。这里的布被酣，是对敝布的雅化；即蔡伦的纸一定是用公孙弘用过的布被做成的，喻其崇礼。◎**春捣抄造展素练：** 指造纸的过程，先将原料熬煮浸泡，再切割捶捣打成纸浆，后"抄造"用竹帘把纸浆捞起过滤水分，待纸晒干后揭下即可。详见《天工开物·造竹纸》。◎**龙亭凤纸薄云天：** 公元114年，蔡伦被封为"龙亭侯"。而蔡伦为内廷宦者，故以凤代其纸，凤纸又指内庭诏书，喻珍贵。意为：龙亭侯蔡伦的造纸术，降低了造纸成本，却做出精美的纸张，为传播媒介的普及、信息的传递做出极大贡献，他的壮举可谓义薄云天。《后汉书·宦者列传》："元初元年，邓太后以伦久宿卫，封为龙亭侯，邑三百户。"今湖南耒阳市城北蔡子池畔有蔡侯祠。

安顺·说文解字

穿凿巧　说　损六书
籀篆重　文　怎训诂
别类注　解　排谬误
疏通汉　字　启学儒

◎**说文解字：**公元 121 年，许慎《说文解字》终于定稿，遣子许冲将其献于朝廷。清严可均《许学丛书》："建光元年辛酉，许君遣子冲上《说文》十五篇，并《古文孝经孔氏说》一篇。"《后汉书·儒林列传》："许慎字叔重，汝南召陵人也……慎以五经传说臧否不同，于是撰为《五经异义》，又作《说文解字》十四篇，皆传于世。"◎**穿凿巧说损六书，籀篆重文怎训诂：**在许慎的时代，东汉儒学正经历一场"今文经"与"古文经"融合的变革历程，但由于秦汉"隶变"，从小只学习隶书的儒子，已经搞不清楚"鲁壁藏书"中先秦古字的意思了，于是产生了很多牵强与穿凿的衍说。这正是许慎作《五经异义》时发现的问题，为了匡正这种局面，许慎始作《说文》。◎**别类注解排谬误：**《崇文总目·小学类》："文字之兴，随世转易，务趋便省，久后乃或亡其本，《三苍》之说始志字法，而许慎作《说文》，于是有偏旁之学。"●皓月曰：《说文解字》的贡献，是对汉字从偏旁部首上进行了划分，这使《说文》成为一部查询高效的"字典"，在此意义上，它超越了儒家传统的工具书《尔雅》。《说文》在清代经历了颠覆式扩充，但究其本质仍是"小学"之典，以其了解篆书与汉字偏旁构造尚可，以其判断古籍之意多谬。在经学释义方面《康熙字典》的价值远高于《说文》。学习古文字应从周代金文入手，绝非秦代篆书。

安顺·潜夫论

思贤慕　圣　汉王符
愤世立　言　别时俗
养性乐　天　终不仕
译道传　心　一潜儒

◎**潜夫论：**公元125—144年，王符为汉顺帝时期最有才华的隐士。以至于范晔在《后汉书》中，寥寥数语描述王符虽有似无的生平，却直接引用了八篇他的文章。◎**思贤慕圣汉王符：**王符以孔子为榜样著《潜夫论》，其《思贤》篇中有名句："上医医国，其次下医医疾。夫人治国，固治身之象。疾者身之病，乱者国之病也。身之病待医而愈，国之乱待贤而治。"◎**愤世立言别时俗：**《后汉书·王符传》："自和、安之后，世务游宦，当涂者更相荐引，而符独耿介不同于俗，以此遂不得升进。志意蕴愤，乃隐居著书三十餘篇，以讥当时失得，不欲彰显其名，故号曰《潜夫论》。"●**皓月曰：**王符在西汉董仲舒、刘向"五行象数天人观"基础上构建了一个"政治学天人观"。结合《潜夫论·本政》"凡人君之治，莫大于和阴阳。阴阳者，以天为本。天心顺则阴阳和，天心逆则阴阳乖。天以民为心，民安乐则天心顺，民愁苦则天心逆……夫天者、国之基也，君者、民之统也，臣者、治之材也"，与《潜夫论·考绩》"夫圣人为天口，贤者为圣译。是故圣人之言，天之心也。贤者之所说，圣人之意也"，不难发现其哲学进步性。●《朱子语类》论《大学》，**朱子曰：**"天即人，人即天。人之始生，得于天也；既生此人，则天又在人矣。凡语言动作视听，皆天也。只今说话，天便在这里。顾諟，是常要看教光明灿烂，照在目前。"

安顺·张衡

万物育　我　璇玑才
二京帝　所　汉德宅
地动玄　思　浑天外
志仁义　兮　四愁开

◎**我所思兮**：公元132年，张衡发明制造了世上第一部验震器"候风地动仪"。《后汉书·张衡列传》："阳嘉元年，复造候风地动仪。以精铜铸成，员径八尺，合盖隆起，形似酒尊，饰以篆文山龟鸟兽之形。中有都柱，傍行八道，施关发机。外有八龙，首衔铜丸，下有蟾蜍，张口承之。其牙机巧制，皆隐在尊中，覆盖周密无际。如有地动，尊则振龙机发吐丸，而蟾蜍衔之。"◎**万物育我璇玑才**：张衡是东汉科学家、哲学家与文学家的完美结合体。《后汉书·张衡列传》："安帝雅闻衡善术学，公车特征拜郎中，再迁为太史令。遂乃研核阴阳，妙尽璇玑之正，作浑天仪，著《灵宪》《算罔论》，言甚详明。"《灵宪》："天成于外，地定于内。天体于阳，故圆以动；地体于阴，故平以静。动以行施，静以合化，堙郁构精，时育庶类，斯谓太元。"◎**二京帝所汉德宅**：张衡是汉赋大家，著《二京赋》。《东京赋》："鄙夫寡识，而今而后，乃知大汉之德馨，咸在于此。"◎**地动玄思浑天外**：张衡发明制作"候风地动仪"，改良制作"浑天仪"等古代自然科学仪器。◎**志仁义兮四愁开**：《思玄赋》："墨无为以凝志兮，与仁义乎消摇。不出户而知天下兮，何必历远以劬劳？"《四愁诗·序》："时天下渐弊，郁郁不得志，为《四愁诗》。依屈原以美人为君子，以珍宝为仁义，以水深雪雰为小人，思以道术为报贻于时君，而惧谗邪，不得以通。"

桓灵·马融绛帐

东周文　马　坏鲁政
后汉马　融　刺广成
乐女点　绛　绕高堂
授徒深　帐　保全生

◎**马融绛帐：** 公元159年，外戚出身的权臣梁冀被汉桓帝逼死。被他发配的经学家马融，得以赦免，回到长安东观著书，教授徒弟。◎**东周文马坏鲁政：** 春秋时代齐国送给鲁国女乐文马，季桓子受而三日不朝，导致孔子去鲁，周游列国。这是以孔子对比马融的遭遇。◎**后汉马融刺广成：** 公元111年，身为校书郎中的马融作《广成颂》讽刺朝政，得罪了邓太后，10年未获升迁。◎**乐女点绛绕高堂：** 马融以女乐歌舞的方式掩人耳目，传授儒家思想与其徒。《后汉书·马融列传》："不拘儒者之节。居宇器服，多存侈饰。常坐高堂，施绛纱帐，前授生徒，后列女乐，弟子以次相传，鲜有入其室者。"◎**授徒深帐保全生：** 马融一生才俊格高，屡被举荐，但其秉承的儒家思想不见容于东汉后期险恶的政治环境，仕途坎坷，又遭权臣陷害，曾自杀未遂，最后再回东观著书，一生三起三落。所以马融不但注重儒学经典，也曾注《老子》《淮南子》《离骚》。"绛帐"深得《老子》"持而保之"之道，故他活到88岁。●**皓月曰：** 朱子在《论语集注·子罕第九》解"文王既没，文不在兹乎？"时引用马融注释，马氏曰："文王既没，故孔子自谓后死者。言天若欲丧此文，则必不使我得与于此文；今我既得与于此文，则是天未欲丧此文也。天既未欲丧此文，则匡人其奈我何？言必不能违天害己也。"可见马融在朱子心中地位。

桓灵·濯龙宫

华盖影　浮　濯龙宫
欲祠浮　图　做仙翁
昔有黄　老　今佛老
只缘老　子　化胡空

◎**浮图老子：**公元147—167年，汉桓帝在濯龙宫共祀佛祖与老聃。这标志着东汉儒家政治文化的衰败，与刑名学权力观的再度兴起。◎**华盖影浮濯龙宫，欲祠浮图做仙翁：**《后汉书·孝桓帝纪》："前史称桓帝好音乐，善琴笙。饰芳林而考濯龙之宫，设华盖以祠浮图、老子，斯将所谓'听于神'乎。"又《光武十王列传·楚王英》："英少时好游侠，交通宾客，晚节更喜黄老，学为浮屠斋戒祭祀。"◎**昔有黄老今佛老，只缘老子化胡空：**《后汉书·襄楷传》："十馀日，复上书曰：'又闻宫中立黄老、浮屠之祠……或言老子入夷狄为浮屠。浮屠不三宿桑下，不欲久生恩爱，精之至也……今陛下淫女艳妇，极天下之丽……奈何欲如黄老乎？'"又《三国志注·魏书·倭人传》浮屠所载与中国老子经相出入，盖以为老子西出关，过西域之天竺、教胡。●《朱子语类》论《易》，**朱子曰：**"'易有太极'，便是下面两仪、四象、八卦。自三百八十四爻总为六十四，自六十四总为八卦，自八卦总为四象，自四象总为两仪，自两仪总为太极。以物论之，易之有太极，如木之有根，浮屠之有顶。但木之根，浮图之顶，是有形之极；太极却不是一物，无方所顿放，是无形之极。故周子曰：'无极而太极。'是他说得有功处。夫太极之所以为太极，却不离乎两仪、四象、八卦；如'一阴一阳之谓道'，指一阴一阳为道则不可，而道则不离乎阴阳也。"

桓灵·党锢之祸

外戚宦　党　几争锋
名士禁　锢　却终生
内廷崩　之　外朝坏
桓灵人　祸　黄巾兴

◎**党锢之祸**：公元166年，在汉桓帝执政末年，东汉宫廷陷入前所未有的权力纷争。这场权力斗争一直延续到汉灵帝末年。在这18年里，东汉政治制度与政治文化被彻底败坏，这直接导致东汉灭亡。●**皓月曰**：想在极短的篇幅内，叙述党锢之祸曲折的过程，几乎是不可能的。现将东汉后期政治势力划分为两派：内廷派，由皇后、皇太后、宦官组成；外朝派，由同姓王侯、外戚权臣与士人集团组成。皇帝只需驾驭好这两派组成的多角关系，即可保证权力稳定与国家发展。如果放任外朝，皇帝的权力会被架空，成为"儿皇帝"；但只听任内廷，国家的前途命运将风雨飘摇，皇帝即成昏君。显然在东汉后期，年轻的皇帝们更希望将权力握在自己手中，杜绝霍光、王莽之流的可能存在。所以皇帝罢黜朝中所有敢于挑战宦官权威的"节烈之士"，且永不再录用，直到戴着黄色头巾的民变遍地开花。●《朱子语类》论历代，问器远："君举说汉党锢如何？"朱子曰："也只说当初所以致此，止缘将许多达官要位付之宦官，将许多儒生付之闲散无用之地，所以激起得如此。"曰："这时许多好官尚书，也不是付宦官，也是儒生，只是不得人。许多节义之士，固是非其位之所当言，宜足以致祸。某常说，只是上面欠一个人。若上有一个好人，用这一边节义，剔去那一边小人，大故成一个好世界。只是一转关子。"

桓灵·熹平石经

暮色微　熹　照汉庭
党锢不　平　心难平
一字刻　石　太学外
正定六　经　待儒生

◎**熹平石经：** 公元 175 年，议郎蔡邕与谏议大夫马日磾（马融之孙）等多人，以正定六经文字为由，奏请汉灵帝修石经，获得许可。《后汉书·蔡邕列传》："邕以经籍去圣久远，文字多谬，俗儒穿凿，疑误后学，熹平四年，乃与五官中郎将堂溪典、光禄大夫杨赐、谏议大夫马日磾、议郎张驯、韩说、太史令单扬等，奏求正定六经文字。灵帝许之。"◎**暮色微熹照汉庭，党锢不平心难平：** 皓月曰：由于党锢之祸大量名士被罢黜，朝廷的官僚系统遭到系统性摧毁，再不扭转这个局面，东汉帝国大厦将倾。然而不先解决党锢，广大儒士的内心就无法得到安抚，他们对东汉的政治前途自然也缺乏信心。所以只有创造政治契机，才能解决这个政治难题。刻石经，既可以复兴儒学，又可以试探皇帝口风，为日后扭转不利局面创造契机。实为妙招。◎**一字刻石太学外：** 熹平石经由蔡邕亲手"丹书"而后刻制，立于太学门外，由于只用汉隶镌刻，又称一字石经。◎**正定六经待儒生：** 公元 183 年，熹平石经经 8 年刻制，终于制作完成，一时间来摹写的儒生万人空巷。一年后"党锢之祸"结束。六经，指六艺之学，《隋书·经籍志》载"一字石经"有《周易》《尚书》《鲁诗》《仪礼》《春秋》《公羊传》《论语》。《后汉书·蔡邕列传》："于是后儒晚学，咸取正焉。及碑始立，其观视及摹写者，车乘日千馀辆，填塞街陌。"

桓灵·黄巾民变

欲比农　黄　换汉天
黄衣黄　巾　掠州县
待到贼　民　剿灭时
朝纲骤　变　乾坤乱

◎**黄巾民变：** 公元184年，东汉爆发黄巾之乱。《后汉书·孝灵帝纪》："中平元年春二月，巨鹿人张角自称'黄天'，其部（帅）有三十六万，皆着黄巾，同日反叛。"◎**欲比农黄换汉天：** 在五德始终观念里，汉祚为火，即名炎汉。炎帝亦为火德，火生土，黄帝土德。故"农黄之化"即王朝更替的谶语（百姓可以理解的宣传语）。《后汉书·皇甫嵩传》："讹言'苍天已死，黄天当立，岁在甲子，天下大吉'。"◎**黄衣黄巾掠州县：** 黄巾军蜂起，劫掠百姓，攻陷城邑。《后汉书·袁安传》："黄巾贼起，攻没郡县，百姓惊散。"又《刘虞传》："中平初，黄巾作乱，攻破冀州诸郡。"又《五行志》："中平元年，黄巾贼张角等立三十六方，起兵烧郡国，山东七州处处应角。"◎**朝纲骤变乾坤乱：** 黄巾之乱被遏止时，东汉朝廷已经历了何进与十常侍的火拼，进入长安平乱的董卓成了既得利益者，他敲响了东汉覆灭的丧钟。●《朱子语类》论释氏，某问："道家之说，云出于老子。今世道士又却不然。今之传，莫是张角术？" **朱子曰：** "是张陵，见《三国志》。他今用印，乃'阳平治都功印'。张鲁起兵之所，又有祭酒，有都讲祭酒。鲁以女妻马超，使为之。其设醮用五斗米，所谓'米贼'是也。向在浙东祈雨设醮，拜得脚痛。自念此何以得雨？自先不信。"某问："汉时如郑康成注《二礼》，但云鬼神是气。至佛入中国，人鬼始乱。"朱子曰："然。"

咏汉

长信格　高　持灯姬
辛追葆　颐　素纱衣
海昏侯　墓　齐论语
铜马汉　阙　长相忆

◎**高颐墓阙：**公元 209 年，东汉益州太守高颐死去，为纪念其功德，官府修建了高颐墓阙。为双阙，两阙东西相距 13 米，阙身由五层石块砌成，刻有精美的历史典故图案与碑文，是现存的最能体现东汉建筑风格的石阙之一。◎**长信格高持灯姬：**公元前 172 年，西汉阳信夷侯刘揭的家中添置了一座"正坐侍女、手持铜灯"造型的青铜镏金灯具。公元前 154 年，其子因参与"七国之乱"，爵位被废，封国与家产收为国有。这座铜灯被送入长安窦太后的"长信宫"浴府使用，故被称为"长信宫灯"，于公元 1968 年满城汉墓出土。◎**辛追葆颐素纱衣：**公元前 168 年，长沙国丞相利苍的妻子——约 50 岁的辛追病逝，也许是注重容貌的她生前的愿望，她的遗体被 20 层丝绸服装包裹，其中有素纱禅衣，衣长 132 厘米，通袖长 181.5 厘米，仅重 49 克。其于公元 1972 年马王堆一号汉墓出土。◎**海昏侯墓齐论语：**公元前 59 年，被霍光废黜的海昏侯刘贺死去，他的陪葬等级近乎于天子。公元 2015 年，他的大墓被考古发掘，出土了绘有孔子像的屏风，与可能是《齐论语》的竹简。◎**铜马汉阙长相忆：**铜马，指铜奔马，东汉青铜器，于公元 1969 年出土于甘肃武威雷台古墓。造型为铜马嘶鸣奔驰，三足腾空，后足踏在一只飞鸟背上，飞鸟回首观望，故在早期命名为"马踏飞燕"。后参考张衡《东京赋》"天马半汉，龙雀蟠蜿"，更名为"马超龙雀"。

第四辑　魏晋风度

三国·天下归心

烽火连　天　官渡寒
箭如雨　下　赤壁穿
白帝惜　归　托孤日
逐鹿雄　心　江月悬

◎**天下归心**：公元208年，曹操在赤壁之战前夕作《短歌行》"周公吐哺，天下归心"。◎**烽火连天官渡寒**：公元200年，曹操与袁绍在官渡（今河南郑州中牟县东北）展开大战，曹操在兵力处于劣势的情况下，运用计谋、声东击西，斩颜良、杀文丑、奇袭乌巢，大破袁军，为统一北方奠定基础。◎**箭如雨下赤壁穿**：公元208年，曹操与孙权、刘备联军在长江赤壁（今湖北赤壁西北）进行决战。孙、刘联军利用地势、气候、机动性与兵种熟练度等优势击溃曹军，奠定三国鼎立之势。反观曹操过于坚信己方兵力优势，轻敌之余又过于求稳（索战船），致使己方失去对战场突发事件（火攻）的反应能力；加之其精锐部队不适水战，与荆州刘琮降部配合不佳；再遇水土不服与疾病困扰，优势兵力成为战略劣势，错失其统一中国的最佳机会。◎**白帝惜归托孤日**：公元221年，蜀吴展开夷陵之战。蜀汉刘备以为关羽复仇为由，率倾国之兵东伐孙吴。吴帅陆逊以逸待劳，坚守夷陵（今湖北宜昌宜都县北）与蜀军僵持，施疲军计拖垮刘备的意志，在蜀军松懈之际发起火攻，致使刘备失去几乎所有兵力，逃至重庆奉节白帝城向诸葛亮托孤后病逝。官渡之战、赤壁之战、夷陵之战，并称为东汉末年"三大战役"。◎**逐鹿雄心江月悬**：《念奴娇·赤壁怀古》苏轼吟曰："大江东去，浪淘尽，千古风流人物……人生如梦，一樽还酹江月。"

三国·周郎顾曲

楼船环　周　烈火茫
羽扇儿　郎　举别觞
班师一　顾　小乔手
素琴几　曲　过九江

◎**周郎顾曲**：公元210年，周瑜向孙权提出"得蜀而并张鲁，因留奋威固守其地，好与马超结援。瑜还与将军据襄阳以蹙操，北方可图也"的"天下二分"之计，但未及实施便因病去世。周瑜精通音乐，有"周郎顾曲"的典故。《三国志·吴书·周瑜志》："瑜少精意于音乐，虽三爵之后，其有阙误，瑜必知之，知之必顾，故时人谣曰：'曲有误，周郎顾。'"◎**楼船环周烈火茫，羽扇儿郎举别觞**：立于长江江心的楼船之上，周瑜望着赤壁大战中被烧毁的曹军战船，放下羽扇，举起酒杯，向对手致敬，以此庆祝胜利。苏轼《念奴娇·赤壁怀古》："遥想公瑾当年，小乔初嫁了，雄姿英发。羽扇纶巾，谈笑间、樯橹灰飞烟灭。"◎**班师一顾小乔手，素琴几曲过九江**：周瑜班师回营，握着小乔的素手询问，"你弹了几支曲子，我便回来了？"——既表现周瑜在进行赤壁之战时，小乔在家中抚琴为其助兴；又表现周瑜策略之高，战争之快，小乔只弹了几支曲子的工夫，周瑜便赢得了赤壁之战。周瑜点将台，位于今江西九江市星子县紫阳路，北倚庐山。●《朱子语类》论历代，弟子问："先主为曹操所败，请救于吴。若非孙权用周瑜以敌操，亦殆矣。"朱子曰："孔明之请救，知其不得不救。孙权之救备，须著救他，不如此，便当迎操矣。此亦非好相识，势使然也。及至先主得荆州，权遂遣吕蒙擒关羽。才到利害所在，便不相顾。"

三国·诸葛武侯

三顾诉　诸　隆中言
箭声杯　葛　草船舷
八阵偃　武　七纵事
星落忆　侯　五丈原

◎**诸葛武侯：** 公元223年，刘备在白帝城托孤后死去，刘禅即位，封诸葛亮为"武乡侯"。◎**三顾诉诸隆中言：** 公元207年，刘备"三顾茅庐"见到诸葛亮，诸葛亮以《隆中对》分析天下形势、谏言"三分"之策。◎**箭声杯葛草船舷：** 《三国演义》中"草船借箭"之事。◎**八阵偃武七纵事：** 公元225年，诸葛亮以"攻心为上"展开南征，七擒孟获。八阵指八阵图，是诸葛亮演兵布阵的阵法。◎**星落忆侯五丈原：** 公元234年，诸葛亮在第五次北伐中死于五丈原。●《二程遗书》："王通言：'诸葛无死，礼乐其有兴'，信乎？"**程子曰：** "诸葛近王佐才，礼乐兴不兴则未可知。"问曰："亮果王佐才，何为僻守一蜀，而不能有为于天下？"**程子曰：** "孔明固言，明年欲取魏，几年定天下，其不及而死，则命也。某尝谓孙觉曰：'诸葛武侯有儒者气象。'孙觉曰：'不然。圣贤行一不义，杀一不辜，虽得天下不为。武侯区区保完一国，不知杀了多少人耶？'某谓之曰：'行一不义，杀一不辜，以利一己，则不可。若以天下之力，诛天下之贼，杀戮虽多，亦何害？陈恒弑君，孔子请讨。孔子岂保得讨陈恒时不杀一人邪？盖诛天下之贼，则有所不得顾尔。'"●《朱子语类》论历代，**朱子曰：** "诸葛孔明大纲资质好，但病于粗疏。孟子以后人物，只有子房与孔明。子房之学出于黄老；孔明出于申韩，如授后主以《六韬》等书与用法严处，可见。"

三国·琴操独断

焦尾长　琴　三尺雪
水仙之　操　半轮月
君子慎　独　且为歌
忽而弦　断　已中夜

◎**琴操独断：** 公元192年，董卓被王允、吕布设计诛杀。深受董卓器重的东汉经学家、音乐家蔡邕受牵连被处死。蔡邕撰《琴操》《独断》。《琴操》为儒学乐书，记录古曲意义；《独断》则记录汉代的礼仪规格与典章制度，二者均彰显汉代五行象数思想。《琴操·序首》："昔伏羲氏作琴，所以御邪僻，防心淫，以修身理性，反其天真也。琴长三尺六寸六分，象三百六十日也；广六寸，象六合也……前广后狭，象尊卑也。上圆下方，法天地也。五弦宫也，象五行也。大弦者，君也，宽和而温。小弦者，臣也，清廉而不乱。文王武王加二弦，合君臣恩也。宫为君，商为臣，角为民，徵为事，羽为物。"《独断·卷上》："《易》曰帝出乎《震》，《震》者木也，言宓牺氏始以木德王天下也；木生火，故宓牺氏没，神农氏以火德继之；火生土，故神农氏没，黄帝以土德继之；土生金，故黄帝氏没，少昊氏以金德继之；金生水，故少昊氏没，颛顼氏以水德继之；水生木，故颛顼氏没，帝喾以木德继之；木生火，故帝喾氏没，帝尧以火德继之。"皓月曰：此二者尽显"五行象数学"特点，即以时间、空间与物质的象征转化作为人存在的契约。◎**焦尾长琴三尺雪：** 蔡邕有焦尾琴，用其演奏琴声悠扬高远，须臾之间像雪落了三尺一般。◎**水仙之操半轮月：** 蔡邕演奏伯牙所作《水仙操》，令人"移情"，如望见水中月影。

三国·孟子章句

赵岐注　孟　第一家
乱世学　子　尊其雅
整理万　章　为救国
亚圣句　句　保中夏

◎**孟子章句**：公元194年，汉献帝征诏已80余岁的赵岐。赵岐上书，如后来的诸葛亮一般，讲解天下之势，并前往荆州谋求刘表对朝廷的支持。《后汉书·赵岐传》："兴平元年，诏书征岐，会帝当还洛阳，先遣卫将军董承修理宫室。岐谓承曰：'今海内分崩，唯有荆州境广地胜，西通巴蜀，南当交阯，年谷独登，兵人差全。岐虽迫大命，犹志报国家，欲自乘牛车，南说刘表，可使其身自将兵来卫朝廷，与将军并心同力，共奖王室。此安上救人之策也。'承即表遣岐使荆州，督租粮。岐至，刘表即遣兵诣洛阳助修宫室，军资委输，前后不绝。"◎**赵岐注孟第一家**：赵岐撰《孟子章句》，是现存的《孟子》的最早注本，南宋朱熹对"赵岐注"持保留看法，但在《四书章句集注》中仍多引其注，可见其权威性。◎**乱世学子尊其雅**：赵岐德高望重，曾调和曹操、袁绍与公孙瓒的关系。《后汉书·赵岐传》："是时袁绍、曹操与公孙瓒争冀州，绍及操闻岐至，皆自将兵数百里奉迎，岐深陈天子恩德，宜罢兵安人之道，又移书公孙瓒，为言利害。绍等各引兵去，皆与岐期会洛阳，奉迎车驾。"◎**整理万章为救国**：赵岐注《孟子》，重建政治哲学是为东汉找出路。◎**亚圣句句保中夏**：赵岐将孟子与孔子并列，誉孟子为仅次于孔子的亚圣。《孟子章句·孟子题辞》："（孟子）直而不倨，曲而不屈，命世亚圣之大才者也。"

三国·郑玄康成

乐分雅　郑　谁释名
数典算　玄　注五经
一斛杜　康　一纯儒
三礼通　成　北海星

◎**郑玄康成**：公元200年春天，74岁的郑玄梦见了孔子。《后汉书·郑玄传》："五年春，梦孔子告之曰：'起，起，今年岁在辰，来年岁在巳。'既寤，以谶合之，知命当终，有顷寝疾。"郑玄字康成，师从马融，是东汉最杰出的经学家之一。◎**乐分雅郑谁释名**：既然音乐分雅乐"正声"与郑乐"淫声"，那么谁来解释《诗经》的名目呢？指郑玄撰《毛诗笺》。◎**数典算玄注五经**：除经学外，郑玄在三统历、九章算术、谶纬方面无所不精。◎**一斛杜康一纯儒**：郑玄潜心著述，杜门不仕，弟子数千人，有"纯儒"之称，且颇能饮酒。《后汉书·郑玄传》："时大将军袁绍总兵冀州，遣使要玄……玄最后至，乃延升上坐。身长八尺，饮酒一斛，秀眉明目，容仪温伟。"◎**三礼通成北海星**：郑玄是北海郡高密人，有"北海郑康成"之称。郑玄撰《三礼》注，统合《仪礼》《周官》《礼记》。●**皓月曰**：如果说宋明经学属于朱熹，那么汉唐经学属于郑玄。郑玄调和了古文经学与今文经学，一个人就支撑起对整个经学系统的阐释。毫不夸张地说，研究汉唐经学就是在研究郑玄之学，翻开《五经正义》，上面布满了郑玄的名字，郑玄的人格与思想已与经学融为一体，进入永恒。●《朱子语类》论《礼》，**朱子曰**："郑康成是个好人，考《礼》名数大有功，事事都理会得。如汉律令亦皆有注，尽有许多精力。东汉诸儒煞好，卢植也好。"

三国·文姬归汉

万卷诗　文　一佳人
虏做胡　姬　陷胡尘
十载赎　归　抱故琴
悲升云　汉　摧我心

◎**文姬归汉**：公元207年，曹操以重金赎回被南匈奴掳走12年的蔡邕之女蔡文姬。◎**万卷诗文一佳人，虏做胡姬陷胡尘**：蔡琰，字文姬，东汉经学家、音乐家蔡邕之女，是三国时代琴书诗画无所不精的才女。因汉末战乱，文姬被南匈奴所虏，被迫与匈奴领袖成婚，生二子。《后汉书·列女传》："陈留董祀妻者，同郡蔡邕之女也，名琰，字文姬。博学有才辩，又妙于音律。适河东卫仲道。夫亡无子，归宁于家。兴平中，天下丧乱，文姬为胡骑所获，没于南匈奴左贤王，在胡中十二年，生二子。曹操素与邕善，痛其无嗣，乃遣使者以金璧赎之。"◎**十载赎归抱故琴，悲升云汉摧我心**：蔡文姬经历12年，辗转千里路，终于回到长安故宅，走进昔日书房，轻抚着父亲蔡邕所留得意之物，也是年少时弹奏过的"焦尾长琴"，素手一拨，琴声亦如昨日般空灵高远、悠扬动听，扣人心弦。一时间过去之种种经历涌上蔡文姬心头。蔡文姬欲说还休，欲语泪先流。此情此景，令旁观者无不落泪，听闻者谁不唏嘘。之后蔡文姬以《悲愤诗》描绘归来时凄惨之景："心吐思兮匈愤盈，欲舒气兮恐彼惊，含哀咽兮涕沾颈。家既迎兮当归宁，临长路兮捐所生。儿呼母兮号失声，我掩耳兮不忍听。追持我兮走茕茕，顿复起兮毁颜形。还顾之兮破人情，心怛绝兮死复生。"《悲愤诗》亦成为汉末三国时代女性文学之巅峰。

三国·建安风骨

白马子　建　京洛翩
思归长　安　孔融艰
七子文　风　黄河远
三曹诗　骨　铸潼关

◎**建安风骨**：公元196—219年，汉末建安时期，曹氏父子与"建安七子"的文学创作所表现的刚健高迈、悲凉慷慨的诗文风格，被称为"建安风骨"。南宋严羽《沧浪诗话·诗体》："以时而论，则有建安体，注：'汉末年号，曹子建父子及邺中七子之诗'。"又《沧浪诗话·诗评》："十二、黄初之后，惟阮籍《咏怀》之作，极为高古，有建安风骨。"◎**白马子建京洛翩**：曹植五言诗《白马篇》："白马饰金羁，连翩西北驰。"《名都篇》："名都多妖女，京洛出少年。"喻曹植俊杰洒脱、昂扬睿智的高格诗风。◎**思归长安孔融艰**：孔融《六言诗三首》："迁都长安思归，瞻望关东可哀，梦想曹公归来。"喻孔融简洁俊秀、哀婉怆然风格。◎**七子文风黄河远**：建安七子，即孔融、陈琳、王粲、徐干、阮瑀、应玚、刘桢。应玚《别诗二首》："浩浩长河水，九折东北流……临河累太息，五内怀伤忧。"喻七子文风如黄河之势奔腾浩瀚。◎**三曹诗骨铸潼关**：喻曹操、曹植、曹丕所代表的四言、五言、七言诗为建安时期诗歌最高成就，三曹诗风亦为中国古诗史上的"潼关"：中流砥柱，屹立不倒。曹丕《典论》："盖文章经国之大业，不朽之盛事……是以古之作者，寄身于翰墨，见意于篇籍，不假良史之辞，不托飞驰之势，而声名自传于后。故西伯幽而演《易》，周旦显而制《礼》；不以隐约而弗务，不以康乐而加思。"

三国·汉魏禅让

惜哉炎　汉　火运竭
天命曹　魏　承土德
魏文受　禅　汉献帝
勋华揖　让　光礼乐

◎**汉魏禅让**：公元220年12月，汉献帝禅位于曹丕，东汉灭亡，曹魏建立。《后汉书·孝献帝纪》："冬十月乙卯，皇帝逊位，魏王丕称天子。奉帝为山阳公，邑一万户，位在诸侯王上，奏事不称臣，受诏不拜，以天子车服郊祀天地，宗庙、祖、腊皆如汉制，都山阳之浊鹿城。"●**皓月曰**：由于《三国演义》推崇"血统论"（曹恶刘善），造成社会上对儒家禅让制度广泛曲解，现强调：儒家强调道统，而非血统；谋求大同与天下一家，而非一姓之成败荣辱，绝非标榜臣子对君王的愚忠愚孝，这即是《孟子》所云"君之视臣如土芥，则臣视君如寇仇"，与"贼仁者谓之贼，贼义者谓之残，残贼之人谓之一夫。闻诛一夫纣矣，未闻弑君也"。所以在分裂时期，谁能以武装斗争的方式统一九州，甚至扩大中国的版图，谁就承接了中华的天命；在较和平时期谁能以政治博弈的方式获得统治权，在政权转移过程中，社会没有出现动荡，国家没有出现分裂，礼遇之前的皇族（兴灭国，继绝世），谁就承接了中华的天命；这样的权力过渡符合儒家的禅让制度。而不论哪个政权，只要能让人民安居乐业，即少有所教，壮有所婚，大有所产，老有所养；军力得以保障，生产力得以发展，孔孟之道得以发挥，文化得以繁荣，国家得以富强；让中国人民、中华文化、华夏制度得到世界各族的尊重、爱戴与仰慕，让中华文明可持续发展，它就继承了华夏的道统，此即"为政以德"，"万类霜天竞自由"。

三国·太极殿

魏明敕　建　洛阳宫
帝畿禁　中　重檐雄
五门屹　立　三朝赫
太极皇　极　一贯同

◎**太极殿**：公元235年，魏明帝曹叡下令兴建洛阳宫太极殿（主殿）。《三国志·魏书·文帝纪》："至明帝时，始于汉南宫崇德殿处起太极、昭阳诸殿。"《三国志·魏书·明帝纪》："是时，大治洛阳宫，起昭阳、太极殿，筑总章观。"《三国志注》又引《魏略》："是年，起太极诸殿，筑总章观，高十馀丈，建翔凤于其上。"◎**建中立极**：建"大中至正"的皇极之道。《尚书·洪范》："五、皇极：皇建其有极。"《前汉纪·孝武皇帝纪五》："唯天子建中和之极。"《春秋繁露·循天之道》："中者，天地之太极也，日月之所至而却也，长短之隆，不得过中，天地之制也……中者天之用也，和者天之功也。"◎**五门屹立三朝赫**：《礼记正义·明堂位》："天子五门：皋、库、雉、应、路。"《礼记正义·月令》："天子有三朝，一是燕朝……二是治朝……三是外朝……"◎**太极皇极一贯同**：喻天子端坐于太极殿中，把握天地之中、事物之中、思想之中、文化之中、政治之中，即把握礼乐之极、天子之极。●**皓月曰**：曹魏洛阳宫是中国历史上第一座体现"建中立极"儒家建筑美学的宫城，主体宫门大殿位于同一中轴线上，占地面积极大；正殿以"太极"命名，造型雄伟。此种建筑规格一直沿用至明清紫禁城。曹魏洛阳宫以及太极殿的建成，标志着曹魏政权对刘汉政权在礼乐制度上的超越，也标志着中国历史上延续近两千年的儒家建筑美学的诞生。

三国·孔子家语

编纂周　孔　宏洙泗
一汇君　子　诗书志
礼乐邦　家　三五间
夫子曾　语　多少事

◎**孔子家语：** 公元 240 年，王肃出任广平太守，而后迅速迁升。《三国志·王肃传》："正始元年，出为广平太守。公事征还，拜议郎。顷之，为侍中，迁太常。时大将军曹爽专权，任用何晏、邓扬等。肃与太尉蒋济、司农桓范论及时政，肃正色曰：'此辈即弘恭、石显之属，复称说邪！'爽闻之，戒何晏等曰：'当共慎之！公卿已比诸君前世恶人矣。'"王肃是王郎之子，司马昭的岳父，但令其名垂青史的是他所著的《孔子家语》。◎**编纂周孔宏洙泗，一汇君子诗书志：**《孔子家语》是一部系统记录孔子生平、思想及孔门弟子言行的学术专著，是研究儒学发展，了解孔子在两汉三国学术面貌的重要著作。◎**礼乐邦家三五间：**指在贯穿社会与国家的政治制度与政治文化之间，孔子所提的"三五之事"。三指《论语·述而》子曰："三人行，必有我师焉"；五指《论语·阳货》："孔子曰：'能行五者于天下，为仁矣。'请问之。曰：'恭、宽、信、敏、惠。'"●**皓月曰：**经学上，王肃有意与郑玄之学分庭抗礼，郑玄重古训，王肃重阐发，似乎有意标榜曹魏学术思想对汉代学术思想的超越。在后世经典解读中，要么郑王并举，要么非郑即王，形成思想史上一道亮丽的风景线。●《朱子语类》论《春秋》，**朱子曰：**"后汉郑玄与王肃之学互相诋訾，王肃固多非是，然亦有考援得好处。"论《礼》，**朱子曰：**"王肃议礼，必反郑玄。"

三国·正始石经

九品中　正　官制新
玄风正　始　弦雅音
三体镌　石　洛城南
一汇七　经　同古今

◎**正始石经：** 公元 241 年，魏少帝曹芳下令刻制正始石经，因其由古文、篆书、隶书三种字体镌刻而成，又称三体石经，与东汉熹平石经及唐朝开成石经并称为中国古代的三大石经。《水经注·谷水》："魏正始中，又立古、篆、隶《三字石经》。"另《隋书·经籍一》："又后汉镌刻七经，著于石碑，皆蔡邕所书。魏正始中，又立三字石经，相承以为七经正字。"◎**九品中正官制新：** 九品中正制，又称九品官人法，是魏晋南北朝时期的选官制度，是曹操采纳陈群的意见而实施的。《三国志·魏志·陈群传》："制九品官人之法，群所建也。"◎**玄风正始弦雅音：** 正始之音，即正始年间由何晏、王弼等开创的玄学所引发的"援道释儒"的哲学流派，麈尾磬石的美学时尚潮流，与放达清谈的社会文化风气，喻曹魏的社会政治文化蓬勃发展。《世说新语·赏誉》："（王）敦谓（谢）鲲曰：'不意永嘉之中，复闻正始之音。阿平叔若在，当复绝倒。'"◎**一汇七经同古今：** 皓月曰：关于正始石经的内容，参考《隋书·经籍志》，由于熹平石经以立七经石碑，故正始石经可能只立《尚书》《春秋》两种，"相承以为七经正字"。但后世发现《论语》《急就章》的残石，加之《魏书·外戚列传》"洛阳虽经破乱，而旧《三字石经》宛然犹在，至熙与常伯夫相继为州，废毁分用，大至颓落"，推测正始石经也可能为五经加《论语》《急就章》。

三国·维摩诘说

昊天梵　维　法门空
菩萨维　摩　虚幻中
慧问玄　诘　难思议
善哉佛　说　妙无穷

◎**维摩诘说：** 公元252年，孙权死去，孙亮登位，旅居东吴的大月氏佛教居士支谦，逃往穹窿山隐居。支谦在东吴将《维摩诘所说经》《大般泥洹经》《了本生死经》等几十部佛经由梵文译成汉语。《出三藏记集·支谦传》："支谦，字恭明，一名越，大月支人也。祖父法度，以汉灵帝世，率国人数百归化，拜率善中郎将……十岁学书，同时学者皆伏其聪敏。十三学胡书，备通六国语。初桓、灵世，支谶译出法典，有支亮纪明资学于谶，谦又受业于亮……后吴主孙权闻其博学有才慧，即召见之，因问经中深隐之义。越应机释难，无疑不析。权大悦，拜为博士，使辅导东宫，甚加宠秩……后太子登位，遂隐于穹窿山，不交世务，从竺法兰道人更练五戒。凡所游从，皆沙门而已。后卒于山中，春秋六十。"《维摩诘所说经》，一名《不可思议解脱法门经》。全书以居士维摩诘为主人公，透过与文殊师利等人物共论佛法来宣扬佛理。●《朱子语类》论释氏，**朱子曰：**"释氏只《四十二章经》是古书，馀皆中国文士润色成之。《维摩经》亦南北时作。道家之书只《老子》《庄》《列》及《丹经》而已。《丹经》如《参同契》之类，然已非老氏之学。《清净》《消灾》二经，皆模学释书而误者。《度人经》《生神章》皆杜光庭撰。最鄙俚是《北斗经》。苏子瞻作《储祥宫记》，说后世道者只是方士之流，其说得之。"

七贤·玄学

磐石如　何　美容颜
麈尾清　晏　尚清谈
谁劝公　王　守虚静
惹得良　弼　皆畅玄

◎**何晏王弼：** 公元240—249年，曹魏正始年间，作为中华文明新世界观的"玄学"思想被创造出来，何晏、王弼成为"正始玄学"的代名词。◎**磐石如何美容颜：** 磐石指由石钟乳、紫石英、白石英、石硫黄、赤石脂五味石药合成的散剂，故名五石散。因服用后身体酷热难当，必须以阴寒食物来抑其燥火，故又名"寒食散"。何晏服散面白，招致魏明帝以汤饼试探。《世说新语·容止》："何平叔美姿仪，面至白；魏明帝疑其傅粉。正夏月，与热汤饼。既啖，大汗出，以朱衣自拭，色转皎然。"◎**麈尾清晏尚清谈：** 玄学家们一边摆弄麈尾（用兽毛制作的拂秽纳凉工具），一边展开"老庄贵无思想"的政治对话。●**皓月曰：** 玄学以《老子》《庄子》《周易》为思想基础，以"以道释儒"为理论体现，是贯穿解释世界构成（有生于无）、政治方法（内圣外王、贵无、执大象）与生命存在（守静、守柔、独化）的系统性哲学体系。究其产生原因：一、东汉后佛教东进，造成董仲舒、刘向"五行象数学体系"无法解释的世界观问题。二、由此"老子化胡说"与浮屠老子祠兴起，提升了《老子》地位。三、黄巾起义提出"苍天已死，黄天当立"引发"炎黄之化"的史学思潮。四、汉魏禅让产生的"四三皇，六五帝"的政治超越性，催生对超越传统思想的期待。五、自扬雄《太玄经》以来的学术暗流。六、何晏集团的政治抱负。

七贤·何晏

清谈阔　论　服食日
玄言妙　语　贵无时
笔端汇　集　千载悟
愁来一　解　孔丘思

◎**论语集解：**公元249年，司马懿发动高平陵之变，诛灭曹爽。何晏因佐政曹爽同被灭族。何晏对经学的贡献是修编《论语集解》，收录两汉儒学大家孔安国、包咸、马融、郑玄、王肃等人注释，是三国两晋之间最权威的《论语》注释集。《论语集解叙》："前世传授师说，虽有异同，不为训解，中间为之训解，至于今多矣，所见不同，互有得失。今集诸家之善，记其姓名，有不安者，颇为改易，名曰《论语集解》。"◎**清谈阔论服食日：**玄学名士以服食略含砷的"五石散"为时尚，何晏是曹操的婿养子，他长期服用五石散，成功规避曹丕、曹叡两朝对他的猜忌，隐忍至曹爽摄政终登高位，但葬身于司马氏与曹爽的政治斗争中。◎**玄言妙语贵无时：**"贵无"是玄学核心思想。《论语注疏》王弼曰："道者，无之称也，无不通也，无不由也。况之曰，道寂然无体，不可为象。"●皓月曰：玄学的"道"与理学的"道"，即"太极本无极，无形而有理"看似有相似性，但理学解释自然的"二气五行生成说"与概括思想的"性理论"，是玄学完全不具备的。●《朱子语类》论《论语》，朱子曰："空无（屡空）之说，盖自何晏有此解。晏，老氏清净之学也。因其有此说，后来诸公见其说得新好，遂发明之。若颜子固是意、必、固、我之屡无，只是此经意不然。颜子不以贫乏改其乐而求其富。如此说，下文见得子贡有优劣。"

七贤·王弼

天地之　道　本无名
尊道即　德　畅万情
老聃真　经　世难解
王辅嗣　注　释玄冥

◎**道德经注：** 公元 249 年，高平陵之变导致曹爽被杀，王弼受牵连被免官，他在忧郁中染病死去，年仅 24 岁。王弼系出名门，乃"建安七子"之王粲与荆州刺史刘表之后，其才学被玄学创始人何晏称为"后生可畏"。王弼虽英年早逝，却留下了《道德经注》《周易注》与《论语释疑》等著作，影响了后世经学、玄学与道教的释义与发展。◎**天地之道本无名：**《道德经》"道常无名"，"无名天地之始，有名万物之母"。◎**尊道即德畅万情：**《道德经》："是以万物莫不尊道而贵德。"《道德经注》："圣人达自然之至，畅万物之情。" ◎**王辅嗣注释玄冥：**《道德经注》："玄者，冥也，默然无有也，始，母之所出也，不可得而名，故不可言。同名曰玄，而言谓之玄者，取于不可得而谓之然也。" ●皓月曰：清《四库全书》本《道德经注》取宋刻，后附二跋。其中写于北宋政和年间的晁说之跋，对王弼颇有微词，将其与西汉末年卖卜注《老子》的严君平相比，又举郭象注《庄子》与杜预注《左传》为例，嘲讽他们虽成"一家之学"但对学习原著并未有太多帮助。晁说之在靖康之变时为中书舍人，南渡后被宋高宗召为侍读，可谓一时风光无限，然以苛责古人自持并不可取。而同附南宋熊克跋则赞王弼"言简意深，真得老氏清净之旨"。熊克早年被郡博士胡宪器重，而朱熹之父朱松在临终时将朱熹托付于胡宪等人。

七贤·夏侯玄

玄起中　夏　　日月怀
曾论留　侯　　乐毅哀
高陵否　泰　　司马泪
司空葬　初　　有人来

◎**夏侯泰初：**公元254年，因谋刺司马师的密谋败露，夏侯玄被处死。夏侯玄，字泰（太）初，是曹魏夏侯氏氏族代表，与何晏同为玄学早期领袖。玄为荆州牧、征南大将军夏侯尚之子，征西将军夏侯霸之侄，大将军曹爽表兄弟，其妹为司马师正妻，后"鸩崩"。公元244年，参与征伐蜀汉的兴势之战，时年35岁成为魏军副帅，当时33岁的司马昭仅为护军。正始之变后，曹爽被族灭，玄被降职，后参与刺杀司马师，事败露，仅45岁被夷三族。其著作大多佚失，因其传奇经历，其妻李惠姑被道教尊为女真人。◎**玄起中夏日月怀：**喻夏侯玄为玄学领袖，才俊人杰，崛起于中国。《世说新语·容止》："时人目'夏侯太初朗朗如日月之入怀'"，崇其人格魅力。◎**曾论留侯乐毅哀：**夏侯玄著《张良论》(张良被封留侯,《史记》以留侯代指张良)、《乐毅论》，论张良、乐毅成败得失。◎**高陵否泰司马泪：**《易》中《否卦》象征天地不交，指厄运;《泰卦》象征天地交泰，指好运。高平陵之变后，夏侯玄虽未被治罪，但被政治边缘化，埋下厄运的种子。夏侯玄被捕后，司马昭曾哭着向司马师求情赦免夏侯玄。◎**司空葬初有人来：**当初在曹魏司空赵俨葬礼上，司马氏兄弟与数百宾客在场，夏侯玄后到，众宾客竟不顾礼节越席而迎，引司马师忌惮愤恨。●《东坡全集·七德八戒》苏轼曰："晋景帝以名重而杀夏侯玄。"

七贤·竹林七贤

春风醺　竹　流觞杯
秋月玄　林　广陵辉
不慕四　七　云台将
魏晋逸　贤　尚无为

◎**竹林七贤**：公元255—262年，7位曹魏贤士组成松散的政治团体，后世以"竹林七贤"相称。裴松之《三国志注·王粲传》中引东晋孙盛《魏氏春秋》："(嵇)康寓居河内之山阳县，与之游者，未尝见其喜愠之色。与陈留阮籍、河内山涛、河南向秀、籍兄子咸、琅琊王戎、沛人刘伶相与友善，游于竹林，号为七贤。"又《世说新语·任诞》："陈留阮籍，谯国嵇康，河内山涛，三人年皆相比，康年少亚之。预此契者：沛国刘伶，陈留阮咸，河内向秀，琅琊王戎。七人常集于竹林之下，肆意酣畅，故世谓'竹林七贤'。"◎**春风醺竹流觞杯**：曲水流觞，源于"上巳节"习俗，即周代在水滨洗濯去疾的祭祀仪式，这里指七贤在弯曲的溪水旁设酒，羽觞随波泛，饮酒咏歌诗。◎**秋月玄林广陵辉**：玄林，《昭明文选·杂诗》："玄林结阴气，不风自寒凉。"广陵辉，指《广陵散》，旷世古曲，嵇康在被司马昭处死前曾弹奏此曲，后失传，今流传为唐代版本。◎**不慕四七云台将，魏晋逸贤尚无为**：《云台二十八将》，东汉明帝刘庄为纪念其父汉光武帝刘秀中兴伟业，命画师将辅佐刘秀的28位功臣之像画于云台阁，上应28星宿。后唐太宗李世民仿其故事，命画家阎立本绘制24位功臣像立于凌烟阁内，是为《凌烟阁二十四功臣图》。竹林七贤，不愿做名臣，更不愿沦为司马氏的政治走狗，甘愿隐匿山林逍遥无为。

七贤·嵇康

> 管子刑　名　贵忘身
> 仲尼仁　教　从虚心
> 鸣琴独　自　坐林深
> 老庄超　然　养我神

◎**名教自然：** 公元263年，嵇康因不愿与司马氏合作，遭构陷，被司马昭处死。嵇康为"竹林玄学"代表人物，其在《释私论》中提出"越名教而任自然"的哲学口号。遂成玄学核心命题之一，而嵇康之"名教"侧重于"名"（刑名）。皓月曰：这里的"名教"指国家政教系统，"自然"指由社会积累流变而自然产生的彝伦攸叙，即社会价值观。"越名教而任自然"指治理国家的最高阶段，应排除政府干预手段，采用"无为而治"，让社会按自身规律有序发展。此命题派生出王弼之"名教本于自然"与郭象之"名教即自然"，由此将魏晋玄学分为三个阶段。参考嵇康对司马氏的不合作立场，"越名教而任自然"也可理解为嵇康在对司马氏表达，不管司马氏在朝廷和民间如何宣扬自身上位的合理性，从社会伦理角度看司马氏就是在篡位，即"司马昭之心路人皆知"。这招致司马氏对其极度愤恨。◎**管子刑名贵忘身：** 管子尊黄帝，属黄老学，重刑名，即国家行政命令。《管子·正》："制断五刑，各当其名。罪人不怨，善人不惊。"又《管子·枢言》："有名则治，无名则乱，治者以其名。"《嵇中散集·释私论》："故《管子》曰：'君子行道，忘其为身。'"◎**仲尼仁教从虚心：** 孔子尊尧舜，属先王之道，重教化，即塑造社会文化与价值观。《庄子·渔父》："孔子再拜而起曰：'丘少而修学，以至于今，六十九岁矣，无所得闻至教，敢不虚心！'"

七贤·阮籍

天地浩　大　造化功
忽有真　人　体物同
何必争　先　追过往
一弃死　生　遨苍穹

◎**大人先生：**公元263年，竹林七贤之一的阮籍死去，其著有《咏怀诗》与《大人先生传》。●**皓月曰：**《大人先生传》是反映阮籍哲学与文学成就的标志性作品，将其意归纳为：一、其在彰显儒道共存的同时，又凸显"越名教而任自然"的倾向，即"陈天地之始，言神农黄帝之事，昭然也……其视尧、舜之所事，若手中耳。"二、作者将自我分割成现实的阮籍、世俗隐士、薪者与大人先生四人。以大人先生的口吻否定前三者的世俗理想，通过人格投射，在自我对话中，用大人先生的口吻表达出自我的心声。三、《大人先生传》表现了瑰丽想象与超自然的审美体验，是对屈原《远游》精神极尽所能的继承，而大人先生对"薪者"的回答，则是对《渔父》的彻底超越。四、在经历激昂的精神漫游后，想必同时作为作者与读者的阮籍仍将回归现实并陷入淡淡哀愁。而此种对理想即"神"（道）的人格投射，对自我的终极关怀，即是人的社会性超越，从儒家视角看这种愤世嫉俗与洒脱飞升正是阮籍的求"仁"过程。●《朱子语类》论《论语》，弟子问："谢氏说'几谏章'，'以敬孝易，以爱孝难'，恐未安。"**朱子曰：**"圣人答人问孝，多就人资质言之。在子夏则少于爱，在子游则少于敬，不当遂断难易也。如谢氏所引两句，乃是庄子之说。此与阮籍居丧饮酒食肉，及至恸哭呕血，意思一般。蔑弃礼法，专事情爱故也。"

西晋·天命有晋

礼地祀　天　在南郊
司马受　命　代魏曹
五德自　有　更迭运
三国归　晋　开新朝

◎**天命有晋**：公元265年，魏元帝曹奂本欲在咸熙二年禅位于司马昭，而司马昭暴毙，于是在12月禅位于司马炎。《晋书·武帝》"泰始元年冬十二月丙寅，设坛于南郊，百僚在位及匈奴南单于四夷会者数万人，柴燎告类于上帝曰：'皇帝臣炎敢用玄牡明告于皇皇后帝：魏帝稽协皇运，绍天明命以命炎。昔者唐尧，熙隆大道，禅位虞舜，舜又以禅禹，迈德垂训，多历年载。暨汉德既衰，太祖武皇帝拨乱济时，扶翼刘氏，又用受命于汉。粤在魏室，仍世多故，几于颠坠，实赖有晋匡拯之德，用获保厥肆祀，弘济于艰难，此则晋之有大造于魏也'"。后"封魏帝为陈留王，邑万户，居于邺宫，魏氏诸王皆为县侯"。再令傅玄作郊祀歌，《晋书·乐志》："泰始二年，诏郊祀明堂礼乐权用魏仪，遵周室肇称殷礼之义，但改乐章而已，使傅玄为之词云。《祀天地五郊夕牲歌》：天命有晋，穆穆明明。我其夙夜，祗事上灵。常于时假，迄用其成。于荐玄牡，进夕其牲。崇德作乐，神祇是听。"◎**五德自有更迭运**：五德终始说，"五德"指"五行"中木、火、土、金、水所喻德性；"终始"指"五德"周而复始、循环运转；即以物质的相生相克，比喻王朝的历史更替规律，这是以"天人合一"作为人存在的契约。◎**三国归晋开新朝**：从公元184年黄巾起义到晋武帝受禅共81年，三国时代将逝，晋灭吴只是时间问题了。

西晋·黄帝内经

病卧玄　黄　一书淫
纪皇考　帝　志逸民
不羡关　内　慕方外
针灸医　经　世绝伦

◎**黄帝内经**：公元276年，晋武帝司马炎下诏再诏皇甫谧，但皇甫谧决心已定，潜心著述，终身不仕，遂以身残为由上书推辞。《晋书·武帝纪》："咸宁二年十二月，征处士安定皇甫谧为太子中庶子。"◎**病卧玄黄一书淫**：皇甫谧曾祖父为东汉太尉皇甫嵩。其一生多病，"躯半不仁，右脚偏小"，遂自研医学。因酷爱读书，时人称其为"书淫"。◎**纪皇考帝志逸民**：皇甫谧著《帝王世纪》，上考三皇、下讫魏晋，述帝王世系及事迹。皇甫谧著《高士传》《逸士传》，考历代高士、隐者，因而一生不仕。◎**不羡关内慕方外**：晋武帝多次以都尉、关内侯之职征召高士，皇甫谧均不为所动。一生以"立乎损益之外，游乎形骸之表"为座右铭。◎**针灸医经世绝伦**：皇甫谧著《针灸甲乙经》，是现存最早的针灸学专著。●皓月曰：《黄帝内经》分为《素问》《灵枢》，原作者不详，后被西晋皇甫谧整理为《针灸甲乙经》。由《针灸甲乙经·皇甫序》"夫受先人之体，有八尺之躯，而不知医事，此所谓游魂耳。若不精通于医道，虽有忠孝之心，仁慈之性，君父危困，赤子涂地，无以济之，此固圣贤所以精思极论尽其理也"，与《针灸甲乙经·五脏变腧第二》"故阴阳者，万物之终始也。顺之则生，逆之则死；反顺为逆，是谓内格。是故圣人不治已病、治未病"，可见其将《老子》式思维与儒家思想结合的玄学思考方式。

西晋·左传集解

北飙江　左　侵吴宫
破竹总　传　武库功
休谩宴　集　委蛇事
荆扬刃　解　雨蒙蒙

◎**左传集解：**公元279年，晋武帝司马炎下令伐吴，20万晋军分六路南下出击，其中镇南大将军杜预，自襄阳向江陵方面进军。杜预一生酷爱研究《左传》，有"左传癖"之号，著《春秋左氏传集解》。◎**北飙江左侵吴宫：**虽然晋灭吴是大势所趋，但晋国大臣多持反对意见，在杜预等少数重臣力谏下，司马炎终于下定灭吴决心。◎**破竹总传武库功：**杜预足智多谋被赞为"杜武库"，其认为灭吴应速战速决，就像劈开竹子一般。《晋书·杜预传》："今兵威已振，譬如破竹，数节之后，皆迎刃而解，无复着手处也。"◎**休谩宴集委蛇事：**杜预聪明过人，传说其醉酒呕吐化为大蛇。《晋书·杜预传》："预初在荆州，因宴集，醉卧斋中。外人闻呕吐声，窃窥于户，止见一大蛇垂头而吐。闻者异之。"●《二程遗书》程子曰："古之学者，优柔厌饫，有先后次序。今之学者，却只做一场话说，务高而已。常爱杜元凯语：'若江海之浸，膏泽之润，涣然冰释，怡然理顺。'然后为得也。今之学者，往往以游、夏为小，不足学。然游、夏一言一事，却总是实。如子路、公西赤言志如此，圣人许之，亦以此自是实事。后之学者好高，如人游心于千里之外，然自身却只在此。"又曰："言贵简，言愈多，于道未必明。杜元凯却有此语云：'言高则旨远，辞约则义微。'大率言语须是含蓄而有馀意，所谓'书不尽言，言不尽意'也。"

西晋·竹书纪年

盗拓燃　竹　侵古墓
战国魏　书　惊人睹
三纲六　纪　何为准
八王元　年　乱晋都

◎**竹书纪年**：公元281年，西晋汲郡古墓出土了战国时代魏国的史书竹简，称为《汲冢书》或《竹书》。《晋书·束皙传》："太康二年，汲郡人不准盗发……魏安釐王冢（取《朱子语类》），得竹书数十车……盖魏国之史书，大略与《春秋》皆多相应。其中经传大异，则云……益干启位启杀之，太甲杀伊尹，文丁杀季历。"◎**三纲六纪何为准**：三纲六纪，代指政治伦理。《白虎通义》："三纲者何谓也？谓君臣、父子、夫妇也。六纪者，谓诸父、兄弟、族人、诸舅、师长、朋友也。"◎**八王元年乱晋都**：八王之乱，从元康元年至光熙元年，16年间的皇族内乱极大削弱了西晋国力，导致西晋灭亡，北方游牧民族入主中原，使中国陷入近300年的大分裂时期。●**皓月曰**：现推测《竹书》成因：一、上古史的空缺，给予不同学派的历史学家创造了发挥空间。二、参考《韩非子》，《竹书》史观符合战国黄老刑名学特点。三、魏安釐王身处华阳之战、长平之战、东周灭亡的战国至暗时刻，无休止的战争使世界布满仇恨与信仰的毁灭，《竹书》的记录与此相"对应"。四、信陵君"窃符救赵"，对其兄魏安釐王的威望造成极大冲击，为此信陵君滞留赵国10年不归。而后，信陵君归国便一直活在魏安釐王的监视下，二人在同年死去。《竹书》不正是魏安釐王用来警告自己，与在舆论上敲打信陵君的政治工具吗？

西晋·八王之乱

南风二八册立日
司马诸王受封时
汲冢考之玄学美
谁料朝乱国凌迟

◎**八王之乱**：公元291—306年，西晋司马氏皇族为争夺政治主导权展开内战，最终弑君。因主要参与者为"八王"，八个同姓诸侯王，史称"八王之乱"。◎**南风二八册立日**：公元272年，贾南风被册立为日后晋惠帝司马衷的太子妃。因惠帝愚笨懦弱，贾南风得以专权，这是引发"八王之乱"的导火索。《晋书·后妃列传》："始欲聘后妹午，午年十二，小太子一岁，短小未胜衣。更娶南风，时年十五，大太子二岁。泰始八年二月辛卯，册拜太子妃。妒忌多权诈，太子畏而惑之。"◎**司马诸王受封时**：为避免出现曹魏外戚权臣坐大的局面，晋武帝恢复周、汉代分封制，大封同姓王，为内乱创造了军事条件。《晋书·地理志》："武帝泰始元年，封诸王以郡为国。邑二万户为大国，置上、中、下三军，兵五千人；邑万户为次国，置上军下军，兵三千人；五千户为小国，置一军，兵千五百人。王不之国，官于京师。"◎**汲冢考之玄学美**：此句为贬义反讽句。即《竹书纪年》出土，引发的对鼓励杀戮的"弱肉强食"的史观；与玄学的兴盛，出现了以郭象为代表的西晋"独化"思潮，此两者之叠加产生的扭曲的史学观与政治伦理，导致西晋意识形态的大混乱。●**皓月曰**：后宫乱政，外戚霸朝，同姓王争权，胡汉民族问题的被忽视，史学价值观与政治伦理的扭曲，所有问题的一同爆发造就了"八王之乱"的政治现实。

西晋·郭象子玄

越王城　郭　悬河声
形影罔　象　自造成
蝶梦庄　子　愿独化
外霸内　玄　政有容

◎**郭象子玄：**公元307—311年，西晋永嘉年间，玄学家郭象死去了。他不但为东海王司马越（"八王之乱"最终胜利者，毒杀了晋惠帝司马衷）太傅主簿，更以注《庄子》闻名。其提出"独化论"，主张"名教即自然"（朝廷政令对社会价值观的干预，也是社会现实）。◎**越王城郭悬河声：**东海王司马越招郭象为太傅主簿，予以重任。《晋书·郭象列传》："太尉王衍每云：'听象语，如悬河泻水，注而不竭。'"◎**形影罔象自造成：**《庄子·齐物论》中"罔两问景"的故事（影子的微阴与影子的对话）。郭象《庄子注》："是以涉有物之域，虽复罔两，未有不独化于玄冥者也。故造物者无主，而物各自造，物各自造而无所待焉，此天地之正也。故彼我相因，形景俱生，虽复玄合，而非待也。"◎**蝶梦庄子愿独化：**《庄子·齐物论》中"周蝶觉梦"故事，大意与"罔两问景"同，再次阐述"未有不独化于玄冥者"。●**皓月曰：**郭象的《庄子注》意不在解释《庄子》内涵，而是以《庄子》为出发点，衍说其中"寓言"的政治功能性。是从玄学的哲学内涵层面出发，从概念上否定儒家"君臣"政治伦理外延。不论他的《庄子注》多么玄奥，从政治视角切入便很容易发现其"外霸内玄"的政治面目。●《**朱子语类》论《易》，朱子曰：**"自晋以来，解经者却改变得不同，如王弼、郭象辈是也。汉儒解经，依经演绎；晋人则不然，舍经而自作文。"

西晋·永嘉之乱

苦县胡　衣　围夏裳
晋宫冕　冠　落戎帐
欲凭天　南　复地北
五马争　渡　过长江

◎**永嘉之乱**：公元311年，西晋永嘉五年，匈奴族军队歼灭西晋主力，攻陷洛阳，掳走并杀害晋帝，致使西晋灭亡，史称"永嘉之乱"。◎**衣冠南渡**：公元317年，西晋司马氏政权南迁定都建康（今江苏南京），建立东晋。这使得中华文明的文化中心由黄河流域南迁至长江流域，史称"衣冠南渡"。◎**苦县胡衣围夏裳**：公元311年3月，东海王司马越率倾国之兵讨伐石勒，途中病死在项县（今河南周口沈丘县），大军撤退。4月，石勒率骑兵追击晋军，于苦县（今河南周口鹿邑县）追上晋军。晋军帅死兵溃，被石勒包围，士兵互相践踏，全军覆没。"清谈误国"的太尉王衍被俘房，与石勒谈判破裂，被以推倒墙壁压死的方式处决。◎**晋宫冕冠落戎帐**：公元311年6月，汉化匈奴族汉赵政权刘聪，攻入洛阳，屠杀百官士庶3万余人，虏走晋怀帝、晋愍帝于平阳（今山西临汾尧都区）建立傀儡政权，后弑二帝，西晋灭亡。◎**五马争渡过长江**：五马渡江。《晋书·五行志》："太安中，童谣曰：'五马游渡江，一马化为龙。'后中原大乱，宗藩多绝，唯琅邪（琅琊王司马睿）、汝南、西阳、南顿、彭城同至江东，而元帝嗣统矣。"●《朱子语类》论《礼》，朱子曰："今世之服，大抵皆胡服，如上领衫靴鞋之类，先王冠服扫地尽矣！中国衣冠之乱，自晋五胡，后来遂相承袭。唐接隋，隋接周，周接元魏，大抵皆胡服。"

东晋·梅赜尚书

江左有　梅　开金陵
文武灵　赜　秦淮声
衣冠风　尚　暂南渡
且理诗　书　待北征

◎**梅赜尚书：** 公元317—322年，东晋元帝时代。豫章内史梅赜献《古文尚书》，被元帝司马睿立为学官。《太平御览·学部三·书》引陆德明《经典释文》曰："江左中兴，元帝时，豫章内史梅赜奏上孔传《古文尚书》，亡《舜典》一篇，乃取王肃注《尧典》'慎徽五典'下分为《舜典》一篇，以续之。"皓月曰："永嘉之乱"使中华文明遭遇前所未有的浩劫。两汉三国500年来珍藏的文物与古籍损失殆尽，皇家所藏《尚书》全部遗失。就在"衣冠南渡"，东晋元帝司马睿立足未稳之时，豫章内史梅赜献自称是孔安国所传《古文尚书》58篇，朝廷为之大振，将其列于学官。但"梅赜尚书"比古籍中记载的《尚书》多出25篇，受到自宋代后学者质疑，称其为"伪古文"，有"伪孔传"之说。然纵观《梅颐尚书》通篇彰显"敬天畏民"思想，被指为后增的篇目，可视为保持历史记载连贯性的"代而为之"，仍不失为经典。此后历朝历代均以《梅赜尚书》为《尚书》定本，在经学史上拥有不可动摇的地位。◎**江左有梅开金陵：** 梅赜曾于金陵梅岗（今江苏南京雨花台区）抵御北胡入侵。
◎**文武灵赜秦淮声：** 文武之道在秦淮之南都以流传。《论语·子张》子贡曰："文武之道，未坠于地，在人。"◎**衣冠风尚暂南渡，且理诗书待北征：** 华夏正朔的《尚书》被确立标志着晋王朝合法性的延续，其后司马氏政权在门阀政治中展开"北伐"。

东晋·易系辞注

孔子研　易　十翼卓
彖象卦　系　意难摩
老贵无　辞　庄独化
儒典道　注　是玄学

◎**易系辞注：** 公元372年，东晋简文帝司马昱起用前权臣殷浩的外甥韩康伯，韩康伯从此平步青云。韩康伯著有《周易系辞注》。《隋书·经籍志》："《周易》十卷，魏尚书郎王弼注《六十四卦》六卷，韩康伯注《系辞》以下三卷。"在唐代，韩康伯《系辞注》被孔颖达疏为《周易正义》。王弼、韩康伯合璧之《周易注》乃玄学"扛鼎之作"，但因其玄学立场，遭南宋朱熹最直接的否定。《朱子语类》论《周礼》，**朱子曰：**"《五经》（正义）中，《周礼疏》最好，《诗》与《礼记》次之，《书》《易疏》乱道。《易疏》只是将王辅嗣注来虚说一片。"◎**孔子研易十翼卓，彖象卦系意难摩：** 相传孔子研究《周易》而作《彖传》《象传》《系辞》《说卦》等篇目，合称《十翼》，但它们的意义实在太难被理解了，这就需要对《十翼》进行注释。◎**老贵无辞庄独化，儒典道注是玄学：** 皓月曰：韩康伯将玄学中《老子》"贵无"思想，与郭象《庄子注》中"独化"概念引入其《系辞注》中。《周易正义·系辞上》："阴阳不测之谓神。"注为：尝试论之曰："原夫两仪之运，万物之动，岂有使之然哉？莫不独化于大虚，欻尔而自造矣。造之非我，理自玄应；化之无主，数自冥运，故不知所以然，而况之神。是以明两仪以太极为始，言变化而称极乎神也。夫唯知天之所为者，穷理体化，坐忘遗照。至虚而善应，则以道为称。不思而玄览，则以神为名。盖资道而同乎道，由神而冥于神也。"——此即为"儒典道注"。

东晋·新亭对泣

江远客　新　乌巷深
碧草荒　亭　楚囚心
马王相　对　忽掩面
归雁如　泣　又一春

◎**新亭对泣**：公元322—323年，晋明帝时代，东晋朝中名士在新亭（今江苏南京江宁区，濒临长江，是当时兵家必争之地）举行饮宴，众人远眺大好河山，忽思念中原景色，竟为亡国之恨哭泣起来，后转为悲愤。《世说新语·言语》："过江诸人，每至美日，辄相邀新亭，藉卉饮宴。周侯中坐而叹曰：'风景不殊，正自有山河之异！'皆相视流泪。唯王丞相愀然变色曰：'当共勠力王室，克复神州，何至作楚囚相对！'" ◎**江远客新乌巷深**：指南渡后，中原文明客居南方，门阀政治蓬勃兴起。乌巷，乌衣巷，在南京秦淮河南岸，原为孙吴乌衣营驻地，后成为东晋名士的聚居区。唐刘禹锡《乌衣巷》："朱雀桥边野草花，乌衣巷口夕阳斜。旧时王谢堂前燕，飞入寻常百姓家。" ◎**马王相对忽掩面**："晋明掩面"的典故，马指东晋明帝司马绍，王指丞相王导。《晋书·高祖宣帝纪》："明帝时，王导侍坐。帝问前世所以得天下，导乃陈帝创业之始，用文帝末高贵乡公事。明帝以面覆床曰：'若如公言，晋祚复安得长远！'迹其猜忍，盖有符于狼顾也。" ●**皓月曰**：新亭对泣一解为，《晋书》中"晋明掩面，耻欺伪以成功"；其二解为，当初"曹与马共天下"，"曹弱马强"方有曹髦之死；如今"马与王共天下"，"马弱王（以王导为代表的琅琊王氏）强"，司马氏政权还可安稳否？至于一、二之解，何解最明，恐怕只有当事人才清楚吧。

东晋·郭璞游仙

一曲江　郭　一鬼才
归真返　璞　忘形骸
卜韵神　游　山海外
驾鹊升　仙　留双柏

◎**郭璞游仙**：公元324年，郭璞因不与谋求篡位的王敦合作，被杀。唐房玄龄《晋书》将郭璞与葛洪并入同一《列传》，可判其身份。◎**一曲江郭一鬼才**：郭璞为旷世鬼才，其父郭瑗为尚书都令史，多次指正杜预之误，故郭璞精通经学注《周易》《尔雅》等；其曾拜师隐士郭公学习《青囊书》，通晓术数、风水、占卜等方术；其又爱好文学，继承与发扬《楚辞》艺术风格与激昂人格情操，著有《江赋》《南郊赋》等。◎**归真返璞忘形骸**：郭璞著《葬书》三卷，探讨五行阴阳、生命哲学、墓穴风水。◎**卜韵神游山海外**：郭璞撰《周易卜韵》(已佚)，创"游仙诗"，其所注《山海经》，为现存《山海经》最早版本。◎**驾鹊升仙留双柏**：郭璞不为王敦篡晋占卜，被判斩首。郭璞从容不迫并预测自己死地有"双柏、鹊巢"，行刑时果应验。郭璞身死，时年49岁，玄武湖畔有郭璞衣冠冢，名"郭公墩"。●《二程遗书》张闳中以书问易传不传，及曰"易之义本起于数"。程子答曰："……来书云：'易之义本起于数'，谓义起于数则非也。有理而后有象，有象而后有数。易因象以明理，由象以知数，得其义则象数在其中矣。必欲穷象之隐微，尽数之毫忽，乃寻流逐末，术家之所尚，非儒者之所务也，管辂、郭璞之学是也。"又曰："理无形也，故因象以明理。理见乎辞矣，则可由辞以观象。故曰：'得其义则象数在其中矣。'"

东晋·抱朴子

内炼金　丹　外修贤
儒道阴　阳　合为玄
采薇食　葛　抱朴子
身隐声　洪　罗浮山

◎**抱朴子**：公元326—335年，晋成帝咸和年间，自号"抱朴子"的葛洪以交阯（今越南北部）出产丹砂为由，请求出任勾漏（今广西玉林北流市）令。但行至广州被刺史留下，便隐居在广东罗浮山修道。《晋书·葛洪传》："以年老，欲炼丹以祈遐寿，闻交阯出丹，求为勾漏令……至广州，刺史邓岳留不听去，洪乃止罗浮山炼丹。"
◎**内炼金丹外修贤**：《抱朴子》分内、外篇，《内篇》谈畅玄论仙、金丹仙药等道家之术；《外篇》论君道臣节、用刑名实等经世之学。◎**儒道阴阳合为玄**：皓月曰：《抱朴子》所体现的周孔与黄老、老庄的有机结合属于玄学。即《抱朴子·内篇·明本》："或问儒道之先后。抱朴子答曰：'道者，儒之本也；儒者，道之末也。'"《抱朴子·内篇·辨问》："且夫俗所谓圣人者，皆治世之圣人，非得道之圣人，得道之圣人，则黄老是也。治世之圣人，则周孔是也。"◎**采薇食葛抱朴子**：薇，野豌豆。葛，粉葛，其根亦食亦药。喻葛洪无欲无求，过着吃野菜的抱朴生活。《诗经·小雅·采薇》："采薇采薇，薇亦柔止。曰归曰归，心亦忧止。忧心烈烈，载饥载渴。我戍未定，靡使归聘。"《毛诗序》："《采薇》，遣戍役也。文王之时，西有昆夷之患，北有猃狁之难，以天子之命，命将率，遣戍役，以守卫中国。"◎**身隐声洪罗浮山**：传说葛洪隐居于今广东罗浮山朱明洞，只闻其声，不见其人，逍遥度日，不知其所终。

东晋·兰亭集序

君子幽　兰　空谷春
修禊畅　亭　流觞心
龙飞魂　集　鹤舞魄
俯仰时　序　感斯文

◎**兰亭集序**：公元353年，东晋穆帝永和九年三月三日，王羲之邀请谢安（时为隐士，后为东晋丞相）、孙绰（太学博士，后为尚书郎）、支道林（高僧）等四十余朝官、名士与亲属，在会稽山阴兰亭（今浙江绍兴）修禊，观山赏水、饮酒作诗。并将众人所作诗文编为《兰亭集》，王羲之为之作序，是为《兰亭集序》。王羲之借着酒意与兴致，信手书写、一气呵成，其书尽显中华书法从容不迫、收放自然、飘逸灵动、博大精深之魅力，被后世称为"天下第一行书"，王羲之也因此成为"书圣"。◎**君子幽兰空谷春**：《兰亭集序》："永和九年，岁在癸丑，暮春之初，会于会稽山阴之兰亭，修禊事也。"◎**修禊畅亭流觞心**：《兰亭集序》："群贤毕至，少长咸集。此地有崇山峻岭，茂林修竹；又有清流激湍，映带左右，引以为流觞曲水，列坐其次。"◎**龙游魂集鹤舞魄**：以龙游之苍劲灵动，鹤舞之飘逸高洁，喻《兰亭集序》所表现的书圣王羲之气运之非凡、笔力之潇洒，傲立于古今，无人能够超越。◎**俯仰时序感斯文**：《兰亭集序》"仰观宇宙之大，俯察品类之盛。所以游目骋怀，足以极视听之娱，信可乐也"与"故列叙时人，录其所述，虽世殊事异，所以兴怀，其致一也。后之览者，亦将有感于斯文"。●《东坡全集·次韵致远》苏轼吟曰："长笑右军称草圣，不如东野以诗鸣。乐天自欲吟淮月，怀祖无劳听角声。"

东晋·桓温北伐

春秋齐　桓　讨楚蛮
中晋桓　温　复中原
雍南淮　北　战秦燕
漂橹三　伐　铩羽返

◎**桓温北伐**：公元354、356、369年，东晋"霸府"权臣桓温三次发动北伐战役，欲收复中原，并以此为资本谋取帝位，但均告失败。其子桓玄更一度篡夺东晋帝位建立"桓楚"，追尊桓温为"楚宣武帝"。◎**春秋齐桓讨楚蛮**：公元前656年，春秋五霸之一的齐桓公以南蛮楚国不向周天子进贡为由，南伐楚国。后与楚国结盟后退兵。《穀梁传·僖公四年》："屈完曰：'大国之以兵向楚何也？'桓公曰：'昭王南征不反。菁茅之贡不至，故周室不祭。'屈完曰：'菁茅之贡不至，则诺。昭王南征不反，我将问诸江！'"《公羊传·僖公四年》："楚有王者则后服，无王者则先叛。夷狄也……中国不绝若线，桓公救中国，而攘夷狄。"◎**雍南淮北战秦燕**：桓温三次北伐，入武关（今陕西商洛丹凤县）、复洛阳，与北方前秦苻氏、前燕慕容氏作战。◎**漂橹三伐铩羽返**：北伐中晋军分别在白鹿原（今陕西西安东南），襄邑（今河南商丘睢县）遭遇北方强骑兵突袭，流血漂橹，死伤不计其数。虽然桓温北伐最终失败了，且桓温在北伐中的意图也不单纯，但桓温北伐所表现的中华民族的复国精神，仍然是可歌可泣的。●《朱子语类》论历代，**朱子曰**："谢安之待桓温，本无策。温之来，废了一君。幸而要讨九锡，要理资序，未至太甚，犹是半和秀才。若它便做个二十分贼，如朱全忠之类，更进一步，安亦无如之何。"

东晋·支遁道林

天干地　支　谑浪年
围棋隐　遁　释老间
即色冥　道　逍遥处
闲鹤空　林　神骏还

◎**支遁道林：** 公元366年，支遁圆寂。◎**天干地支谑浪年，围棋隐遁释老间：** 支遁放浪形骸，好围棋，并援般若学入"老庄"，发玄、佛结合之强声。《世说新语·巧蓺》："王中郎以围棋是坐隐，支公以围棋为手谈。"◎**即色冥道逍遥处：** 支遁撰《即色游玄论》，创般若学即色义，主张"即色自然空"。◎**闲鹤空林神骏还：** 支遁养马放鹤，唐韩干有以支遁为所绘人物的《神骏图》传世。《高僧传》："人尝有遗遁马者，遁爱而养之，时或有讥之者，遁曰：'爱其神骏，聊复畜耳。'后有饷鹤者，遁谓鹤曰：'尔冲天之物，宁为耳目之玩乎？'遂放之。"●《朱子语类》论释氏，朱子曰："佛氏乘虚入中国。广大自胜之说，幻妄寂灭之论，自斋戒变为义学。如远法师、支道林皆义学，然又只是盗袭《庄子》之说。今世所传《肇论》，云出于肇法师，有'四不迁'之说：'日月历天而不周，江河兢注而不流，野马飘鼓而不动，山岳偃仆而常静。'此四句只是一义，只是动中有静之意，如适间所说东坡'逝者如斯而未尝往也'之意尔。此是斋戒之学一变，遂又说出这一般道理来。及达摩入来，又翻了许多窠臼，说出禅来，又高妙于义学，以为可以直超径悟。而其始者祸福报应之说，又足以钳制愚俗，以为资足衣食之计。遂使有国家者割田以赡之，择地以居之，以相从陷于无父无君之域而不自觉。盖道释之教皆一再传而浸失其本真。"

东晋·古今名教

登楼怀　古　三国臣
倚马策　今　北征文
不慕功　名　唯希圣
周孔礼　教　可洗心

◎**古今名教：**公元376年，袁宏去世了。使袁宏名垂史册的，并非他做过谢安的参军和桓温的记室，而是他编著的史书《后汉纪》。袁宏在玄学为主流的魏晋时代倾心儒学，布道周孔，自成一家。《后汉纪·序》："夫史传之兴，所以通古今而笃名教也。"这可视为袁宏在学术上对嵇康所提"越名教而任自然"的反击。**皓月曰：**玄学以"老庄"为本，以"黄老刑名学"为渊源。嵇康《释私论》虽提出"越名教而任自然"，但《释私论》本身"有名无教"，侧重于"名"（刑名、行政）；而袁宏之"名教"，侧重于"教"（仁、社会价值）。《后汉纪·孝献皇帝纪》："袁宏曰：夫君臣父子，名教之本也。然则名教之作，何为者也？盖准天地之性，求之自然之理，拟议以制其名，因循以弘其教，辩物成器，以通天下之务者也。"◎**登楼怀古三国臣：**袁宏仰慕三国时代名臣，极推崇孔明、周瑜等，作《三国名臣颂》，被《晋书》收录。◎**倚马策今北征文：**桓温北伐时，命袁宏作《北征文》。《世说新语·文学》："桓宣武北征……唤袁倚马前令作。手不辍笔，俄得七纸，殊可观。东亭在侧，极叹其才。"◎**周孔礼教可洗心：**《后汉纪·孝献皇帝纪》："君子以情用，小人以刑用。荣辱者，赏罚之精华也。故礼教荣辱以加君子，化其情也；桎梏以加小人，化其刑也。"又《后汉纪·光武皇帝纪》："故君子之人，洗心行道，唯恐德之不修，义之不高。"

东晋·淝水之战

前秦苻　坚　百万鞭
鱼贯能　不　破淮南
三谢旗　出　草木兵
鹤韩风　项　淝水澜

◎**淝水之战**：公元383年，东晋太元八年，前秦南攻东晋，于淝水（今安徽淮南寿县）交战，大败而归。◎**坚不出项**：苻坚率先头部队约20万人进入项城，但他不听群臣压住阵头的谏言，一味冒进速战，埋下失败的种子。《晋书·苻坚载记》："初，谚言'坚不出项'，群臣劝坚停项，为六军声镇，坚不从，故败。"◎**前秦苻坚百万鞭**：前秦讨论灭晋大业，群臣从宏观政治与客观条件、战略与战术上分析获胜因素不足，而苻坚以"投鞭断流"夸口南下必胜。《晋书·苻坚载记》："坚曰：'以吾之众旅，投鞭于江，足断其流。'"◎**三谢旗出草木兵**：谢安、谢石、谢玄为东晋指挥官，他们一出，战旗草木都变成兵马。《晋书·苻坚载记》："坚与苻融登城而望王师，见部阵齐整，将士精锐。又北望八公山上草木，皆类人形，顾谓融曰：'此亦勃敌也！何谓少乎？'怃然有惧色。"◎**鹤韩风项淝水澜**：风声鹤唳，鹤唳如韩信用兵，风声如项羽气势。《晋书·谢安列传》："坚众奔溃，自相蹈藉投水死者不可胜计，淝水为之不流。馀众弃甲宵遁，闻风声鹤唳，皆以为王师已至……死者十七八。"●《二程遗书》程子曰："古者以少击众而取胜者多，盖兵多亦不足恃……苻坚下淮百万，而谢玄才二万人，一麾而乱。以此观之，兵众则易老，适足以资敌人，一败不支，则自相蹂践，至如闻风声鹤唳，皆以为晋军之至，则是自相残也。"

东晋·东林寺

灵运江　东　两池莲
渊明西　林　一顷田
阿弥陀　慧　寿无量
庐山寺　远　净土禅

◎**东林慧远**：公元384年，江州刺史桓伊（东晋音乐家，"笛圣"），为佛教净土宗（莲宗）开山祖师慧远，在庐山西林寺以东建"东林寺"。慧远从此居东林寺，创庐山白莲社。◎**灵运江东两池莲**：谢灵运钦服慧远，为慧远在东林寺开东、西两池，遍种白莲，慧远所创之社遂称"白莲社"。◎**渊明西林一顷田**：陶渊明在庐山东林寺附近置田隐居，与慧远、陆修静有"虎溪三笑"之说传世。◎**阿弥陀慧寿无量，庐山寺远净土禅**：净土宗，汉传佛教十宗之一，根源于大乘佛教净土信仰，专修往生阿弥陀佛西方极乐世界净土之法门而得名的一个宗派。净土宗修行简单，以诵念佛号"南无阿弥陀佛"为主，故在民间广泛流行。●《朱子语类》论程子门人，**朱子**曰："'孟子道性善'，非是说性之善，只是赞叹之辞，说'好个性'！如佛言'善哉'！此文定之说。某尝辨之云，本然之性，固浑然至善，不与恶对，此天之赋予我者然也。然行之在人，则有善有恶：做得是者为善，做得不是者为恶。岂可谓善者非本然之性……然文定又得于龟山，龟山得之东林常摠。摠，龟山乡人，与之往来，后住庐山东林。龟山赴省，又往见之。摠极聪明，深通佛书，有道行。龟山问：'"孟子道性善"，说得是否？'摠曰：'是。'又问：'性岂可以善恶言？'摠曰：'本然之性，不与恶对。'此语流传自他。然摠之言，本亦未有病。盖本然之性是本无恶。"

东晋·洛神赋图

心染京　洛　山水间
情绘女　神　彩衣翩
思王美　赋　何伤感
故事新　图　展长卷

◎**洛神赋图**：公元405年，顾恺之被东晋安帝司马德宗封为散骑常侍，即皇帝的日常随从。《晋书·文苑列传》："义熙初，为散骑常侍，与谢瞻连省，夜于月下长咏，瞻每遥赞之，恺之弥自力忘倦。"●**皓月曰**：这是不同寻常的。因为在公元404年，桓玄实质篡位东晋，建立桓楚，但不久后遭刘裕举兵击败，桓玄在逃亡途中被杀。而顾恺之可说一直为桓家班底。最初，顾恺之即为桓玄之父桓温的参军，并在桓温死后拜过温墓。《晋书·文苑列传》："桓温引为大司马参军，甚见亲昵。温薨后，恺之拜温墓，赋诗云：'山崩溟海竭，鱼鸟将何依！'或问之曰：'卿凭重桓公乃尔，哭状其可见乎？'答曰：'声如震雷破山，泪如倾河注海。'"而桓温一直想凭借北伐谋求称帝的资本。其后顾恺之成为殷仲堪参军，殷仲堪亦曾联合桓玄叛晋，只因发生"内讧"，被桓玄剿灭。顾恺之转投桓玄。那么晋廷既已剿灭了桓玄，为何还要留着一个屡为叛臣之党的顾恺之呢？答案恐怕就在其根据曹植《洛神赋》所绘长卷《洛神赋图》里。顾恺之在画作中，将洛水之滨、京洛间的美景实质地描绘出来。结合洛神婀娜的身姿与美妙的神话情节，足令观者浮想联翩、为之动容。而收复北方、光复洛阳则是每位东晋权臣的梦想。殷浩、桓温、谢万等无不如此。多年后，宋公刘裕凭借北伐所建立的功勋，迫使晋恭帝禅让，建立宋国。

第五辑　裂 变

宋·刘裕北伐

冠冕执　刘　武皇帝
土断民　裕　革门第
却月河　北　破魏骑
兵待三　伐　身先死

◎**刘裕北伐**：公元 409、416 年，刘裕率东晋军两次北伐，灭南燕、破北魏、亡后秦，被封为宋王，后于公元 420 年接受晋恭帝禅让，成为宋武帝。◎**冠冕执刘武皇帝**：刘裕东平孙恩、剿桓楚；西吞谯蜀，南破卢循，北灭南燕、后秦，戎马半生。故以头戴冕旒、手持斧头的皇帝形象，喻刘裕"武功"盖世。◎**土断民裕革门第**：公元 413 年，在刘裕的倡议下东晋安帝实施"义熙土断"。这是自东晋权臣桓温于公元 364 年"庚戌土断"以来最有成效的一次户籍整理。"土断"削弱了东晋士族门第势力，增加了赋税收入，减轻了百姓负担，改善了社会政治状况，重建了中央政府的权威。◎**却月河北破魏骑**：刘裕发明"却月阵"。利用东晋战船的制水权，采用步兵、水军协同作战，在对北魏的战斗中创造了 2000 步兵大破北魏 30000 骑兵的惊人战果。◎**兵待三伐身先死**：公元 422 年，刘裕称帝后第三年准备北伐北魏，但在谋划中却因病死去，谥号为"武皇帝"。●《朱子语类》自论，弟子问："宋齐梁陈正统如何书？"朱子曰："自古亦有无统时。如周亡之后，秦未帝之前，自是无所统属底道理。南北亦只是并书。"又问："东晋如何书？"朱子曰："宋齐如何比得东晋！"又问："三国如何书？"朱子曰："以蜀为正。蜀亡之后，无多年便是西晋。中国亦权以魏为正。"又问："后唐亦可以继唐否？"朱子曰："如何继得！"

宋·世说新语

君子立　世　当楷模
浩史小　说　记群哲
风流日　新　魏晋事
豪行玄　语　何洒脱

◎**世说新语：**公元420年7月13日，刘义庆被立为临川王。《宋书·武帝纪下》："改晋元熙二年为永初元年……庚午……立南郡公（刘）义庆为临川王。"从此他招揽文士，会集门客，著有《世说新语》传世。◎**君子立世当楷模，浩史小说记群哲：**《世说新语》是魏晋南北朝时期"笔记小说"的代表作，记载东汉后期到魏晋时期历代名士的言谈逸事。◎**风流日新魏晋事，豪行玄语何洒脱：**《世说新语·任诞》："刘伶恒纵酒放达，或脱衣裸形在屋中，人见讥之。伶曰：'我以天地为栋宇，屋室为裈衣，诸君何为入我裈中？'"●《朱子语类》论战国汉唐诸子，问："晋宋时人多说庄老，然恐其亦未足以尽庄老之实说。"**朱子曰**："当时诸公只是借他言语来，盖覆那灭弃礼法之行尔。据其心下污浊纷扰如此，如何理会得庄老底意思！"《朱子语类》论《论语》，**朱子曰**："圣人更不问命，只看义如何。贫富贵贱，惟义所在，谓安于所遇也。如颜子之安于陋巷，它那曾计较命如何。陶渊明说尽万千言语，说不要富贵，能忘贫贱，其实是大不能忘，它只是硬将这个抵拒将去。然使它做那世人之所为，它定不肯做，此其所以贤于人也。"或云："看来，渊明终只是晋宋间人物。"**朱子曰**："不然。晋宋间人物，虽曰尚清高，然个个要官职，这边一面清谈，那边一面招权纳货。渊明却真个是能不要，此其所以高于晋宋人也。"

宋·儒玄史文

　　一代名　儒　光礼乐
　　更有三　玄　并官学
　　南朝历　史　多坎坷
　　华夏斯　文　启新页

◎**儒玄史文**：公元439年，刘宋文帝刘义隆将儒学、玄学、史学、文学四学并立，列为官学。《宋书·隐逸传》："元嘉十五年，征（雷）次宗至京师，开馆于鸡笼山，聚徒教授，置生百馀人。会稽朱膺之、颍川庾蔚之并以儒学，监总诸生。时国子学未立，上留心艺术，使丹阳尹何尚之立玄学，太子率更令何承天立史学，司徒参军谢元立文学，凡四学并建。"皓月曰：回顾玄学的发展，从正始玄学、竹林玄学、西晋玄学到东晋玄学，不难发现一条线索。何晏是何进之孙与曹操驸马；山涛是晋武帝司马炎司徒；郭象是东海王司马越太傅主簿（司马越为八王之乱最终胜利者）；因"清谈误国"导致西晋灭亡的王衍贵为三公；注疏《周易》的韩康伯是东晋重臣殷浩外甥。尽管玄学历来被形容为清心寡欲、无为自然，但玄学家们无不是位高权重、野心勃勃者。这也就不难理解，当玄学与儒学、史学、文学并列，被宋文帝立为官学时，为何掌管儒学的雷次宗，早年入庐山，在寺庙中学习《三礼》《毛诗》，后过着归耕垄畔、山居谷饮的隐士生活，为一代纯儒；而掌管玄学的何尚之，则是东晋骠骑大将军何充之后，官拜丹阳尹，后升至侍中，左光禄大夫，开府仪同三司兼中书令了吧。鉴于玄学家们的权位，可想玄学世界中也应不乏学术腐败。◎**更有三玄并官学**：《老子》《庄子》《周易》，合称为"三玄"。

宋·颜谢

谢客荆　南　禅心悠
颜彪江　郊　醺风柔
晴日需　登　池上楼
山水作　歌　情难收

◎**南郊登歌：** 公元446年，宋文帝刘义隆诏颜延之作《南郊登歌》，用于南郊祭天时歌咏。《宋书·乐志》："二十二年，南郊，始设登哥，诏御史中丞颜延之造哥诗，庙舞犹阙。"颜延之与谢灵运齐名，并称"颜谢"。《宋书·颜延之传》："延之与陈郡谢灵运俱以词彩齐名，自潘岳、陆机之后，文士莫及也，江左称颜、谢焉，所著并传于世。"◎**谢客荆南禅心悠：** 谢灵运笃信佛教，与慧远结交甚密，著《佛影铭》《维摩诘经·十譬赞》等。谢灵运小名客，世称谢客。《佛影赞》："望影知易，寻响非难。形声之外，复有可观。观远表相，就近暧景。匪质匪空，莫测莫领。"◎**颜彪江郊醺风柔：** 颜延之好饮酒，喜在郊野独酌。《宋书·颜延之传》："居身清约，不营财利，布衣蔬食，独酌郊野，当其为适，旁若无人。"又《南史·颜延之传》："延之性既偏激，兼有酒过，肆意直言，曾无回隐，故论者多不与之，谓之颜彪。"
◎**晴日需登池上楼，山水作歌情难收：** 谢灵运性爱山水，与颜延之开创"山水诗"流派。谢灵运《登江中孤屿》："江南倦历览，江北旷周旋。怀新道转迥，寻异景不延。"颜延之《拜陵庙作》："松风遵路急，山烟冒垄生。皇心凭容物，民思被歌声。"●《二程遗书》程子曰："'知者乐水，仁者乐山'，言其体动静如此……仁可兼知，而知不可兼仁。如人之身，统而言之，则只谓之身；别而言之，则有四支。"

宋·元嘉北伐

魏武更　元　骠嘶缰
宋文勇　嘉　戟染霜
河南江　北　逐天下
瓜步一　伐　两俱伤

◎ **元嘉北伐：** 公元 430、450、452 年，南朝刘宋元嘉年间，共发起三次进攻北魏的北伐战争。虽均遭败绩，但表现了刘宋以光复华夏为己任的非凡民族气节。《宋书·文帝纪》："元嘉七年……三月戊子，遣右将军到彦之北伐，水军入河。二十七年……秋七月庚午，遣宁朔将军王玄谟北伐，太尉江夏王义恭出次彭城，总统诸军。二十九年……六月己酉，遣部司巡行，赐樵米，给船。抚军将军萧思话率众北伐，以征北从事中郎刘琨为益州刺史。"◎ **魏武更元骠嘶缰，宋文勇嘉戟染霜：** 宋文帝刘义隆因"永嘉之治"国力强盛，正是北伐之时；而魏太武帝拓跋焘励精图治破柔然、灭北凉等国统一了华北，听从北天师道寇谦之建议改元为"太平真君"，开始与刘宋对峙。◎ **河南江北逐天下：** 刘宋收复黄河以南领土，而北魏则取长江以北土地。《宋书·索虏传》："先遣殿中将军田奇衔命告焘：'河南旧是宋土，中为彼所侵，今当修复旧境，不关河北。'焘大怒。谓奇曰：'我生头发未燥，便闻河南是我家地。'"◎ **瓜步一伐两俱伤：** 三伐中第二次北伐的瓜步之战最为惨烈。刘宋遭北魏大规模穿插，退无可退，拼死固守才逼退北魏，但江北六镇遭北魏军屠杀，损失惨重，南北势力格局由此失衡。连续的征战也使魏宋两国的国内政治环境恶化，拓跋焘被宦官杀死，刘义隆遭儿子弑杀。南北方战争从此告一段落。

宋·宋明堂歌

天命在　宋　志维新
五方神　明　聚天心
郊祀坛　堂　太乐奏
五数为　歌　感天人

◎**宋明堂歌：**公元454年10月，因天象失常，吏部尚书谢庄认为是自己的过错，上书辞职，宋孝武帝不许。《宋书·天文志》："孝建元年十月乙丑，荧惑犯进贤星。吏部尚书谢庄表解职，不许。"其后宋孝武帝命谢庄作《明堂歌辞》。这是因其兄弑父夺君位，导致刘宋礼崩乐坏，为拯救坠落的政治伦理与文化，宋孝武帝决心重振礼乐的举措。而谢庄在制乐方面获得重大突破！谢庄依照五行象数，将数字与五方上帝相对应。《宋书·乐志二》："《歌青帝词》，三言，依木数。《歌赤帝辞》，七言，依火数。《歌黄帝辞》，五言，依土数。《歌白帝辞》，九言，依金数。《歌黑帝辞》，六言，依水数。"这是依照汉代儒家思想的五行象数学，将哲学、诗歌、美学通过数字的象征联系起来，构建起"天人合一"的美学存在体验。●**皓月曰：**如果谢庄参照五行象数，可以创造出与哲学相关联的不同字数的诗体，那么中国古典诗歌的四言、五言、七言，在其数字背后，一定也存在一种数字与哲学对应的逻辑！那么它将不外乎于，四言对应四时、四方；五言对应五行、五常；七言对应"斗为帝车，运于中央"与"璇玑玉衡，以齐七政"的北斗七星。这种对应构成人的存在的合法性，因为人向天地表达，必须符合天地的准则，这种准则由哲学象征性确立。可说古典诗歌本身，就是中国人"天人合一"的审美性哲学存在表达。

齐·吾本布衣

臣是夷　吾　帝非桓
动摇国　本　必彝宪
宫中星　布　换日手
禁罢红　衣　始建元

◎**吾本布衣：**公元482年4月9日，齐高帝萧道成弥留时之语。《南齐书·高帝纪下》："诏曰：'吾本布衣素族，念不到此……'"◎**臣是夷吾帝非桓：**萧道成有管仲（名夷吾）的才能，但宋明帝与其子后废帝却没有齐桓公那样的德行。◎**动摇国本必彝宪：**刘宋本国力强盛，但宋文帝被长子弑杀后，宋氏皇族不断出现兄弟相残、后宫乱伦的败坏伦理事件，导致国祚日渐凋零。◎**宫中星布换日手：**《资治通鉴·宋纪十六》："越骑校尉王敬则潜自结于道成，夜着青衣，扶匐道路，为道成听察帝之往来。道成命敬则阴结帝左右杨玉夫、杨万年、陈奉伯等一十五人，于殿中诇伺机便……玉夫伺帝熟寝，与杨万年取帝防身刀刎之。"◎**禁罢红衣始建元：**萧道成布衣出身，性廉俭，禁民间奢侈之物。《南齐书·高帝纪下》："至是，又上表禁民间华伪杂物：不得以金银为箔，马乘具不得金银度，不得织成绣裙，道路不得着锦履，不得用红色为幡盖衣服……皆须墨敕，凡十七条。"●《东坡全集·齐高帝欲等金土之价》苏轼曰："齐高帝云：'吾当使金土同价。'意则善矣，然物岂有此理者哉。孟子曰：'物之不齐，物之情也。巨屦小屦同价，人岂为之哉！'而孟子亦自忘其言为菽粟如水火之论，金之不可使贱如土，犹土之不可使贵如金也。尧之民比屋可封，桀之民比屋可诛。信此说，则尧时诸侯满天下，桀时大辟遍四海也。"

齐·昭夏之乐

五帝昭　昭　天地辽
皇皇华　夏　祀两郊
牺牲奉　之　柴币燎
明堂雅　乐　何美好

◎**昭夏之乐**：公元 483 年春，南齐武帝萧赜祀南郊。采用谢超宗制定的祭祀乐章，迎神时，奏《昭夏之乐》。《南齐书·武帝纪》："永明元年春，正月，辛亥，车驾祠南郊，大赦，改元。"谢超宗继承刘宋谢庄"五数对应五方上帝"的诗辞规格，并完善了祭祀各步骤所用雅乐的规格。其南郊乐为，《南齐书·乐志》："群臣出入，奏《肃咸之乐》……牲出入，奏《引牲之乐》……荐豆呈毛血，奏《嘉荐之乐》……迎神，奏《昭夏之乐》……皇帝入坛东门，奏《永至之乐》……皇帝升坛，奏登歌辞……皇帝初献，奏《文德宣烈之乐》……次奏《武德宣烈之乐》……太祖高皇帝配飨，奏《高德宣烈之乐》……皇帝饮福酒，奏《嘉胙之乐》……送神，奏《昭夏之乐》……皇帝就燎位，奏《昭远之乐》……皇帝还便殿，奏《休成之乐》。"其北郊乐为，《南齐书·乐志》："迎地神，奏《昭夏之乐》……皇帝升坛，登歌……皇帝初献，奏《地德凯容之乐》……次奏《昭德凯容之乐》……送神，奏《昭夏之乐》……瘗埋，奏《肃幽之乐》。"其明堂乐为，《乐府诗集·郊庙歌辞二》："《南齐书·乐志》曰：'武帝建元初，诏谢超宗造明堂夕牲等歌，并采用谢庄辞。宾出入，奏《肃咸乐》；牲出入，奏《引牲乐》；荐豆呈毛血，奏《嘉荐乐》；迎神，奏《昭夏乐》；皇帝升明堂，奏《登歌》；初献，奏《凯容宣烈之乐》；还东壁受福酒，奏《嘉胙乐》；送神，奏《昭夏乐》；并建元永明中所奏也。其《凯容宣烈乐》《嘉胙乐》，太庙同用。'"

齐·竟陵八友

逐云无　竟　谢朓楼
望月金　陵　沈约秋
愿比廿　八　云台将
永明诗　友　永相游

◎**竟陵八友**：公元483—494年，南齐永明年间，由竟陵王萧子良召集形成的文学与政治团体。《梁书·武帝纪》："竟陵王子良开西邸，招文学，高祖与沈约、谢朓、王融、萧琛、范云、任昉、陆倕等并游焉，号曰八友。"◎**逐云无竟谢朓楼**：谢朓，人称小谢，出任宣城太守时，在郡城之北的陵阳山修建一楼，称"高斋"，即后世"谢朓楼"。李白《宣州谢朓楼饯别校书叔云》："弃我去者，昨日之日不可留，乱我心者，今日之日多烦忧。长风万里送秋雁，对此可以酣高楼。蓬莱文章建安骨，中间小谢又清发。"◎**望月金陵沈约秋**：沈约善写秋月；竟陵王在南京鸡笼山开西邸。《八咏诗·登台望秋月》："望秋月，秋月光如练。照曜三爵台，徘徊九华殿。九华玳瑁梁，华榱与璧珰。以兹雕丽色，持照明月光。"《南齐书·陆慧晓传》："子良于西邸抄书，令慧晓参知其事。"◎**愿比廿八云台将**：竟陵八友以汉光武帝拜贤于云台，以成为国家栋梁为己任。谢朓《隋王鼓吹曲·入朝曲》："献纳云台表，功名良可收。"《后汉书·马武传》："永平中，显宗追感前世功臣，乃图画二十八将于南宫云台。"◎**永明诗友永相游**：竟陵八友以"永明体"诗歌风格传世。《南齐书·文学》："永明末，盛为文章。吴兴沈约、陈郡谢朓、琅邪王融以气类相推毂……约等文皆用宫商，以平上去入为四声，以此制韵，不可增减，世呼为'永明体'。"

齐·文心雕龙

六朝骈　文　激风雅
建安诗　心　荡精神
玄辞辩　雕　万物理
言志如　龙　贯古今

◎**文心雕龙：**公元497—502年，南朝刘勰从"以文载道，文心合一"出发著《文心雕龙》，是针对南齐政治现实的文艺理论著作。但书成之时南齐却灭亡了。◎**六朝骈文激风雅：**《文心雕龙·丽辞》："张华诗称：'游雁比翼翔，归鸿知接翮。'刘琨诗言：'宣尼悲获麟，西狩泣孔丘。'若斯重出，即对句之骈枝也。"◎**建安诗心荡精神：**《文心雕龙·明诗》："暨建安之初，五言腾踊。文帝、陈思，纵辔以骋节。"◎**玄辞辩雕万物理：**刘勰将《孝经》、老子、庄子、韩非并列，显其玄学立场。《文心雕龙·情采》："《孝经》垂典，丧言不文；故知君子常言，未尝质也。老子疾伪，故称'美言不信'，而五千精妙，则非弃美矣。庄周云'辩雕万物'，谓藻饰也。韩非云'艳乎辩说'，谓绮丽也。绮丽以艳说，藻饰以辩雕，文辞之变，于斯极矣。"◎**言志如龙贯古今：**《文心雕龙·明诗》："大舜云：'诗言志，歌永言。'圣谟所析，义已明矣。是以'在心为志，发言为诗'，舒文载实，其在兹乎！诗者，持也，持人情性；三百之蔽，义归'无邪'，持之为训，有符焉尔。"●《朱子语类》论《论语》，弟子问："程子曰：'谓仁为圣，譬犹雕木为龙。木乃仁也，龙乃圣也，指木为龙，可乎！'比喻如何？"**朱子曰：**"亦有理。木可雕为龙，亦可雕而为狗，此仁所以可通上下而言者也（仁，为人的社会化超越）。龙乃物之贵者，犹圣人为人伦之至也。"

梁·萧衍受禅

江雨萧　萧　郢城殇
王朝更　衍　荡建康
梁武欣　受　苍天意
要做参　禅　第一皇

◎ **萧衍受禅：** 公元 502 年，被萧衍扶植的齐和帝禅位于梁王萧衍，南齐灭亡，南梁建立。梁武帝萧衍，早年笃信儒学，精通诗文，为竟陵八友之一。后其二兄同被南齐东昏侯萧宝卷妄杀，萧衍为兄报仇扶植萧宝卷之弟宝融为齐和帝攻入建康。

● **皓月曰：** 梁武帝萧衍为何要出家？大部分观点均围绕皇权，即萧衍在测试下属的忠诚度，看朝廷百官是否热衷将其赎回。但翻开《梁书》，在 527 年萧衍舍身几个月前，他的爱妃，贵嫔丁令光病逝了。她是昭明太子的生母，也是《梁书·武帝纪》中唯一记录的嫔妃。《梁书·后妃传》描述，她 14 岁嫁给萧衍，服侍萧衍正妻郗徽，在郗徽死后，她才与萧衍生下 3 个儿子。她性格仁恕，不好华饰，精通佛学，于 42 岁去世。在她的哀策文中，以《召南》《采蘩》比之，喻后妃之德，用"呜呼哀哉"4 次，在《梁书》中独此一例！要知道，真正的大丈夫往往不在乎世俗荣辱，如韩信胯下之辱。但大男人有时像小孩子，比之金山银海，他们更在意自己在乎之人那一笑，就如项羽衣锦还乡与霸王别姬。所以早年做过诗人的萧衍被迫成为皇帝，是箭在弦上不得不发，他不是想篡位，但他想让谁理解他呢？皇帝与大臣、太子不过是男人之间的政治关系。他在乎之人恐只有丁贵嫔。故萧衍能在咏佛经时，在精神中见到他的爱妻，这就是他多年不近女色、念佛的原因。

梁·钟离之战

夔鼓虬　钟　淮水仇
箭雨不　离　邵阳洲
南艨冲　之　北桥断
梁魏激　战　淬吴钩

◎**钟离之战：** 公元 507 年 1—3 月，南朝梁天监六年，北魏正始四年，南梁在钟离城（今安徽滁州凤阳县）邵阳洲（淮水中）战胜北魏的进攻，摧毁魏军主力，获得南北朝以来南朝最大胜利。◎**夔鼓虬钟淮水仇：** 在冲锋的战鼓与哀悼的钟声中，仿佛汇聚着南北两方仇恨的淮河在流淌。**皓月曰：** 钟离之战的战争背景复杂而明确。南梁已建 5 年，43 岁的萧衍立足已稳，正是鹰击长空之时，对北方作战与解决前朝战争问题已箭在弦上。北魏方面，元恪本非太子，其兄在年少时被反对"孝文汉化"派利用，遭到魏孝文帝废黜。元恪在 17 岁时成为魏宣武帝，他继续其父的汉化政策，废除北魏"子贵母死"的"夷礼"，并立"定鼎碑"纪念孝文帝迁都洛阳 10 周年。现在他 24 岁，他要继承其父"南伐"遗愿，一统华夏，来证明他的魏帝天命。◎**箭雨不离邵阳洲：** 钟离之战虽以钟离城来命名，但战争的中心是钟离城北，位于淮河中的邵阳洲。公元 494 年，魏孝文帝"南伐"失败，饮恨而去，但在邵阳洲上建立了据点，用浮桥相连，使北魏掌握对南方作战的主动权。◎**南艨冲之北桥断，梁魏激战淬吴钩：** 此时北魏主力利用邵阳洲与浮桥南下，包围淮河南岸的钟离城。南梁则以钟离城牵制魏军主力，出奇兵烧毁并切断邵阳洲的浮桥，再组织反击即可。这里淮河涨不涨水作为一个变量存在。最终天时的天平倾向南梁。

梁·千字文

仰望高　天　古今同
俯览大　地　变化功
名教儒　玄　千字韵
启我炎　黄　子孙蒙

◎**天地玄黄：**公元508—510年，梁武帝萧衍从王羲之书法作品中选取1000个不重复的汉字，命员外散骑侍郎周兴嗣编纂成文。周兴嗣不负众望，创作了《次韵王羲之书千字》，简称《千字文》。其首四字为"天地玄黄"。《梁书·文学上》："高祖以兴嗣为工。擢员外散骑侍郎……自是《铜表铭》《栅塘碣》《北伐檄》《次韵王羲之书千字》，并使兴嗣为文；每奏，高祖辄称善，加赐金帛。"又《太平广记·书二》："梁周兴嗣编次千字文……其始乃梁武教诸王书，令殷铁石于大王书中，榻一千字不重者，每字片纸，杂碎无序。武帝召兴嗣谓曰：'卿有才思，为我韵之。'兴嗣一夕编缀进上，鬓发皆白。"◎**仰望高天古今同：**《千字文》中所描写的宇宙、时间与自然规律。《千字文》："天地玄黄，宇宙洪荒。日月盈昃，辰宿列张。寒来暑往，秋收冬藏。闰馀成岁，律吕调阳。"◎**俯览大地变化功：**《千字文》中所描写的生物进化，人的诞生与社会发展。《千字文》："海咸河淡，鳞潜羽翔。龙师火帝，鸟官人皇。始制文字，乃服衣裳。推位让国，有虞陶唐。"◎**名教儒玄千字韵：**《千字文》中所推崇的儒家思想与名教社会观念。《千字文》："景行维贤，克念作圣。德建名立，形端表正。……资父事君，曰严与敬。孝当竭力，忠则尽命。……仁慈隐恻，造次弗离。节义廉退，颠沛匪亏。……孟轲敦素，史鱼秉直。庶几中庸，劳谦谨敕。"

梁·画龙点睛

僧繇奇　画　没骨功
宝刹绘　龙　云雾生
神笔一　点　龙鳞动
舞爪转　睛　纵九空

◎**画龙点睛：**公元502—519年，梁武帝萧衍天监年间，南梁画家张僧繇在江陵天皇寺内画孔子与十哲像。后又在金陵安乐寺画白龙，点睛后，白龙栩栩如生，似真的腾云驾雾一般。被后世"雅化"为"两龙乘云腾去上天"，不知去向。《历代名画记·梁》："江陵天皇寺，明帝置，内有柏堂，僧繇画卢舍那佛像，及仲尼十哲，帝怪，问：'释门内如何画孔圣？'僧繇曰：'后当赖此耳。'及后周灭佛法，焚天下寺塔，独以此殿有宣尼像，乃不令毁拆。又金陵安乐寺四白龙，不点眼睛，每云：'点睛即飞去。'人以为妄诞，固请点之，须臾，雷电破壁，两龙乘云腾去上天，二龙未点眼者见在。"◎**僧繇奇画没骨功：**张僧繇发明"没骨"绘画技法。作画不勾勒轮廓，直接以彩色绘画物象。●《朱子语类》论理气，问龙行雨之说。朱子曰："龙，水物也。其出而与阳气交蒸，故能成雨。但寻常雨自是阴阳气蒸郁而成，非必龙之为也。'密云不雨，尚往也'，盖止是下气上升，所以未能雨。必是上气蔽盖无发泄处，方能有雨。横渠《正蒙》论风雷云雨之说最分晓。"《朱子语类》论鬼神，**朱子曰："**阴阳之始交，天一生水。物生始化曰魄。既生魄，暖者为魂。先有魄而后有魂，故魄常为主为干。魄是耳目之精，魂是口鼻呼吸之气。"弟子问："以目言之，目之轮，体也；睛之明，魄也。耳则如何？"**朱子曰：**"窍即体也，聪即魄也。"

梁·一苇渡江

三身即　一　双佛足
禅空漂　苇　水中悟
多少超　渡　轮回灭
觉罢长　江　入嵩窟

◎**一苇渡江**：公元527年10月19日，相传菩提达摩与梁武帝会晤后，对何为"功德"产生分歧，达摩遂"折芦渡江"，过长江前往嵩山少林寺修行。唐释智炬《双峰山曹侯溪宝林传·达摩行教游汉土章·布六叶品第三十九》："尔时武帝问达摩曰'朕造寺，写经及度僧尼，有何功德？'达摩曰：'无功德。'武帝曰'云何无功德'？达摩曰：'此有为之善，所以无功德。'是时梁帝不悟此理，遂普通八年十月十九日泛过江北。"●《朱子语类》论释氏，**朱子曰**："佛氏之学亦出于杨氏。其初如不爱身以济众生之说，虽近于墨氏，然此说最浅近，未是他深处。后来是达摩过来，初见梁武，武帝不晓其说，只从事于因果，遂去面壁九年。只说人心至善，即此便是，不用辛苦修行；又有人取'庄老'之说从而附益之，所以其说愈精妙，然只是不是耳。又有所谓'顽空''真空'之说。顽空者如死灰槁木，真空则能摄众有而应变，然亦只是空耳。"●《东坡全集·水陆法像赞》苏轼曰："在昔梁武皇帝，始作水陆道场，以十六名，尽三千界。用狭而施博，事约而理详。后生莫知，随世增广。若使一二而悉数，虽至千万而靡周。惟我蜀人，颇存古法，观其像设，犹有典刑……轼拜手稽首，各为之赞，凡十六首。"《上八位·一切常住达摩耶众》："以意为根，是谓法尘。以佛为体，是谓法身。风止浪静，非有别水。放为江河，汇为沼俊。"

梁·昭明文选

素月昭　昭　招隐山
风雅明　明　河汉间
东宫藏　文　三万卷
诗赋谁　选　第一篇

◎**昭明文选**：公元531年5月7日，梁太子萧统病逝。梁武帝萧衍万分悲痛，命以皇帝规格下葬，哀悼文中用"呜呼哀哉"7次，谥曰昭明。从此由萧统主持编修的《文选》，有了另一个名字——《昭明文选》。它选录了从先秦至南梁其间各种体裁的文学作品，是我国现存最早的诗文总集。《梁书·昭明太子列传》："四月乙巳薨，时年三十一。高祖幸东宫，临哭尽哀。诏敛以衮冕。谥曰昭明。五月庚寅，葬安宁陵。"◎**素月昭昭招隐山**：萧统在镇江招隐山开馆招贤纳士，编《文选》。《梁书·昭明太子列传》："性爱山水，于玄圃穿筑，更立亭馆，与朝士名素者游其中。尝泛舟后池，番禺侯轨盛称'此中宜奏女乐'。太子不答，咏左思《招隐诗》曰：'何必丝与竹，山水有清音。'侯惭而止。"◎**风雅明明河汉间**：《昭明文选》中收录了可能是中国历史上最早的五言诗《古诗十九首》。其一《迢迢牵牛星》"迢迢牵牛星，皎皎河汉女……河汉清且浅，相去复几许"。◎**东宫藏文三万卷**：萧统为太子，掌东宫，酷爱文学，藏书三万卷。《梁书·昭明太子列传》："于时东宫有书几三万卷，名才并集，文学之盛，晋、宋以来未之有也。"◎**诗赋谁选第一篇**：皓月曰：《昭明文选》第一篇为东汉班固《两都赋》，绝不是偶然的，这是文学与政治的双重选择，表达了在南梁政治精英胸中，收复失地，夺回长安、洛阳的决心。

梁·昭明太子分则《金刚经》

阅尽黄　金　帝王家
来断金　刚　悟释迦
泡影万　般　一切法
梦幻有　若　恒河沙

◎**金刚般若**：公元531年前，昭明太子萧统将鸠摩罗什所译《金刚经》分为"三十二则"，并附以标题。●《朱子语类》论释氏，或问《金刚经》大意。**朱子曰**："他大意只在须菩提问'云何住，云何降伏其心'两句上。故说不应住法生心，不应色色生心，'应无所住而生其心'，此是答'云何住'。又说'若胎生，若卵生，若湿生，若化生，我皆令入无馀涅槃而灭度之'，此是答'云何降伏其心'。彼所谓'降伏'者，非谓欲遏伏此心，谓尽降收世间众生之心入它无馀涅槃中灭度，都教你无心了方是，只是一个'无'字。自此以后，只管缠去，只是这两句。如这桌子，则云若此桌子，非名桌子，是名桌子。'若见诸相非相，则见如来'，离一切相，即名佛；皆是此意。要之，只是说个'无'。"●《东坡全集·金刚经跋尾》**苏轼曰**："闻昔有人，受持诸经，摄心专妙。常以手指，作捉笔状。于虚空中，写诸经法。是人去后，此写经处，自然严净，雨不能湿。凡见闻者，孰不赞叹，此稀有事。有一比丘，独拊掌言，惜此藏经，止有半藏。乃知此法，有一念在，即为尘劳。而况可以，声求色见。今此长者，谭君文初，以念亲故，示入诸相。取黄金屑，书《金刚经》，以四句偈，悟入本心。灌流诸根，六尘清净。方此之时，不见有经，而况其字。字不可见，何者为金……是故我说，应如是见。东坡居士说是法已，复还其经。"

梁·论语义疏

安国古　论　包咸句
马融训　语　郑玄注
孔圣教　义　南朝思
玄儒通　疏　汇心悟

◎**论语义疏**：公元545年夏，58岁的南梁儒学大师皇侃因心脏病病逝。其撰有《论语集解义疏》十卷传世。《梁书·儒林传》："皇侃，吴郡人……尤明《三礼》《孝经》《论语》。起家兼国子助教，于学讲说，听者数百人……高祖善之，拜员外散骑侍郎，兼助教如故。性至孝，常日限诵《孝经》二十遍，以拟《观世音经》……因感心疾，大同十一年，卒于夏首，时年五十八。所撰《论语义》十卷，与《礼记义》并见重于世，学者传焉。"**皓月曰**：皇侃在何晏《论语解集》的基础上，再集三国两晋以来名士，如王弼、郭象、范甯、李充等多家注释给《解集》作疏，反映了魏晋南北朝以来对《论语》的普遍认识，带有玄学思想。后北宋邢昺对皇侃《义疏》再疏成为《论语注疏》，是朱子带有理学色彩的《四书章句集注》之前，解读《论语》最权威的注本。◎**安国古论包咸句，马融训语郑玄注**：皇侃《义疏》系统地对何晏《解集》中所引孔安国、包咸、马融、郑玄、王肃注作疏。◎**孔圣教义南朝思**：皇侃称孔子为圣人。《论语义疏序》："圣师孔子，符应颓周，生鲁长宋，游历诸国。"◎**玄儒通疏汇心悟**：《论语义疏·述而》："子曰：'窃比于我老彭'，包咸注为'老彭，殷贤大夫也'，皇侃疏为'老彭，彭祖也，年八百岁，故曰老彭也'。"皇侃引《庄子》注《论语》，是玄学的一大表征，也是朱熹修《四书集注》的原因。

梁·会三教诗

无遮大　会　舍身日
道一生　三　省心时
古今名　教　互取舍
咏志唯　诗　表真谛

◎**会三教诗**：公元547年2月9日，梁武帝萧衍再一次舍身出家，朝廷再次用一亿万钱将其赎回。《梁书·武帝纪下》："三月庚子，高祖幸同泰寺，设无遮大会，舍身，公卿等以钱一亿万奉赎。"萧衍曾作《会三教诗》，通过表述学习三教的经历，表现他在意识形态上"以一贯三（儒、道、释）"超越前代任何帝王的政治统筹能力，展现他"内圣外王"的大帝风范。◎**无遮大会舍身日**：公元529年11月1日，梁武帝曾舍身出家，朝廷第一次用一亿万钱将其赎回。《梁书·武帝纪下》："癸巳，舆驾幸同泰寺，设四部无遮大会，因舍身，公卿以下，以钱一亿万奉赎。冬十月己酉，舆驾还宫，大赦，改元。"◎**道一生三省心时**：梁武帝三教同修，此为《道德经》与《论语》的结合。《道德经》："道生一，一生二，二生三，三生万物。"《论语·学而》："曾子曰：吾日三省吾身：为人谋而不忠乎？与朋友交而不信乎？传不习乎？'"◎**古今名教互取舍**：儒、道、释相互取舍，各取所长。《会三教诗》："大椿径亿尺，小草栽云萌，大云降大雨，随分各受荣。"◎**咏志唯诗表真谛**：《毛诗序》："诗者，志之所之也，在心为志，发言为诗，情动于中而形于言，言之不足，故嗟叹之，嗟叹之不足，故咏歌之，咏歌之不足，不知手之舞之，足之蹈之也。"●《朱子语类》论《孟子》，**朱子曰**："释氏有一种低底，如梁武帝是得其低底。"

梁·侯景叛梁

贼将逆　侯　毁建康
江南风　景　一何殇
痴佛纳　叛　门第毁
可叹南　梁　天禄亡

◎**侯景叛梁**：公元548年，东魏降将侯景不满梁武帝用其与东魏做政治交易，起兵叛乱，导致南梁灭亡。◎**贼将逆侯毁建康，江南风景一何殇**：侯景之乱对建康在人口、人文、政治人才储备多方面造成毁灭性打击，南梁从此失去其作为中华文明正朔根据地的地位。《魏书·萧衍传》："自景围建业，城中多有肿病，死者相继，无复板木，乃刳柱为棺。自云龙、神虎门外，横尸重沓，血汁漂流，无复行路。及景入城，悉聚尸焚之，烟气张天，臭闻数十里。初，城中男女十馀万人，及陷，存者才二三千人，又皆带疾病，盖天亡之也。"●《朱子语类》论《孟子》，弟子问："'率兽食人（《孟子·滕文公下》）'，亦深其弊而极言之，非真有此事也？"朱子曰："不然。即它之道，便能如此。杨氏自是个退步爱身，不理会事底人。墨氏兼爱，又弄得没合杀。使天下伥伥然，必至于大乱而后已，非'率兽食人'而何？如东晋之尚清谈，此便是杨氏之学。杨氏即老庄之道，少间百事废弛，遂启夷狄乱华，其祸岂不惨于洪水猛兽之害！又如梁武帝事佛，至于社稷丘墟，亦其验也。如近世王介甫（安石），其学问高妙，出入于老佛之间，其政事欲与尧舜三代争衡。然所用者尽是小人，聚天下轻薄无赖小人作一处，以至遗祸至今。他初间也何尝有启狄乱华，'率兽食人'之意？只是本原不正，义理不明，其终必至于是耳。"

梁·江陵焚书

万里长　江　水断流
火噬江　陵　典在楼
兵败岂　焚　千古卷
妄读诗　书　一寇仇

◎**江陵焚书**：公元555年1月，梁元帝萧绎因兵败被围恼羞成怒，命人将江陵城中自永嘉之乱后收藏的14万卷图书全部焚毁。《梁书·元帝纪》："丁酉（554年12月24日），大风，城内火……辛亥（555年1月7日），魏军大攻，世祖出枇杷门，亲临阵督战。胡僧佑中流矢薨。六军败绩。反者斩西门关以纳魏师，城陷于西魏……辛未（1月27日），西魏害世祖，遂崩焉，时年四十七。"又《资治通鉴·梁纪》："帝入东阁竹殿，命舍人高善宝焚古今图书十四万卷，将自赴火，宫人左右共止之。又以宝剑斫柱令折，叹曰：'文武之道，今夜尽矣！'"◎**妄读诗书一寇仇**：指萧绎。《孟子·离娄下》孟子告齐宣王曰："君之视臣如手足，则臣视君如腹心；君之视臣如犬马，则臣视君如国人；君之视臣如土芥，则臣视君如寇仇。"

●**皓月曰**：现归纳玄学消亡的原因：一、梁武帝萧衍舍身出家为标志，佛教对中国社会的广泛渗透，导致对佛学世界观的认同，使得抗礼佛教的玄学境地越发尴尬。二、"侯景之乱"对江南士族门阀的彻底摧毁。三、江陵焚书对玄学造成不可挽回的损失。四、作为官宦学术的玄学，缺少佛教、儒学在民间社会广泛的传播力。五、玄学随着隋唐南北大融合的进程，与北方道教的兴起，逐渐淡出历史视野。六、玄学的思想遗产一部分被道教继承，一部分融入被它注释过的儒家经典中得以流传。

陈·霸先建陈

兴衰王　霸　摧梁萧
勇者争　先　北兵天
六朝皇　建　各有意
天谕南　陈　起柴燎

◎**霸先建陈**：公元557年11月16日，陈霸先在平定"侯景之乱"，又击败北齐的进攻后，接受南梁敬帝禅位，南梁灭亡，南陈建立。◎**六朝皇建各有意**：六朝为东吴、东晋、刘宋、南齐、南梁、南陈六个朝代，它们的建立有其原因，它们的灭亡有其规律，用儒家术语解释是得其"皇极"而兴，失其"皇极"而亡。《东坡全集·策略》苏轼曰："古之所谓《中庸》者，尽万物之理而不过，故亦曰'皇极'。夫极，尽也。后之所谓'中庸'者，循循焉为众人之所能为，斯以为《中庸》矣，此孔子、孟子之所谓乡原也。一乡皆称原人焉，无所往而不为原人。同乎流俗，合乎污世，曰：'古之人何为踽踽凉凉，生斯世也，为斯世也，善斯可矣。'谓其近于《中庸》而非，故曰'德之贼也'。孔子、孟子恶乡原之贼夫德也，欲得狂者而见之。狂者又不可得见，欲得狷者而见之，曰：'狂者进取，狷者有所不为也。'今日之患，惟不取于狂者、狷者，皆取于乡原，是以若此靡靡不立也。孔子，子思之所从受《中庸》者也；孟子，子思之所授以《中庸》者也。然皆欲得狂者、狷者而与之，然则淬励天下而作其怠惰，莫如狂者、狷者之贤也。臣故曰：破庸人之论，开功名之门，而后天下可为也。"◎**天谕南陈起柴燎**：天子以燔燎的方式祭天，以承接天祚。《陈书·高祖纪》："永定元年冬十月乙亥，高祖即皇帝位于南郊，柴燎告天。"

陈·玉台新咏

简文惜　玉　宫体娇
颜谢楼　台　湘女娆
云鬟妆　新　山水秀
五言歌　咏　齐诗骚

◎**玉台新咏**：公元583年，南朝玄学与文学大师徐陵去世了。其编有《玉台新咏》传世。《陈书·徐陵传》："自有陈创业，文檄军书及禅授诏策，皆陵所制，而《九锡》尤美。为一代文宗，亦不以此矜物，未尝诋诃作者。其于后进之徒，接引无倦。世祖、高宗之世，国家有大手笔，皆陵草之。"◎**简文惜玉宫体娇**：梁武帝萧衍第三子梁简文帝萧纲为太子时，倡导"宫体诗"，在对《诗经》、汉乐府诗世俗精神继承与发扬的基础上，又追求五言诗的立新（用典、声律）与六朝的绮丽文风。◎**颜谢楼台湘女娆**："颜谢"指南朝时期谢灵运和颜延之开创的"山水诗"诗歌风格。"颜谢"诗风高妙空灵，亦有歌颂生活情趣之作。谢灵运《南楼中望所迟客诗》："杳杳日西颓，漫漫长路迫。登楼为谁思，临江迟来客。与我别所期，期在三五夕。圆景早已满，佳人殊未适。"颜延之《秋胡行》："佳人从所务，窈窕援高柯。倾城谁不顾，弭节停中阿。"◎**云鬟妆新山水秀**：不知是南朝美女云鬟梳妆完毕，令江南山水都变得秀丽起来；还是云朵萦绕在江南山水之间，就如南朝美女梳妆后那样婀娜。◎**五言歌咏齐诗骚**：《玉台新咏》收录诗歌以五言诗为主，代表五言诗经汉末、魏晋、南北朝发展，已可对广泛的世俗生活进行文学表达，标志着五言诗诗体的成熟，已可与《诗经》、骚体诗汉赋相提并论，中国诗歌翻开了新的一页。

陈·游玄桂林

```
仲尼周    游    文兹辉
老聃尚    玄    言不美
东宫折    桂    玉树庭
开善寺    林    索麈尾
```

◎**游玄桂林**：公元582—589年，张讥是南朝最后的玄学大师，精通儒道。深受陈后主器重，著有《游玄桂林》二十四卷，已佚。◎**仲尼周游文兹辉**：当年孔子周游列国，是"文不在兹乎"的辉煌壮举。喻张讥《五经》造诣高。《论语·子罕》："子畏于匡。曰：'文王既没，文不在兹乎？天之将丧斯文也，后死者不得与于斯文也；天之未丧斯文也，匡人其如予何？'"◎**老聃尚玄言不美**：当年老子曾说"信言不美，美言不信"，喻张讥玄学水平高。《道德经》："故常无欲，以观其妙；常有欲，以观其徼。此两者，同出而异名，同谓之玄。玄之又玄，众妙之门。"《道德经》："信言不美，美言不信。善者不辩，辩者不善。知者不博，博者不知。圣人不积，既以为人己愈有，既以与人己愈多。"◎**东宫折桂玉树庭**：张讥深得陈后主陈叔宝赏识。陈叔宝以玉柄麈尾授之。《陈书·儒林传》："后主在东宫，集官僚置宴，时造玉柄麈尾新成，后主亲执之，曰：'当今虽复多士如林，至于堪捉此者，独张讥耳。'即手授讥。"陈叔宝有诗《玉树后庭花》："妖姬脸似花含露，玉树流光照后庭。"◎**开善寺林索麈尾**：陈叔宝在钟山开善寺请张讥讲玄学，张讥找不到麈尾，陈叔宝折松枝以代之。《陈书·儒林传》："后主尝幸钟山开善寺，召从臣坐于寺西南松林下，敕召讥竖义。时索麈尾未至，后主敕取松枝，手以属讥，曰'可代麈尾'。"

陈·忆南朝

遥想刘　宋　北伐功
又忆萧　齐　永明隆
夕照佛　梁　山寺外
不见南　陈　建康宫

◎**宋齐梁陈**：公元420—589年，由东晋灭亡至隋灭陈为止，中国南方地区相继出现宋、齐、梁、陈四个朝代，史称"南朝"。◎**遥想刘宋北伐功**：刘宋，公元420—479年，由宋武帝刘裕受禅东晋建立的朝代，与当时的北魏南北对峙，"七分天下，而有其四"。经历宋文帝"元嘉之治"与三次"元嘉北伐"，国力尚强。但惑于"刘宋宗室内讧"陷入内乱，国力衰退。最后宋顺帝禅位给齐王萧道成。◎**又忆萧齐永明隆**：南齐，公元479—502年，由齐高帝萧道成受禅刘宋建立的朝代。经齐武帝"永明之治"达到国力顶点，但由于齐明帝篡位大肆诛杀皇族，国祚转衰。后萧宝卷年少即位，急于清除权臣，造成皇逼官反的局面。最后齐和帝禅位于梁王萧衍。◎**夕照佛梁山寺外**：南梁，因梁武帝萧衍痴心佛教，又称佛梁。公元502—557年，是梁武帝萧衍受禅南齐建立的朝代。经过"钟离之战""天监之治"，其国力超越北魏。但梁武帝太子早亡，痴迷佛教造成内政疏漏，导致"侯景之乱"。再加上其后梁元帝"江陵焚书"，使南梁国力从南朝顶点坠落至南朝的最低谷，也使南朝失去了中华文明传承者的地位。最后梁敬帝禅位给陈王陈霸先。◎**不见南陈建康宫**：南陈，公元557—589年，由陈武帝陈霸先受禅西梁建立的朝代。南陈国力不强，后主陈叔宝投降隋朝。隋文帝杨坚下诏将古都建康城彻底摧毁。

北朝·莫高窟

鸣沙似　乐　三危山
如佛千　尊　夕在天
泉清云　和　丝绸路
忽来和　尚　凿玄岩

◎**莫高窟：**公元366年，前秦僧人乐尊在敦煌三危山开凿第一个佛教石窟。《重修莫高窟佛龛碑》："莫高窟者，厥初秦建元二年，有沙门乐僔……尝杖锡林野，行止此山，忽见金光，状有千佛，遂架空凿岩，造窟一龛。"●《二程遗书》："先生不好佛语。或曰：'佛之道是也，其迹非也。'**程子曰**：'所谓迹者，果不出于道乎？然吾所攻，其迹耳；其道，则吾不知也。使其道不合于先王，固不愿学也。如其合于先王，则求之六经足矣，奚必佛？'"●《朱子语类》论释氏，德粹问："人生即是气，死则气散。浮屠氏不足信。然世间人为恶死，若无地狱治之，彼何所惩？"**朱子曰**："吾友且说尧舜三代之世无浮屠氏，乃比屋可封，天下太平。及其后有浮屠，而为恶者满天下。若为恶者必待死然后治之，则生人立君又焉用？"●《象山集·与陶赞仲书》**陆九渊曰**："孔子之时，中国不闻有佛，虽有老氏，其说未炽。孔子亦不曾辟老氏，异端岂专指老氏哉？天下正理不容有二，若明此理天地不能异此，鬼神不能异此，千古圣贤不能异此。若不明此理，私有端绪，即是异端，何止佛老哉？"●《传习录·101》："佛氏亦无善无恶，何以异？"**阳明先生曰**："佛氏著在无善无恶上，便一切都不管，不可以治天下。圣人无善无恶，只是'无有作好''无有作恶'，不动于气。然'遵王之道'，'会其有极'，便自'一循天理'，便有个'裁成辅相'。"

北朝·鸠摩罗什

七喻深　妙　逍遥园
一僧传　法　众僧研
沙海青　莲　龟兹远
漫天光　华　撒长安

◎**妙法莲华：**公元401年，鸠摩罗什历经磨难来到后秦的长安，其后他在"逍遥园"汉译《妙法莲华经》，即《法华经》，是为大乘佛教初期经典之一。《出三藏记集·鸠摩罗什传》："弘始三年，有树连理生于庙庭，逍遥园葱变为薤。到其年十二月二十日，什至长安。"◎**七喻深妙逍遥园，一僧传法众僧研：**鸠摩罗什将"法华七喻"翻译为中文。《晋书·艺术传》："姚兴遣姚硕德西伐，破吕隆，乃迎罗什，待以国师之礼，仍使入西明阁及逍遥园，译出众经。"◎**沙海青莲龟兹远：**公元384年，前秦苻坚听闻罗什才智过人，深明大乘佛学，派大将吕光率兵7万出西域，伐龟兹，俘获鸠摩罗什。但不久前秦竟遭灭亡，吕光便逼迫鸠摩罗什还俗，将其软禁在凉州17年。之后，后秦姚兴攻灭后凉，终救出鸠摩罗什。●《朱子语类》论释氏，**朱子曰：**"试将《法华经》看，便见其诞。开口便说恒河沙数几万几千几劫，更无近底年代。又如佛授记某甲几劫后方成佛。佛有神通，何不便成就它做佛？何以待阙许久？又如住世罗汉犹未成佛，何故许多时修行都无长进？今被它撰成一藏说话，遍满天下，惑了多少人。"《朱子语类》自论，戴明伯请教。**朱子曰：**"……有一学者先佞佛，日逐念《金刚大悲咒》不停口。后来虽不念佛，来诵《大学》《论》《孟》，却依旧赶遍数，荒荒忙忙诵过，此亦只是将念《大悲咒》时意思移来念儒书尔。"

北朝·一代帝师

太室山　北　登云霄
老君玄　天　赐仙谣
一代帝　师　寇谦之
援佛入　道　兼儒教

◎**北天师道**：公元415年，道士寇谦之声称其在嵩山见到了太上老君。◎**太室山北登云霄，老君玄天赐仙谣**：《魏书·释老传》："谦之守志嵩岳，精专不懈，以神瑞二年十月乙卯，忽遇大神，乘云驾龙，导从百灵，仙人玉女，左右侍卫，集止山顶，称太上老君。谓谦之曰：'往辛亥年，嵩岳镇灵集仙宫主，表天曹，称自天师张陵去世已来，地上旷诚，修善之人，无所师授。嵩岳道士上谷寇谦之，立身直理，行合自然，才任轨范，首处师位，吾故来观汝，授汝天师之位，赐汝《云中音诵新科之诫》二十卷。号曰"并进"。言：吾此经诫，自天地开辟已来，不传于世，今运数应出。汝宣吾《新科》，清整道教，除去三张伪法，租米钱税，及男女合气之术。大道清虚，岂有斯事。专以礼度为首，而加之以服食闭练。'"◎**一代帝师寇谦之，援佛入道兼儒教**：寇谦之为北魏太武帝拓跋焘帝师。他将儒家"忠孝论"与佛教"地狱论"引入道教，作《老君音诵诫经》。《魏书·崔浩传》："天师寇谦之每与浩言，闻其论古治乱之迹，常自夜达旦，竦意敛容，无有懈倦。既而叹美之曰：'斯言也惠，皆可底行，亦当今之皋繇也。但世人贵远贱近，不能深察之耳。'因谓浩曰：'吾行道隐居，不营世务，忽受神中之诀，当兼修儒教，辅助泰平真君，继千载之绝统。而学不稽古，临事暗昧。卿为吾撰列王者治典，并论其大要。'"

北朝·太武灭佛

四大明　灭　五蕴空
弑僧毁　佛　烧胡经
非缘无　法　名色外
一纸草　诏　埋祸种

◎**灭佛法诏**：公元445年，北魏太武帝拓跋焘下达《灭佛法诏》。《魏书·世祖纪下》："戊申，诏曰：'沙门之徒，假西戎虚诞，生致妖孽。非所以壹齐政化，布淳德于天下也。自王公已下至于庶人，有私养沙门、师巫及金银工巧之人在其家者，皆遣诣官曹，不得容匿。限今年二月十五日，过期不出，师巫、沙门身死，主人门诛。明相宣告，咸使闻知。'"《魏书·释老传》："朕承天绪，属当穷运之弊，欲除伪定真，复羲农之治。其一切荡除胡神，灭其踪迹，庶无谢于风氏矣。自今以后，敢有事胡神及造形像泥人、铜人者，门诛。……有非常之人，然后能行非常之事。非朕孰能去此历代之伪物！有司宣告征镇诸军、刺史，诸有佛图形像及胡经，尽皆击破焚烧，沙门无少长悉坑之。"●《朱子语类》论释氏，**朱子曰**："势须用退之尽焚去乃可绝。今其徒若闻此说，必曰'此正是为佛教者'。然实谬为此说，其心岂肯如此？此便是言行不相应处。今世俗有一等卑下底人，平日所为不善，一旦因读佛书，稍稍收敛，人便指为学佛之效，不知此特粗胜于庸俗之人耳。士大夫学佛者，全不曾见得力，近世李德远（李浩，尚佛）辈皆是也。今其徒见吾儒所以攻排之说，必曰'此吾之迹耳，皆我自不以为者'。如果是不以为然，当初如何却恁地撰下？又如伪作《韩欧别传》之类，正如盗贼怨捉事人，故意摊赃耳。"

北朝·国史之狱

功盖北　国　破凉蠕
文贯经　史　排浮屠
国记成　之　鲜卑怒
残血冤　狱　溅魏书

◎**国史之狱**：公元450年，北魏司徒崔浩因"国史之狱"被杀，灭九族。崔浩依照中国著史范式，直书史实，将拓跋氏之丑也著入史册，但北魏竟将国史直接刻于石碑立于道旁，这导致民众议论声起，触犯了太武帝拓跋焘龙颜，激起拓跋氏族对汉臣的仇视。《魏书·崔浩传》："真君十一年六月诛浩，清河崔氏无远近，范阳卢氏、太原郭氏、河东柳氏，皆浩之姻亲，尽夷其族。初，郄标等立石铭刊《国记》，浩尽述国事，备而不典。而石铭显在衢路，往来行者咸以为言，事遂闻发。有司按验浩，取秘书郎吏及长历生数百人意状。浩伏受赇，其秘书郎吏已下尽死。"◎**功盖北国破凉蠕，文贯经史排浮屠**：崔浩嗜刑名，自比张良。其助北魏灭北凉，击柔然；常引用《春秋》等经典上疏，并建议排佛。●《朱子语类》论历代，弟子问："崔浩如何？"朱子曰："也是个博洽底人。他虽自比子房，然却学得子房呆了。子房之辟谷，姑以免祸耳，他却真个要做。"●《东坡全集·醉白堂记》苏轼曰："古之君子，其处己也厚，其取名也廉。是以实浮于名，而世诵其美不厌。以孔子之圣，而自比于老彭，自同于丘明，自以为不如颜渊。后之君子，实则不至，而皆有侈心焉。臧武仲自以为圣，白圭自以为禹，司马长卿自以为相如，扬雄自以为孟轲，崔浩自以为子房，然世终莫之许也。由此观之，忠献公之贤于人也远矣。"

北朝·云冈石窟

平城停　云　生佛手
武周岩　冈　露如头
一片顽　石　三世去
僧过五　窟　入双楼

◎**云冈石窟**：公元453—495年，由北魏皇室主持开凿的，位于山西大同武周山南麓的大型佛教石窟，为中国四大佛教石窟之一。●皓月曰：儒学与佛教的区别在于，儒学作为古代自然科学与社会科学的哲学混合体，与佛教的宗教属性有本质区别。虽然两者都能构成体验者的哲性美学体验，但儒学是以"五经六艺"所包含的史学、政治学、社会学、诗学与五行象数学组成的哲学概念联系体而存在，这就需要广泛的经学知识与高超的哲学思考，非一般大众可以轻松驾驭。佛教则以直喻性、明确性、高度抽象的宗教具象实体存在，构建出死后世界的庞大的终极关怀。即便不理解佛经的含义，也可在对其过程的认知中掌握一定要领，对一般民众的可操作性强。而从传播学角度看，佛教在对其"圣像"的传播上，远凌驾于儒学。试问佛画千万，孔子像又有几何？虽然像天坛、故宫的布局，无不体现出儒学精神，但它们更容易与皇权联系，缺少民众参与性，从而淡化了其儒家建筑哲学的审美表现力，民众找不到与其联系的美学存在感。而当云冈石窟这种奇观出现后，佛教的盛大规模与社会流通性，在大众心中超越了缺乏世俗渲染力的儒学。这随着历史的发展变得越发明显。所以，如在当代发展儒文化，光靠普及经学，而不缔造出儒家思想的现代化的世俗化的哲性美学体验，是行不通的。

北朝·孝文汉化

渊裕仁　孝　鲜卑帝
偃武修　文　崇夏礼
革胡为　汉　祀天地
孔教一　化　无夷狄

◎**孝文汉化**：公元494年，北魏孝文帝元宏命令胡人改穿汉服。这是北魏在迁都洛阳，祭祀孔子之后，又一项重要举措。而一年后，更颁布了禁止在朝廷说胡语的政策。《魏书·高祖纪下》："十有六年……诏祀唐尧于平阳，虞舜于广宁，夏禹于安邑，周文于洛阳……改谥宣尼曰文圣尼父，告谥孔庙。十有八年……革衣服之制。十有九年……诏不得以北俗之语言于朝廷，若有违者，免所居官。"●**皓月曰**：孝文汉化的历史意义有，一、鲜卑族虽入主中原，仍保持粗犷的游牧风格，北魏太武帝可在一怒之下发动灭佛，也能造成"国史之狱"，甚至诛杀太子，这绝不利于国家长久治理。二、自太武帝至孝文帝初期，北魏长期处于宦官乱政、太后治国的政治旋涡，又一直徘徊于"子贵母死"的愚昧文化。这就需要儒家"君臣父子"与孝悌文化矫正其政治伦理，孝文帝正深知于此，才大刀阔斧地改革。三、北魏立都于平城，而鲜卑只客居中国。虽然有广阔中原地带作为战略纵深，却仍处于守势，不利于南下用兵。只有迁都洛阳，才能化客为主，利于南下战略。但迁都中国腹地，必须拥有中华正朔的文化身份。汉化有利于北魏获得对南方的政治主动权。结合上两条，汉化是解决北魏政治、军事、文化的一揽子办法，势在必行。四、汉化，或者说中国化，促进了中华文明在各民族间的交流与认同，丰富了作为超民族体的华夏文明的内涵，直接推动了中国的再次统一。魏孝文帝功德无量。

北朝·少林寺

五岳唯　嵩　天地中
沙弥面　山　悟地宗
禅律多　少　修行到
点指塔　林　五乳峰

◎**嵩山少林**：公元495—496年，北魏孝文帝建少林寺，供养印度僧人跋陀。跋陀为孝文帝讲授《十地经》，属大乘《华严经》十地品。《魏书·释老传》："又有西域沙门名跋陀，有道业，深为高祖所敬信。诏于少室山阴，立少林寺而居之，公给衣供。"◎**五岳唯嵩天地中**：《说苑·辨物》："五岳者，何谓也？泰山，东岳也；霍山，南岳也；华山，西岳也；常山，北岳也；嵩高山，中岳也。"《太平御览·礼仪部·封禅》："夫洛阳者，天地之所合；嵩高者，六合之中也。今处天地之中，而告于嵩高可也，奚必于泰山？"●《朱子语类》论"理气"，先生论及玑衡及黄赤道日月躔度，潘子善言："嵩山本不当天之中，为是天形欹侧，遂当其中耳。"朱子曰："嵩山不是天之中，乃是地之中。黄道赤道皆在嵩山之北。南极北极，天之枢纽，只有此处不动，如磨脐然。此是天之中至极处，如人之脐带也。"●《东坡全集·东坡先生墓志铭》苏辙曰："予兄子瞻，谪居海南。四年春正月，今天子即位，推恩海内，泽及鸟兽。夏六月，公被命渡海北归。明年，舟至淮、浙。秋七月，被病，卒于毗陵。吴越之民相与哭于市，其君子相吊于家，讣闻四方，无贤愚皆咨嗟出涕。太学之士数百人，相率饭僧慧林佛舍。呜呼，斯文坠矣！后生安所复仰？公始病，以书属辙曰：'即死，葬我嵩山下，子为我铭。'辙执书，哭曰：'小子忍铭吾兄！'"

北朝·水经注

载地浮　天　不择渊
百流合　一　往无前
浪涛催　生　千古志
上善若　水　润人间

◎**水经注：**公元515年，郦道元被朝廷罢官，原因竟是过于严苛的作风。《北史·郦范列传》："延昌中，为东荆州刺史，威猛为政，如在冀州。蛮人诣阙讼其刻峻，请前刺史寇祖礼。及以遣戍兵七十人送道元还京，二人并坐免官。"**皓月曰：**如果从《水经注》的文风猜测郦道元行事的作风，那一定专业、一丝不苟，追求全面，甚至过于严谨。或许正是由于这种脾气，郦道元被收录在《魏书·酷吏列传》中。郦道元正是在被免官的10年里注释了《水经》。从他注释的风格可以看出，《水经注》已远远超出注释的范畴。他将所有的智慧、心力、志趣、愤懑全部投入到注释里，才将一部约1万字的《水经》，如江河湖海汇合一般注成一部30万字的《水经注》。该书详细记载了大小河流1252条，以及相关的历史遗迹、人物掌故、神话传说等，是中国古代最全面、最系统的综合性地理著作。就在郦道元写完《水经注》的时候，北魏却已危机四伏，叛乱不断，魏廷便再次任用起"酷吏"郦道元，治理洛阳。◎**天一生水：**《水经注·原序》："《易》称天以一生水，故气微于北方，而为物之先也。"●《二程遗书》**程子曰：**"人有斗筲之量者，有钟鼎之量者，有江河之量者，有天地之量者。斗筲之量者，固不足算；若钟鼎江河者，亦已大矣，然满则溢也；唯天地之量，无得而损益，苟非圣人，孰能当之！"

北朝·张猛龙碑

孔脩且　张　神采扬
威而不　猛　笔劲苍
渊入潜　龙　峰吹雪
楷书魏　碑　矗鲁邦

◎**张猛龙碑**：公元 522 年，为纪念北魏鲁郡太守张府君生前振兴孔教的功德，鲁郡为其立下《鲁郡太守张府君清颂碑》。张府君的事迹并未著于史书，但因其碑文独特的楷书书法艺术风格，被后世誉为"魏碑第一"。◎**孔脩且张神采扬**：喻魏碑楷书之神采，如《诗经·大雅》中奔腾的四牡，井然而不失气势，从容又有条不紊。《诗经·大雅·韩奕》："四牡奕奕、孔修且张。"◎**威而不猛笔劲苍**：喻魏碑书法之苍劲，如《论语》中孔夫子的风度，温和而又严肃，威武而不凶猛，庄重而又安详。《论语·述而》："子温而厉，威而不猛，恭而安。"◎**渊入潜龙峰吹雪**：喻魏碑书法志趣，如《易经》乾卦，如"潜龙"藏而不露，内敛下富于灵动；又如山峰上的积雪被风吹起，朦胧又缥缈。《伊川易传·周易上经》："初九，潜龙勿用。注：理无形也，故假象以显义。干以龙为象。龙之为物，灵变不测，故以象乾道变化，阳气消息，圣人进退。"●《朱子语类》论文，朱子曰："邹德父楷书《大学》，今人写得如此，亦是难得。只是黄鲁直（黄庭坚）书自谓人所莫及，自今观之，亦是有好处；但自家既是写得如此好，何不教他方正？须要得恁欹斜则甚？又他也非不知端楷为是，但自要如此写；亦非不知做人诚实端悫为是，但自要恁地放纵。"道夫问："何谓书穷八法？"朱子曰："只一点一画，皆有法度，人言'永'字体具八法。"

北朝·北魏分裂

关陇河　北　烽烟升
东魏西　魏　霸府中
鼎足三　分　夷夏势
胡笛吹　裂　乱云空

◎**北魏分裂**：公元534年，经历十年内乱之后，北魏最终分裂成东魏、西魏。◎**关陇河北烽烟升**：公元524年，受连年饥荒之苦的暴民，与在孝文汉化过程中失去利益的鲜卑族官宦结合，导致作为北魏北方藩篱的六镇发生叛乱。而后北魏秦州也举行关陇起义。北魏联合柔然，将叛乱初步镇压。谁想安置大批俘虏的河北竟发生自然灾害，导致缺少粮食的20万俘虏再次叛乱。接连的叛乱平乱，让权臣尔朱荣就像三国时代的董卓一样迅速坐大。◎**东魏西魏霸府中**：恰在此时，北魏孝明帝与其母胡太后不和，暗中诏尔朱荣进京辅政，却在这期间突然身死。尔朱荣以为孝明帝报仇为由杀入洛阳，杀死胡太后与她册立的幼帝，并屠杀了洛阳中亲汉化派官员，立孝庄帝，史称"河阴之变"。但孝庄帝不想被尔朱荣控制，设计将尔朱荣杀死，也随即遭尔朱荣之侄弑杀。为此，鲜卑化汉人高欢于信都为孝庄帝举丧，杀入洛阳，立孝武帝。而孝武帝也不愿成为高欢的傀儡，在历数高欢罪状后弃洛阳逃入长安，投奔宇文泰。最后，高欢在洛阳立清河王世子元善见（孝文帝元宏曾孙）为帝，史称东魏；次年，宇文泰等拥立元宝炬（孝文帝元宏之孙）为帝，史称西魏。而东西魏帝实则都是在高欢与宇文泰"霸府"下的傀儡。◎**鼎足三分夷夏势**：历经十年大动荡后，形成东魏、西魏、南梁三国，天下成鼎足之势。

北朝·墨入朱出

思革前　墨　置六官
诱敌轻　入　败高欢
诏启研　朱　立八柱
府兵不　出　怎均田

◎**墨入朱出**：公元535—537年，西魏创立之初，宇文泰采用苏绰所创方案，即臣子用墨书上奏、上级用红字回复的公文格式。《北史·苏绰传》："绰始制文案程式，朱出墨入，及计帐、户籍之法。"◎**思革前墨置六官**：公元556年，西魏依《周礼》实行六官制度。《北史·魏本纪第五》："三年春正月丁丑，初行《周礼》，建六官，以安定公宇文泰为太师、冢宰。"◎**诱敌轻入败高欢**：公元537年，东西魏爆发"沙苑之战"，高欢率20万大军轻敌冒进，被宇文泰以1万兵击败。◎**诏启研朱立八柱**：西魏立"八柱国"制，其中陇西郡李虎为唐高祖李渊的祖父，赵郡李弼是瓦岗军首领李密的曾祖父，河内郡独孤信为隋文帝杨坚的岳父。◎**府兵不出怎均田**：宇文泰恢复均田制，建立府兵制，提倡兵农合一。府兵制沿用至唐玄宗天宝年间停废。●《朱子语类》论历代，**朱子曰**："《唐六典》载唐官制甚详。古礼自秦汉已失。北周宇文泰及苏绰有意复古，官制颇详尽。如租、庸、调、府兵之类，皆是苏绰之制，唐遂因之。唐之东宫官甚详。某以前上封事，亦言欲复太子官属，如唐之旧。"《朱子语类》论官，**朱子曰**："唐之官制，亦大率因隋之旧。府、卫，租、庸、调之法，皆是也。当时大乱杀伤之后，几无人类，所以宇文泰与苏绰能如此经营。三代而下，制度稍可观者，唯宇文氏耳。苏绰一代之奇才，今那得一人如此！"

北朝·齐民要术

稼穑修　齐　种蔬瓜
百果厚　民　亦桑麻
养殖为　要　相牛马
酒肴有　术　万姓嘉

◎**齐民要术**：公元544年，东魏官员贾思勰著成《齐民要术》，是中国现存最早的综合性农学著作。《齐民要术·自序》："今采捃经传，爰及歌谣，询之老成，验之行事，起自耕农，终于醯醢，资生之业，靡不毕书，号曰'齐民要术'。凡九十二篇，分为十卷。"◎**稼穑修齐种蔬瓜**：《齐民要术》卷1—3，讲解耕田收种，豆麻稻瓜、葱蒜韭芥等种法。◎**百果厚民亦桑麻**：《齐民要术》卷4—5，讲解园篱栽树，枣桃李梨、桑槐柳杨等种法。◎**养殖为要相牛马**：《齐民要术》卷6，讲解牛马驴骡、猪羊鸡鸭等养殖术，与相牛马兽医之要。◎**酒肴有术万姓嘉**：《齐民要术》卷7—9，讲解酿酒制酱、炙煮醴菹等烹饪法。●《朱子语类》论《尚书·洪范》，**朱子曰**：箕子为武王陈《洪范》，首言五行，次便及五事。盖在天则是五行，在人则是五事。自"水曰润下"至"稼穑作甘"（水曰润下，火曰炎上，木曰曲直，金曰从革，土爰稼穑。润下作咸，炎上作苦，曲直作酸，从革作辛，稼穑作甘），皆是二意：水能润、能下；火能炎、能上；金曰"从"、曰"革"，从而又能革也。弟子忽问："如何是'金曰从革？'"对曰："是从己之革。"**朱子曰**："不然，是或从，或革耳。从者，从所锻制；革者，又可革而之他，而其坚刚之质，依旧自存，故与'曲直''稼穑'皆成双字。'炎上'者，上字当作上声；'润下'者，下字当作去声，亦此意。"

北朝·颜氏家训

文章孔　颜　在修身
儒玄释　氏　归一心
处世治　家　贵益物
风操垂　训　教新民

◎**颜氏家训：** 公元554年，西魏攻陷江陵，颜之推被俘。他在押解中逃跑，前往北齐。《北史·文苑传》："遇河水暴长，具船将妻子奔齐，经砥柱之险，时人称其勇决。"后成为隋太子杨勇学士，撰《颜氏家训》。◎**文章孔颜在修身：**《颜氏家训·文章》："夫文章者，原出《五经》：诏命策檄，生于《书》者也；序述论议，生于《易》者也；歌咏赋颂，生于《诗》者也；祭祀哀诔，生于《礼》者也；书奏箴铭，生于《春秋》者也。朝廷宪章，军旅誓诰，敷显仁义，发明功德，牧民建国，施用多途。"《颜氏家训·名实》："今不修身而求令名于世者，犹貌甚恶而责妍影于镜也。"◎**儒玄释氏归一心：** 颜氏将儒家五常"仁义礼智信"与佛教"五戒"相沟通，彰显三教融合立场。但其"内典初门，外典仁义"之论，如《抱朴子》"内玄仙，外君臣"般，表现了其"内佛外儒"的哲学面目。《颜氏家训·归心》："内外两教，本为一体，渐积为异，深浅不同。内典初门，设五种禁；外典仁义礼智信，皆与之符。仁者，不杀之禁也；义者，不盗之禁也；礼者，不邪之禁也；智者，不酒之禁也；信者，不妄之禁也。"◎**处世治家贵益物，风操垂训教新民：** 颜氏强调儒家的道不离器、体用一元的行动力。《颜氏家训·归心》："又君子处世，贵能克己复礼，济时益物。"《颜氏家训·风操》："吾观《礼经》，圣人之教：箕帚匕箸，咳唾唯诺，执烛沃盥，皆有节文，亦为至矣。"

北朝·曹衣出水

妙笔仙　曹　在北齐
画佛画　衣　不绘体
稠叠勾　出　无我界
彩莲幻　水　映涟漪

◎**曹衣出水**：公元550—577年，北齐画家曹仲达所画人物衣衫紧贴于身上，犹如刚出水之人站立，被后世称为"曹衣出水"。◎**妙笔仙曹在北齐，画佛画衣不绘体**：曹仲达是在北齐作画的粟特人，其国漕国乃昭武九姓之一。其画只绘佛衣，不画佛体，表现佛陀空净之美。《北史·西域传》："漕国，在葱岭之北，汉时罽宾国也。其王姓昭武……康国王之宗族也。"◎**稠叠勾出无我界**：北宋郭若虚《图画见闻志》："曹、吴二体，学者所宗。按唐张彦远《历代名画记》称：'北齐曹仲达者，本曹国人，最推工画梵像，是为曹。谓唐吴道子曰吴。吴之笔，其势圆转，而衣服飘举；曹之笔，其体稠叠，而衣服紧窄。故后辈称之曰：吴带当风，曹衣出水'。"●《朱子语类》论释氏，谦之问："今皆以佛之说为空，老之说为无，空与无不同如何？"**朱子曰**："空是兼有无之名。道家说半截有，半截无，已前都是无，如今眼下却是有，故谓之（空）无。若佛家之说都是无，已前也是无，如今眼下也是无，'色即是空，空即是色'。大而万事万物，细而百骸九窍，一齐都归于无。终日吃饭，却道不曾咬着一粒米；满身着衣，却道不曾挂着一条丝。……佛氏之失，出于自私之厌；老氏之失，出于自私之巧。厌薄世故，而尽欲空了一切者，佛氏之失也；关机巧便，尽天下之术数者，老氏之失也。故世之用兵算数刑名，多本于老氏之意。"

北朝·立通道观

深谙破　立　宇文帝
刑德融　通　志统一
废佛断　道　灭北齐
云阳宫　观　遗诏惜

◎**立通道观：**公元574年，北周武帝宇文邕下诏断佛、道二教，后颁布《立通道观诏》。《周书·武帝纪上》："初断佛、道二教，经像悉毁，罢沙门、道士，并令还民。并禁诸淫祀，礼典所不载者，尽除之……诏曰：'……遂使三墨八儒，朱紫交竞；九流七略，异说相腾。道隐小成，其来旧矣。不有会归，争驱靡息。今可立通道观，圣哲微言，先贤典训，金科玉篆，秘迹玄文，所以济养黎元，扶成教义者，并宜弘阐，一以贯之。'"◎**深谙破立宇文帝，刑德融通志统一：**北周武帝宇文邕继位后杀"霸府"宇文护，止刑宽典，以德施政。◎**废佛断道灭北齐，云阳宫观遗诏惜：**公元577年，北周灭北齐。公元578年6月，宇文邕突然病逝。《周书·武帝纪下》："帝不豫，止于云阳宫……六月丁酉，帝疾甚，还京。其夜，崩于乘舆。时年三十六。遗诏曰：'人肖形天地，禀质五常，修短之期，莫非命也。朕君临宇县，十有九年，未能使百姓安乐，刑措罔用，所以昧旦求衣，分宵忘寝……王公以下，爰及庶僚，宜辅导太子，副朕遗意。令上不负太祖，下无失为臣。朕虽瞑目九泉，无所复恨……四方士庶，各三日哭。妃嫔以下无子者，悉放还家。谥曰武皇帝，庙称高祖。'"●《朱子语类》论《春秋》，朱子曰："某尝谓，晋悼公、宇文周武帝、周世宗，三人之才一般，都做得事。都是一做便成，及才成又便死了，不知怎生地。"

北朝·哀江南赋

南雁声　哀　摧北人
秋落远　江　画屏深
伴驾终　南　和歌晚
枯树玄　赋　待谁闻

◎**哀江南赋**：公元578年，文学家庾信写下著名的《哀江南赋》。《哀江南赋》："楚歌非取乐之方，鲁酒无忘忧之用。追惟（为）此赋，聊以记言，不无危苦之辞，唯以悲哀为主。"庾信是当时著名诗人，与徐陵并列，诗风被称为"徐庾体"。《北史·文苑传》："既文并绮艳，故世号为徐、庾体焉。当时后进，竞相模范，每有一文，都下莫不传诵。"◎**南雁声哀摧北人**："侯景之乱"后庾信辅佐梁元帝萧绎，在出使西魏时，西魏灭江陵，庾信从此留在北方，再无法回江南。◎**秋落远江画屏深**：秋天的落叶飘向画屏中长江深处。庾信作《咏画屏风诗》25首。◎**伴驾终南和歌晚**：周帝及宇文氏诸藩王都很器重庾信。庾信经常为宫廷作唱和诗，其自认难逃文化弄臣的命运。庾信《陪驾幸终南山和宇文内史》："玉山乘四载，瑶池宴八龙。鼍桥浮少海，鹄盖上中峰。"晁说之《绝句梅花》："庾信终南眼忽开，横岑万仞接天台。纵横笔阵知强弱，留与游仙客咏梅。"◎**枯树玄赋待谁闻**：庾信在北周可谓位高身贵，还作《枯树赋》给谁看呢？皓月曰：庾信写《枯树赋》一是给身后人看，向后世表明他"身在曹营心在汉"的没落心境与汉臣风骨。二是给自己看，告诫自己不要像殷仲文那样。殷仲文有才华，却与篡位的桓玄合作，桓玄败后，他又投靠回东晋却不被重用，后被以谋反罪处死。即以此告诫自己，无回头路了。

北朝·忆北朝

最忆苻　秦　璇玑图
云冈元　魏　崇汉服
重奏高　齐　高明乐
再赴北　周　礼圜丘

◎**秦魏齐周**：公元350—581年。北朝由前秦、北魏（后分为东魏、西魏）、北齐、北周四个朝代组成。◎**最忆苻秦璇玑图**：公元350—394年，前秦是由氐族人所建政权，曾经是不可一世的北方列强，但在"淝水之战"失败后，北方游牧联合体崩溃，前秦盛极而衰。在这个爆发式的朝代里，也涌现了女诗人苏蕙所作《璇玑图》的奇特回文诗传世，唐武则天为其补撰序文。◎**云冈元魏崇汉服**：公元386—557年，北魏是由鲜卑人所建政权。拓跋氏自命是黄帝后裔，故北魏的历史就是不断汉化的历史，从服饰到语言，乃至祖先，北魏的统治者完全认同于华夏。而北魏在汉化的同时，其也将西域的佛教汉化注入中国，构建出中华文明多元化的哲学认知体系。◎**重奏高齐高明乐**：公元550—557年，就如对北魏汉化的一种反动，北齐竟是一个鲜卑化汉人建立的政权。这是一个伴随着杀戮的短暂王朝，但不知是因姓高，还是因《中庸》中的"博厚配地，高明配天"，北齐郊祀五方上帝奏《高明乐》，表明北齐并未放弃中华的理想。◎**再赴北周礼圜丘**：公元557—581年，北周是由宇文氏建立的政权。北周依靠胡汉并举的"八柱国"制治国，又依《周官》定立六官制。其郊祀诗是著名诗人庾信所撰的《圜丘歌》《方泽歌》。其后汉臣杨坚接受北周静帝禅让，此时，中国已重塑为华夷一体的新的礼仪之邦！

隋·开皇之治

赫赫三五治乱间
平陈巡省建隋天
雄哉普六茹复汉
功盖伊曹开皇年

◎**五省六曹**：公元581年，隋文帝杨坚设立的文官体系。《隋书·百官志下》："高祖既受命，改周之六官，其所制名，多依前代之法。置三师、三公及尚书、门下、内史、秘书、内侍等省……尚书省，事无不总。置令、左右仆射各一人，总吏部、礼部、兵部、都官、度支、工部等六曹事。" ◎**平陈巡省建隋天**：公元589年1月20日，隋灭陈，陈后主陈叔宝向隋朝投降。而杨坚建刺史巡省巡查制度，整肃官吏，其子杨广更立司隶台，保障大隋的基业。《隋书·高祖纪下》："十五年……（七月）甲戌，遣邳国公苏威巡省江南。十七年……（三月）庚午，遣治书侍御史柳彧、皇甫诞巡省河南、河北。二十年……（六月）乙卯，遣十六使巡省风俗。" ◎**雄哉普六茹复汉**：杨坚因其父杨忠追随宇文泰起事，被赐胡姓"普六茹氏"。杨坚掌权后下诏将天下胡姓改回汉姓。《隋书·高祖纪上》："皇考从周太祖起义关西，赐姓普六茹氏。"《周书·静帝纪》："癸亥，诏曰：'诗称"不如同姓"，传曰"异姓为后"……诸改姓者，悉宜复旧。'" ◎**功盖伊曹开皇年**：隋文帝杨坚开创了"开皇之治"的盛世，比伊尹和曹操的功劳还要高。●《二程遗书》程子曰："大纲不正，万目即紊。唐之治道，付之尚书省，近似六官，但法不具也。后世无如宇文周，其官名法度，小有可观。隋文之法，虽小有善处，然皆出于臆断，惟能如此，故维持得数十年。"

隋·我兴由佛

三千如　我　一念间
沙门重　兴　因杨坚
治国为　由　立僧官
抑儒扬　佛　埋隐患

◎ **我兴由佛**：公元581—604年，隋文帝杨坚登基后笃信佛教。《广弘明集·舍利感应记》："皇帝每以神尼为言云：'我兴由佛。'" ◎ **沙门重兴因杨坚**：杨坚登基后开始在全国恢复佛教。《隋书·经籍志四》："开皇元年，高祖普诏天下，任听出家，仍令计口出钱，营造经像。而京师及并州、相州、洛州等诸大都邑之处，并官写一切经，置于寺内；而又别写，藏于秘阁。天下之人，从风而靡，竞相景慕，民间佛经，多于《六经》数十百倍。" ◎ **治国为由立僧官**：隋朝设立昭玄寺置僧官，管理郡县僧尼事务。《隋书·百官志中》："昭玄寺，掌诸佛教。置大统一人，统一人，都维那三人。亦置功曹、主簿员，以管诸州郡县沙门曹。" ◎ **抑儒扬佛埋隐患**：因杨坚废长子杨勇、立幼子杨广，招致儒士反对，杨坚便大兴佛教，废黜国子儒学，埋下隐患。《隋书·高祖纪下》："二十年……（十二月）辛巳，诏曰：'佛法深妙，道教虚融，咸降大慈，济度群品……故建庙立祀，以时恭敬。敢有毁坏偷盗佛及天尊像、岳镇海渎神形者，以不道论。'……仁寿元年……（六月）乙丑，诏曰：'儒学之道，训教生人，识父子君臣之义，知尊卑长幼之序……而国学胄子，垂将千数……徒有名录，空度岁时，未有德为代范，才任国用。良由设学之理，多而未精。今宜简省，明加奖励。'于是国子学唯留学生七十人，太学、四门及州县学并废。"

隋·隋大兴城

造化炎　隋　鲁班才
龙首广　大　建帝宅
六爻隆　兴　六坡上
九月皇　城　朱门开

◎**隋大兴城**：公元583年，隋文帝杨坚早年曾被封为大兴公，故以此命名新都城为"大兴城"。唐代易名为长安。《隋书·高祖纪上》："二年……（十二月）丙子，名新都曰大兴城。"◎**造化炎隋鲁班才**：隋，五德为火，故称炎隋。《隋书·高祖纪上》："开皇元年……六月癸未，诏以初受天命，赤雀降祥，五德相生，赤为火色。其郊及社庙，依服冕之仪，而朝会之服，旗帜牺牲，尽令尚赤。戎服以黄。"大兴城由隋匠作大将宇文恺营造，其还营建有东都洛阳城、隋文帝皇陵和广通渠，并撰有《东都图记》《明堂图议》，故称之有鲁班之才。◎**龙首广大建帝宅**：大兴城位于汉长安城东南的龙首原南坡上。《太平御览·叙京都下》："开皇二年六月十八日，移入新邑，在汉故城之东南万年县界，南直终南山子午谷，北枕龙首原。"◎**六爻隆兴六坡上**：宇文恺以龙首原上六条高坡为"乾卦六爻"设计大兴城布局。其中"九二"高坡，因卦意为"见龙在田"，因此"置宫室，以当帝王之居"。《元和郡县图志》："隋开皇三年，自长安故城迁都龙首川，即今都城是也。初，隋氏营都，宇文恺以朱雀街南北有六条高坡，为乾卦之象，故以九二置宫殿以当帝王之居。"◎**九月皇城朱门开**：宇文恺用时9个月建成大兴城，皇城正门为朱雀门。《太平御览·叙京都下》："宫城东西四里，南北二里四十步，周回十三里一百八十步，高三丈五尺。"

隋·大运河

神州地　广　漕运艰
开渠交　通　涿杭间
大业日　永　龙舟泛
江淮河　济　已相连

◎ **广通永济**：公元583年，隋文帝杨坚命宇文恺凿"广通渠"，从大兴城到潼关横跨300多里入黄河。《隋书·食货志》："于是命宇文恺率水工凿渠，引渭水，自大兴城东至潼关，三百馀里，名曰广通渠。转运通利，关内赖之。诸州水旱凶饥之处，亦便开仓赈给。"公元587年，隋文帝杨坚下令开凿"山阳渎"，连通淮河与长江。《隋书·高祖纪上》："七年……（四月）庚戌，于扬州开山阳渎，以通运漕。"公元605年，隋炀帝杨广登基后发百万劳力开通"通济渠"，沟通黄河与淮水。《隋书·炀帝纪上》："大业元年……（三月）辛亥，发河南诸郡男女百馀万，开通济渠，自西苑引谷、洛水达于河，自板渚引河通于淮。"公元608年，隋炀帝杨广征百万人挖掘"永济渠"，南到黄河，北通北京。《隋书·炀帝纪上》："四年春正月乙巳，诏发河北诸郡男女百馀万开永济渠，引沁水，南达于河，北通涿郡。"公元610年，隋炀帝杨广命开凿"江南河"，从京口至余杭800里，宽10余丈，可通龙舟。《资治通鉴·隋纪五》："大业六年……敕穿江南河，自京口至馀杭，八百馀里，广十馀丈，使可通龙舟，并置驿宫、草顿，欲东巡会稽。"至此，折合今天2700多公里、沟通了黄河与长江的大运河开凿完成，它成为世界水利史上的一大奇迹。但隋大业年间过于繁重的劳役加重百姓的负担，激起广泛的民怨，成为隋朝灭亡的诱因。

隋·五郊歌辞

昭昭三五运社稷
皇皇两郊祀天地
五帝玄歌配宫商
需诚华辞迎夏祇

◎**五郊歌辞：** 公元594年3月，隋朝祭祀乐首次制成，但到公元601年，在太子杨广的建议下，隋祭祀乐被再次制定。其中祭祀仪式部分继承北周《夏》乐规范，以《昭夏》《皇夏》《诚夏》《需夏》等，祭祀五方上帝部分创立了以"角徵宫商羽"配"青赤黄白黑"五帝的规范，使中华礼乐祭祀文化得到集大成的发展。●**皓月曰：** 祭祀活动将哲学、政治、自然神论、诗歌、音乐结合起来，彰显出中华文明独特的世界观，存在认知与哲学审美体验。《隋书·音乐志下》："十四年三月，乐定……至仁寿元年，炀帝初为皇太子，从飨于太庙，闻而非之……更详故实，创制雅乐歌辞。其祠圜丘，皇帝入，至版位定，奏《昭夏》之乐，以降天神。升坛，奏《皇夏》之乐。受玉帛，登歌，奏《昭夏》之乐。皇帝降南陛，诣罍洗，洗爵讫，升坛，并奏《皇夏》。初升坛，俎入，奏《昭夏》之乐。皇帝初献，奏《诚夏》之乐。皇帝既献，作文舞之舞。皇帝饮福酒，作《需夏》之乐。皇帝反爵于坫，还本位，奏《皇夏》之乐。武舞出，作《肆夏》之乐。送神作《昭夏》之乐。就燎位，还大次，并奏《皇夏》……《五郊歌辞》五首，迎送神、登歌，与圜丘同。《青帝歌辞》奏角音……《赤帝歌辞》奏徵音……《黄帝歌辞》奏宫音……《白帝歌辞》奏商音……《黑帝歌辞》奏羽音。"以《礼记·月令》"孟春之月……其音角"而制定。

隋·论语述议

闭户遂　论　连山易
悬志尤　语　屈子诗
抚夷难　述　世途歧
清心独　议　五经意

◎**论语述议：** 公元600年，隋文帝杨坚为立太子杨广废国子县学，刘炫上疏诤谏，未被采纳。《隋书·儒林传》："开皇二十年，废国子，四门及州县学，唯置太学，博士二人，学生七十二人。炫上表言学校不宜废，情理甚切，高祖不纳。"其著有《论语述议》十卷，已佚。◎**闭户遂论连山易，悬志尤语屈子诗：** 刘炫从小闭户读书，十年不出，记忆能力超强。其尝试重写遗失的《连山易》；并仿屈原《卜居》，作《筮途》自寄。◎**抚夷难述世途歧：** 开皇末年，隋朝国家富强，开始准备伐辽东高丽，刘炫认为不可，上《抚夷论》，未被采纳。《隋书·儒林传》："开皇之末，国家殷盛，朝野皆以辽东为意。炫以为辽东不可伐，作《抚夷论》以讽焉，当时莫有悟者。及大业之季，三征不克，炫言方验。"◎**清心独议五经意：** 刘炫精通《七经》《十三注》，属于章句型人才，与把握儒家概念的王通的学术思路不同。《中说·周公篇》："刘炫见子（王通），谈《六经》。唱其端，终日不竭。子曰：'何其多也！'炫曰：'先儒异同，不可不述也。'子曰：'一以贯之可矣。尔以尼父为多学而识之耶？'"●**皓月曰：** 隋末天下大乱，盗贼蜂起。刘炫返乡不成，与妻儿断绝联系，感时日无多，写下自己的墓志铭《自赞》。刘炫自比"通儒"扬雄、马融、郑玄等，在困苦中，他未自怜，只为圣学不传于身后而饮恨。他死后，大部分著作遗失。

隋·河汾门下

壮哉山　河　守以道
昔汶今　汾　闻史要
群贤龙　门　待子曰
欲平天　下　唯礼教

◎**河汾门下**：公元603年，不满20岁的儒家新锐王通得到63岁的隋文帝的召见，献《太平策》12篇，其才华深得杨坚喜爱，但因为王通年龄太小，未被任用，王通遗憾东归。后在黄河与汾水交汇的龙门一带，王通设馆教学，求学者甚多，唐代房玄龄、杜如晦、魏徵等都曾师从王通，时称"河汾门下"。《中说·文中子世家》："仁寿三年，文中子冠矣……帝坐太极殿召见，因奏《太平策》十有二，策尊王道……帝大悦曰：'得生几晚矣，天以生赐朕也。'下其议于公卿，公卿不悦。时将有萧墙之衅，文中子知谋之不用也，作《东征之歌》而归。"◎**壮哉山河守以道**：《中说·王道篇》："子登云中之城，望龙门之关。曰：'壮哉，山河之固！'贾琼曰：'既壮矣，又何加焉？'子曰：'守之以道。'"◎**昔汶今汾闻史要**：孔子传道于洙水、泗水之间，后洙水改道入汶水，而今王通在汾水之畔传洙泗之道。◎**群贤龙门待子曰**：王通在《中说》模仿《论语》范式，直接以"子曰"为己说。在儒家著作中独此一例，也常遭后世儒学大家批评。◎**欲平天下唯礼教**：王通认为"三教"可统于《洪范》"皇极"，以儒一以贯之。《中说·问易篇》："子读《洪范谠议》。曰：'三教于是乎可一矣。'程元、魏徵进曰：'何谓也？'子曰：'使民不倦。'"《周易·系辞下》："神农氏没，黄帝、尧、舜氏作。通其变，使民不倦；神而化之，使民宜之。"

隋·隋末民变

我哀炎　隋　二世竭
穷奢逐　末　远征烈
涂炭黎　民　亡天祚
家国丕　变　涌豪杰

◎**隋末民变**：公元611年，隋炀帝杨广从扬州坐龙舟北上涿郡，发布《讨高丽诏》。其后不顾自然灾害，无视民生死活，穷兵黩武，执意发动3次隋高战争，对隋朝的民心、军心、国力造成无法挽回的破坏，致使全国范围爆发民变、起义。杨广好大喜功，屡次大宴番邦；穷奢极欲，在各地大修离宫，下江南时船队长200余里；附庸风雅，竟用黄帝与成汤为其征伐辩护；最终导致隋朝灭亡。●《东坡全集·论河北京东盗贼状》**苏轼曰**："谨按山东自上世以来，为腹心根本之地，其与中原离合，常系社稷安危。昔秦并天下，首取三晋，则其馀强敌，相继灭亡。汉高祖杀陈馀，走田横，则项氏不支。光武亦自渔阳、上谷发突骑，席卷以并天下。魏武帝破杀袁氏父子，收冀州，然后四方莫敢敌。宋武帝以英伟绝人之资，用武历年，而不能并中原者，以不得河北也。隋文帝以庸夫穿窬之智，窃位数年而一海内者，以得河北也。故杜牧之论以为山东之地，王者得之以为王，霸者得之以为霸，猾贼得之以乱天下。"●《朱子语类》论《孟子》，**朱子曰**："'待文王而后兴者，凡民也。若夫豪杰之士，虽无文王犹兴。'豪杰质美，生下来便见这道理，何用费力。今人至于沉迷而不反，圣人为之屡言，方始肯来，已是下愚了。况又不知求之，则终于为禽兽而已！盖人为万物之灵，自是与物异。若迷其灵而昏之，则与禽兽何别？"

隋·淮阳感怀

胸荡江　淮　挂书郎
兵震黎　阳　瓦岗将
或忆玄　感　萧樊事
何必疚　怀　离唐王

◎**淮阳感怀**：公元613年，李密追随为父报仇的杨玄感叛变，但李密所献计策杨皆不用，后杨玄感失败，李密在逃亡途中被捕，后侥幸逃走，躲在淮阳隐姓埋名，有感于时局与他精通的《汉书》故事，作五言诗《淮阳感怀》："沾襟何所为？怅然怀古意。秦俗犹未平，汉道将何冀？樊哙市井徒，萧何刀笔吏。一朝时运会，千古传名谥。寄言世上雄，虚生真可愧。"◎**胸荡江淮挂书郎**：李密小有大志，放牛时，常把《汉书》挂在牛角上阅读，被当时李玄感的父兄李素称赞。《旧唐书·李密传》："乘一黄牛，被以蒲鞯，仍将《汉书》一帙挂于角上，一手捉牛靷，一手翻卷书读之。尚书令、越国公杨素见于道……谓其子玄感等曰：'吾观李密识度，汝等不及。'"◎**兵震黎阳瓦岗将**：李密作诗后，参与翟让的瓦岗军起义，李密显现出过人的战略能力，在617年被翟让推举为王，号魏公。后李密杀翟让，归顺隋越王杨侗，在黎阳大破宇文化及，但被王世充击败，被迫转投唐王李渊。◎**或忆玄感萧樊事，何必疚怀离唐王**：李密欲东山再起，恰逢李渊派李密兵往黎阳。但李密出发不久，李渊就反悔招返李密。李密认为有诈，随即叛逃，兵弱身死。●**皓月曰**：李密作诗借樊哙、萧何抒发壮志，应知萧、樊之辈唯遇刘邦方能立世称雄，否则不过市徒，小吏尔。李密是反骨悍将，否则为何想不起《汉书》中的刘邦呢？

隋·宇文化及

悠悠寰　宇　乎崩析
隋炀斯　文　永扫地
农黄之　化　又来临
杨花不　及　李花丽

◎**宇文化及**：公元618年4月11日，宇文化及在江都（今江苏扬州）弑杀隋炀帝杨广。《隋书·恭帝纪》："三月丙辰，右屯卫将军宇文化及杀太上皇于江都宫。"◎**隋炀斯文永扫地**：公元615年正月，隋炀帝大宴百官，甚至下诏曰"今天下平一，海内晏如，宜令人悉城居，田随近给，使强弱相容，力役兼济"。短短3年后便国灭身亡。《资治通鉴·唐纪一》："帝曰：'天子死自有法，何得加以锋刃！取鸩酒来！'文举等不许，使令狐行达顿帝令坐。帝自解练巾授行达，缢杀之。"◎**农黄之化又来临**：隋为火德，火生土，唐为土德。《隋书·五行志下》："独足者，叔宝独行无众之应。盛草成灰者，陈政芜秽，被隋火德所焚除也。"《旧唐书·礼仪一》："十五年四月，术士匡彭祖上言：'大唐土德，千年合符，请每于四季月郊祀天地。'"◎**杨花不及李花丽**：指隋皇杨氏，不及唐皇李氏。后世广泛传播的童谣为"杨花落，李花开"，而史书中的"李"最早指李密，后演变为唐高祖李渊。《隋书·五行志上》："大业中，童谣曰：'桃李子，鸿鹄绕阳山，宛转花林里。莫浪语，谁道许。'其后李密坐杨玄感之逆，为吏所拘，在路逃叛。"《旧唐书·五行志》："隋末有谣云：'桃李子，洪水绕杨山。'炀帝疑李氏有受命之符，故诛李金才。后李密据洛口仓以应其谶。"《新唐书·后纪传》："曰：'昔高祖时，天下歌《桃李》；太宗时，歌《秦王破阵乐》。'"

第六辑　唐的梦

五皇·晋阳起兵

关陇三　晋　有豪强
运筹汾　阳　胡马良
誓军奋　起　承符命
父子兴　兵　创李唐

◎**晋阳起兵**：公元617年5月，隋朝外戚、唐国公、隋文帝杨坚皇后独孤伽罗的外甥李渊，在晋阳（今山西太原）起兵反隋。《新唐书·高祖本纪》："十三年……高祖子世民知隋必亡，阴结豪杰，招纳亡命，与晋阳令刘文静谋举大事。计已决，而高祖未之知，欲以情告，惧不见听。"《旧唐书·高祖本纪》："十三年，五月甲子，高祖与威、君雅视事，太宗密严兵于外，以备非常。遣开阳府司马刘政会告威等谋反，即斩之以徇，遂起义兵。" ◎**运筹汾阳胡马良**：李渊在汾水之阳（北岸）举事，起兵后，遣刘文静使突厥始毕可汗，借兵突厥兵马反隋。《旧唐书·高祖本纪》："癸巳，至龙门，突厥始毕可汗遣康稍利率兵五百人、马二千匹，与刘文静会于麾下。" ◎**誓军奋起承符命，父子兴兵创李唐**：李渊把握时局，承接天运，率领李建成、李世民、李元吉等子嗣，挥军奋起，创立李唐江山。温大雅《大唐创业起居注》："时皇太子在河东，独有秦王侍侧耳。谓王曰：'隋历将尽，吾家继膺符命，不早起兵者，顾尔兄弟未集耳。今遭羑里之厄，尔昆季须会盟津之师，不得同受孥戮，家破身亡，为英雄所笑。'" ●《东坡全集·屈突通不降高祖》苏轼曰："轼以谓汉高祖、唐高祖皆创业之贤君，季布、屈突通皆一时之烈丈夫。惟烈丈夫，故能以身殉主，有死无二。惟贤君，故能推至公之心，不以私怨杀士。此可以为万世臣主之法。"

五皇·天策上将

万马九　天　驾一德
画鞭神　策　清六合
太宗在　上　贞观治
功臣仙　将　凌烟阁

◎**天策上将**：公元621年10月，唐高祖李渊为庆祝李世民在虎牢之战中大破窦建德与王世充，统一北方，加封秦王李世民为"天策上将"。《新唐书·太宗本纪》："乃加号天策上将，领司徒、陕东道大行台尚书令，位在王公上，增邑户至三万，赐衮冕、金辂、双璧、黄金六千斤，前后鼓吹九部之乐，班剑四十人。"◎**万马九天驾一德**：以回忆的口吻，表述唐太宗披黄金甲、列阵万骑，行进向长安，也行进在九天之上。《旧唐书·太宗本纪》："六月，凯旋。太宗亲披黄金甲，陈铁马一万骑，甲士三万人，前后部鼓吹，俘二伪主及隋氏器物辇辂献于太庙。高祖大悦，行饮至礼以享焉。"◎**画鞭神策清六合**：唐太宗李世民一生灭东西突厥，攻薛延陀，和亲吐蕃，击吐谷浑，远征高丽，保障各民族和平共处，促进中外文化交流。◎**太宗在上贞观治，功臣仙将凌烟阁**：公元627—649年，唐太宗李世民创"贞观之治"的盛世。公元643年，李世民为纪念协助他创业的功臣，命阎立本绘制《凌烟阁二十四功臣》。●《朱子语类》论《论语》，**朱子曰**："如汉高祖、唐太宗，未可谓之仁人。然自周室之衰，更春秋战国以至暴秦，其祸极矣！高祖一旦出来平定天下，至文景时几致刑措。自东汉以下，更六朝五胡以至于隋，虽曰统一，然炀帝继之，残虐尤甚，太宗一旦扫除以致贞观之治。此二君者，岂非是仁者之功耶！"

五皇·升仙太子碑

一凤飞　升　百龙哀
自言非　仙　是佛胎
明空为　太　号圣帝
黄台瓜　子　哪堪摘
无字巨　碑　扫尘埃

◎**升仙太子碑**：公元699年2月，武则天赴嵩山封禅，留宿于緱山升仙太子庙，时感于周灵王太子晋升仙故事，75岁的武则天亲自撰写碑文丹书。《旧唐书·则天皇后本纪》："二年春二月……戊子，幸嵩山，过王子晋庙。"◎**一凤飞升百龙哀**：武则天以凤自居，其建"万象神宫"顶部"九龙作捧，上施宝凤"；并将中书省改名"凤阁"。其为篡位诛杀李唐子嗣，是为百龙哀。◎**自言非仙是佛胎**：武则天利用佛教蛊惑人心，颁《大云经》于天下。其捐助的龙门石窟卢舍那大佛亦以其面容塑造。《新唐书·后妃传》："拜薛怀义辅国大将军，封鄂国公，令与群浮屠作《大云经》，言神皇受命事。"◎**明空为太号圣帝**：公元690年2月，武则天自名为"曌"。10月篡唐，国号周，号为圣神皇帝。◎**黄台瓜子哪堪摘**：武则天为图帝业已不当皇子为儿，而作为与李唐的政治关系处理，任意诛杀。太子李贤遂作《黄台瓜辞》劝谏。◎**无字巨碑扫尘埃**：公元705年2月，唐爆发"神龙革命"，武则天内禅。同年12月，武则天死去，与唐高宗合葬乾陵，立无字碑。●《朱子语类》论本朝，弟子问："吕后事势倒做得只如此，然武后却可畏。"朱子曰："吕后只是一个村妇人……武后乃是武功臣之女，合下便有无君之心。自为昭仪，便鸩杀其子，以倾王后。中宗无罪而废之，则武后之罪已定。只可便以此废之，拘于子无废母之义，不得。"

五皇·御注三经

开元六　御　奢无极
兆金倾　注　华清池
才来贯　三　道释儒
智去无　经　马嵬驿

◎**御注三经**：公元722年，唐玄宗李隆基亲注《孝经》；733年，注《道德经》；735年，注《金刚经》；统称为《唐玄宗御注三经》，朝廷诏令天下百姓家藏其书。《旧唐书·玄宗本纪上》："（十年）六月辛丑，上训注《孝经》，颁于天下。"《封氏闻见记》："玄宗开元二十一年，亲注老子《道德经》，令学者习之。"《房山石经》："开元二十三年六月三日，由都释门威仪僧思有表请，至九月十五日经出。"
◎**开元六御奢无极，兆金倾注华清池**：开元天宝年间，皇帝的座驾越来越奢华，生活越来越奢靡，李隆基沉迷于贵妃杨玉环，将位于陕西临潼骊山北麓的温泉宫改为华清宫，供其沐浴嬉戏。白居易《长恨歌》："春寒赐浴华清池，温泉水滑洗凝脂。"◎**才来贯三道释儒**：当初，李隆基举"唐隆之变"复李唐法统，创"开元盛世"，雄姿英发，经纬纵横，才通"三教"。◎**智去无经马嵬驿**："安史之乱"中李隆基逃离长安入蜀，于马嵬驿发生哗变，被迫赐死杨玉环，龙颜尽失。●《二程遗书》程子曰："唐有天下，如贞观、开元间，虽号治平，然亦有夷狄之风，三纲不正，无父子、君臣、夫妇，其原始于太宗也。故其后世子弟皆不可使。玄宗才使肃宗便篡。肃宗才使永王璘便反。君不君，臣不臣，故藩镇不宾，权臣跋扈，陵夷有五代之乱。汉之治过于唐，汉大纲正，唐万国举。本朝大纲甚正，然万目亦未尽举。"

五皇·元和中兴

云卷含　元　殿上风
君奋臣　和　藩镇平
亢龙天　中　终有悔
佛骨未　兴　红日倾

◎**元和中兴：**公元805—820年，唐宪宗在位期间，唐朝出现"中兴"局面，因其年号为"元和"，史称"元和中兴"。◎**云卷含元殿上风：**大明宫含元殿上的云朵时卷时舒，喻唐朝经安史之乱后复杂的国内环境。唐宪宗是武则天以外唐朝第14代皇帝。其祖父唐德宗由于实行两税法，并联合回鹘打击吐蕃，使唐朝恢复了一定国力，但在"泾原兵变"中龙颜尽失，为了防止兵变，放任宦官专权。其父唐顺宗即位即中风，在位6个月便发生"永贞内禅"，禅位于唐宪宗。◎**君奋臣和藩镇平：**唐宪宗在位期间，内修文德，包含白居易与元稹的新乐府运动，韩愈、柳宗元的古文运动；外平藩镇，其即位起便着手对割据的藩镇开展一系列战争，前后用12年时光，致使全国所有藩镇至少在名义上归服唐朝，使唐朝出现短暂统一，甚至"中兴"的局面。◎**亢龙天中终有悔，佛骨未兴红日倾：**唐宪宗晚节不保，在执政末期，其痴迷于迎佛骨，又嗜好金丹，终暴毙身亡，"元和中兴"也黯淡收场。韩愈即因上疏《谏迎佛骨表》触怒宪宗，遭到贬斥。●《朱子语类》论《孟子》，**朱子曰：**"所以《中庸》亦云：'惟天下至圣，为能聪明睿知足以有临。'且莫说圣贤，只如汉高祖、光武、唐宪宗、武宗，他更自了得。某尝说，韩退之可怜。宪宗也自知他，只因佛骨一事忤意，未一年而宪宗死，亦便休了，盖只有宪宗会用得他。"

太宗·虎牢之战

一龙二　虎　逢河洛
雄关为　牢　捭阖阔
骁骑纵　之　惊飞槊
秦王一　战　定中国

◎**虎牢之战**：公元621年3—5月，秦王李世民在虎牢关以少胜多，一举平定洛阳王世充、河北窦建德两大势力，奠定唐朝版图。胜利后高祖李渊特设天策上将册封李世民。《全唐文·册秦王天策上将文》："一鼓誓众，以擒建德，回戈旋指，遂获世充。二方克定，师不再举，武节既宣，朝风遐畅。"◎**一龙二虎逢河洛**：一龙指李世民，二虎指王世充、窦建德。三人在黄河洛水交汇的虎牢关决战。《旧唐书·太宗本纪上》："高祖之临岐州，太宗时年四岁。有书生自言善相，谒高祖曰：'公贵人也，且有贵子。'见太宗，曰：'龙凤之姿，天日之表，年将二十，必能济世安民矣。'"◎**骁骑纵之惊飞槊**：王世充、窦建德骁勇善战，拥兵自重，但均在秦王李世民的精骑面前战败。《旧唐书·太宗本纪上》："（三年）九月，太宗以五百骑先观战地，卒与世充万馀人相遇，会战，复破之，斩首三千馀级……四年二月……世充众二万自方诸门临谷水而阵。太宗以精骑阵于北邙山，令屈突通率步卒五千渡水以击之……兵才接，太宗以骑冲之，挺身先进，与通表里相应。贼众殊死战，散而复合者数焉。自辰及午，贼众始退。纵兵乘之，俘斩八千人，于是进营城下。世充不敢复出。"《旧唐书·窦建德传》："及建德结阵于汜水，秦王遣骑挑之，建德进军而战，窦抗当之。建德少却，秦王驰骑深入，反覆四五合，然后大破之。"

太宗·玄武门变

太白星　玄　箭亦悬
兄弟鬩　武　尤可怜
太极宫　门　嘶风马
龙池爻　变　有疑团

◎**玄武门变**：公元626年7月2日，秦王李世民在长安太极宫玄武门杀死其兄太子李建成与其弟齐王李元吉。事后被高祖立为太子，两个月后登基，为唐太宗，年号"贞观"。◎**太白星玄箭亦悬，兄弟鬩武尤可怜**：灾星高悬，兄弟鬩武，刀兵相见，甚是可怜。《新唐书·高祖本纪》："六月丁巳，太白经天。庚申，秦王世民杀皇太子建成、齐王元吉。"《旧唐书·高祖二十二子列传》："太宗随而呼之，元吉马上张弓，再三不彀。太宗乃射之，建成应弦而毙。元吉中流矢而走，尉迟敬德杀之。"
◎**太极宫门嘶风马，龙池爻变有疑团**：皓月曰：玄武门之变，如抛开阴谋论，而只从新、旧《唐书》所著史事分析，主要原因恐还是李渊的问题。在晋阳起兵，对待李密以及建成、世民之争时，李渊无不流露出多谋难断、事后常悔的性格缺陷。如新、旧《唐书》均记载，世民与建成夜宴后，吐血数升，"高祖幸第问疾，因敕建成：'秦王素不能饮，更勿夜聚。'乃谓太宗曰：'发迹晋阳，本是汝计；克平宇内，是汝大功。欲升储位，汝固让不受，以成汝美志。建成自居东宫，多历年所，今复不忍夺之。观汝兄弟，终是不和，同在京邑，必有忿竞。汝还行台，居于洛阳，自陕已东，悉宜主之。仍令汝建天子旌旗，如梁孝王故事。'"这种将天下中分于两个儿子的说法，出于皇帝之口不但失体，简直大逆不道。故秦王才代其裁定之。

太宗·贞观之治

万国以　贞　天可汗
长安宫　观　望无边
五经正　之　和四夷
武功文　治　垂帝范

◎**贞观之治**：公元627—649年，唐太宗李世民在位期间知人善用，广开言路，以农为本，厉行节俭，休养生息，复兴文教，并大力平定外患，稳固边疆，使得社会出现安定的治世局面，因其年号为"贞观"，史称"贞观之治"。◎**万国以贞天可汗**：公元630年，李靖俘突厥颉利可汗，西北诸蕃尊唐太宗为"天可汗"。《尚书·太甲下》："一有元良，万国以贞。"《旧唐书·太宗本纪下》："夏四月丁酉，御顺天门，军吏执颉利（颉利可汗）以献捷。自是西北诸蕃咸请上尊号为'天可汗'，于是降玺书册命其君长，则兼称之。"◎**长安宫观望无边**：指长安的城市景观，规模庞大。《新唐书·魏徵传》："今宫观台榭，尽居之矣；奇珍异物，尽收之矣；姬姜淑媛，尽侍于侧矣；四海九州，尽为臣妾矣。"◎**五经正之和四夷**：唐太宗"文"有：诏颜师古修订《五经定本》、诏孔颖达编撰《五经正义》，命魏徵等编纂《群书治要》，并撰《帝范》四卷。"武"为：灭东西突厥、灭薛延陀、与吐蕃松州之战、对西域诸国之战、击吐谷浑之战与远征高句丽之战。唐太宗的文治武功使中国礼乐丰隆，四夷鹰服内附，成为后世中华明君的典范。《旧唐书·太宗本纪下》："六年十一月丁丑，颁新定《五经》。"《旧唐书·太宗本纪上》："（贞观三年）是岁，户部奏言：中国人自塞外来归及突厥前后内附、开四夷为州县者，男女一百二十馀万口。"

太宗·昭陵六骏

王道昭　昭　马蹄开
昔在昆　陵　朝蓬莱
坤卦上　六　龙战野
天策神　骏　踏云来

◎**昭陵六骏**：公元649年7月10日，唐太宗李世民病逝于终南山翠微宫含风殿。后与长孙皇后合葬于昭陵。陵墓碑林中有以其自作文《六马图赞》刻石的"昭陵六骏碑"。李世民《六马图赞》："拳毛䯄：黄马黑喙，平刘黑闼时乘。前中六箭，背二箭。赞曰：月精按辔，天驷横行。弧矢载戢，氛埃廓清。什伐赤：纯赤色，平世充建德时乘。前中四箭，背中一箭。赞曰：瀍涧未静，斧钺伸威。朱汗骋足，青旌凯归。白蹄乌：纯黑色，四蹄俱白，平薛仁杲时所乘。赞曰：倚天长剑，追风骏足。耸辔平陇，回鞍定蜀。特勒骠：黄白色，喙微黑色，平宋金刚时所乘。赞曰：应策腾空，承声半汉。入险摧敌，乘危济难。飒露紫：紫燕骝，平东都时所乘。前中一箭。赞曰：紫燕超跃，骨腾神骏。气詟山川，威凌八阵。青骓：苍白杂色，平窦建德时所乘。前中五箭。赞曰：足轻电影，神发天机。策兹飞练，定我戎衣。"◎**王道昭昭马蹄开，昔在昆陵朝蓬莱**：唐太宗创"贞观之治"，如王道之马驰骋于中国；而唐朝疆域广阔，故六骏飞驰，从昆陵都护府（远至今哈萨克斯坦）奔至山东蓬莱仙山。◎**坤卦上六龙战野，天策神骏踏云来**：唐太宗戎马一生，为天策上将，喻其驾驭神骏六马奔驰于天地之间。《周易·坤卦》："上六：龙战于野，其血玄黄。"《周官·夏官司马》："马八尺以上为龙，七尺以上为騋，六尺以上为马。"

四伐·夜袭阴山

大漠雾　夜　亮如雪
天军奇　袭　东突厥
慷慨光　阴　催虎骑
一寸河　山　一寸血

◎**夜袭阴山**：公元630年，初唐名将李靖展开"夜袭阴山"行动，一举歼灭东突厥，俘虏颉利可汗。获胜后唐太宗龙心大悦，赐李靖绢二千匹，拜为尚书右仆射。《旧唐书·李靖传》："督军疾进，师至阴山，遇其斥候千馀帐，皆俘以随军。颉利见使者，大悦，不虞官兵至也。靖军将逼其牙帐十五里，虏始觉。颉利畏威先走，部众因而溃散。靖斩万馀级，俘男女十馀万，杀其妻隋义成公主。颉利乘千里马将走投吐谷浑，西道行军总管张宝相擒之以献。俄而突利可汗来奔，遂复定襄、常安之地，斥土界自阴山北至于大漠。太宗初闻靖破颉利，大悦。"◎**大漠雾夜亮如雪，天军奇袭东突厥**：李靖命苏定方为前锋，率200骑兵乘雾行进，探得颉利可汗主营。《新唐书·苏定方传》："贞观初，为匡道府折冲，从李靖袭突厥颉利于碛口，率彀马二百为前锋，乘雾行，去贼一里许，雾霁，见牙帐，驰杀数十百人，颉利及隋公主惶窘各遁去，靖亦寻至，馀党悉降。"◎**慷慨光阴催虎骑，一寸河山一寸血**：太上皇听闻颉利可汗被擒，感慨册立李世民是正确选择，高兴地竟在宴会上弹起琵琶。《资治通鉴·唐纪九》："上皇闻擒颉利，叹曰：'汉高祖困白登，不能报；今我子能灭突厥，吾托付得人，复何忧哉！'上皇召上与贵臣十馀人及诸王、妃、主置酒凌烟阁，酒酣，上皇自弹琵琶，上起舞，公卿迭起为寿，逮夜而罢。"

四伐·东征高丽

旗涌辽　东　箭雨豪
天子亲　征　挥唐刀
平壤城　高　百战死
终统高　丽　奉太庙

◎**东征高丽：**公元644—668年，唐朝用24年时间征服了高丽，于平壤设置安东都护府。◎**旗涌辽东箭雨豪，天子亲征挥唐刀：**公元642年，高丽权臣盖苏文弑君夺位。公元645年，在与群臣多次讨论后，唐太宗决定亲征高丽，准备采用海陆并进方式直取平壤。在经历初期的几场大捷后，唐高两军在安市城（今辽宁鞍山海城市）陷入相持，唐军不得不在冬天到来前撤军。其后唐朝不断发动小规模战斗，并开展更大规模战争准备，但唐太宗却于公元649年病逝，征高丽的重担落在唐高宗肩上。◎**平壤城高百战死：**征高丽甚为艰难，即便包围平壤，高丽坚守不出，也将无功而返。高丽更在公元662年蛇水之战（第一次平壤战争）中，全歼唐朝沃沮道军团。《新唐书·东夷传》："（龙朔元年）八月，定方破虏兵于浿江，夺马邑山，遂围平壤。明年，庞孝泰以岭南兵壁蛇水，盖苏文攻之，举军没；定方解而归。"◎**终统高丽奉太庙：**公元666年，盖苏文死去，其三子争位内乱，唐朝终于等到机会。公元668年，薛仁贵大破高丽军，斩首5万；李世绩遂包围平壤，后城中内应打开城门，唐军终于杀入平壤。《新唐书·东夷传》："大将浮屠信诚遣谍约内应。五日，阖启，兵噪而入，火其门，郁焰四兴，男建窘急，自刺不殊。执藏、男建等，收凡五部百七十六城，户六十九万。诏绩便道献俘昭陵，凯而还。"

四伐·西灭突厥

马啸安西　碎叶缰
狼烟明灭　舞金枪
陷阵冲突　谁人惧
要擒突厥　可汗王

◎**西灭突厥**：公元651年，阿史那贺鲁统一西突厥诸部后对唐宣战。唐高宗于公元651、655、657年三次派兵平定西突厥叛乱，最终灭亡西突厥。◎**马啸安西碎叶缰**：西突厥分布于碎叶城东西共计十部落，后分裂。公元642年，西突厥咄陆可汗进犯伊州（今新疆哈密），被安西都护府刺史郭孝恪击退。《旧唐书·西突厥传》："（咄陆可汗）遣兵寇伊州，安西都护郭孝恪率轻骑二千自乌骨邀击，败之。"又"五咄六部落居于碎叶已东，五弩失毕部落居于碎叶已西，自是都号为十姓部落"。◎**狼烟明灭舞金枪**：其后，阿史那贺鲁统一十姓部落，自称沙钵罗可汗，唐突战争随即升级。《旧唐书·西突厥传》："永徽二年，（阿史那贺鲁）与其子咥运率众西遁，据咄陆可汗之地，总有西域诸郡……自号沙钵罗可汗，统摄咄陆、弩失毕十姓……三年，诏遣左武候大将军梁建方、右骁卫大将军契苾何力率燕然都护所部回纥兵五万骑讨之，前后斩首五千级，虏渠帅六十馀人。"◎**陷阵冲突谁人惧，要擒突厥可汗王**：公元657年，苏定方率一万唐军在被包围的情况下，大破贺鲁十万围堵。贺鲁逃至石国（今塔什干），被俘虏，献于唐朝，西突厥灭亡。《新唐书·突厥传下》："贺鲁举十姓兵十万骑来拒，定方以万人当之，虏见兵少，以骑绕唐军。定方令步卒据原，攒槊外注，自以骑阵于北。贺鲁先击原上军，三犯，军不动。定方纵骑乘之，虏大溃，追奔数十里，俘斩三万人，杀其大酋都搭达干等二百人。"

四伐·和亲吐蕃

原高云　和　青稞丰
汉藏相　亲　布达宫
文成谈　吐　金城舞
雪莲滋　蕃　古今同

◎**和亲吐蕃**：公元640年，吐蕃赞普（领袖尊称）松赞干布派遣使者出使唐朝求婚，迎娶文成公主。70年后，公元710年，吐蕃幼主赤德祖赞的祖母向唐朝再求联姻，唐中宗以金城公主许之。◎**原高云和青稞丰**：吐蕃属西羌之地，由于隶属高原，气候寒冷，作物以青稞为主。《旧唐书·吐蕃传上》："吐蕃，在长安之西八千里，本汉西羌之地也……其地气候大寒，不生秔稻，有青稞麦、䅎豆、小麦、乔麦。畜多牦牛猪犬羊马。又有天鼠，状如雀鼠，其大如猫，皮可为裘……屋皆平头，高者至数十尺。贵人处于大毡帐，名为拂庐。"◎**汉藏相亲布达宫**：松赞干布为文成公主兴建宫城于今拉萨玛布日山上，为布达拉宫。《新唐书·吐蕃传上》："十五年，妻以宗女文成公主，诏江夏王道宗持节护送，筑馆河源王之国。弄赞率兵次柏海亲迎，见道宗，执婿礼恭甚，见中国服饰之美，缩缩愧沮。归国，自以其先未有昏帝女者，乃为公主筑一城以夸后世，遂立宫室以居。公主恶国人赭面，弄赞下令国中禁之……遣诸豪子弟入国学，习《诗》《书》。又请儒者典书疏。"◎**文成谈吐金城舞，雪莲滋蕃古今同**：文成公主给吐蕃带去了中原儒家文化与天竺的佛像、佛经，得到吐蕃民众的爱戴；金城公主更是在12岁就远嫁给小她6岁的赤德祖赞。故唐吐人民的友情就像西藏高原的雪莲花绽放，代代相传直到今天。

四子·隐太子

践祚怎　息　昆季情
七步思　王　宋新亭
斑斑封　建　玄门影
功败垂　成　太白星

◎**息王建成：** 公元642年，唐太宗李世民追赠其兄——死于"玄武门之变"中的李建成为"隐太子"。《旧唐书·高祖二十二子列传》："太宗即位，追封建成为息王，谥曰隐，以礼改葬。葬日，太宗于宜秋门哭之甚哀，仍以皇子赵王福为建成嗣。十六年五月，又追赠皇太子，谥仍依旧。"◎**践祚怎息昆季情，七步思王宋新亭：** 以三国曹魏曹丕逼曹植作"七步诗"，与刘宋时奸子刘劭弑父夺位又遭其弟武陵王刘骏讨伐被诛之事，感叹皇位之争是怎样灭绝了兄弟伦理的情谊。《世说新语·文学》："文帝尝令东阿王七步中作诗，不成者行大法。应声便为诗曰：'煮豆持作羹，漉菽以为汁。萁在釜下燃，豆在釜中泣。本自同根生，相煎何太急？'帝深有惭色。"《宋书·孝武帝纪》："（五月）丙申，（宋孝武帝）克定京邑。劭及始兴王濬诸同逆，并伏诛。"◎**斑斑封建玄门影，功败垂成太白星：** 在分封制的古代，皇家血缘关系在君臣与父子间转换，皇子则在相互竞争中蜕变为仇人。在时与势之间怎样拿捏贯穿人伦与政治的复杂关系，恐只能是谋事在人、成事在天。●《朱子语类》论《论语》，朱子曰："伊川说权，便道权只在经里面。且如周公诛管蔡，与唐太宗杀建成元吉，其推刃于同气者虽同，而所以杀之者则异。盖管蔡与商之遗民谋危王室，此是得罪于天下，得罪于宗庙，盖不得不诛之也。若太宗，则分明是争天下。"

四子·孝敬皇帝

一念楚　商　心不忍
父君子　臣　何相泯
左传弃　之　拾礼记
立仁以　事　天地神

◎**商臣之事**：公元653年，唐高宗废10岁太子李忠，改立武则天所生李弘为太子。李弘长大学习《左传》，读到楚穆王弑其父楚成王的故事，不忍再学习下去。《旧唐书·李弘传》："弘尝受《春秋左氏传》于率更令郭瑜，至楚子商臣之事，废卷而叹曰：'此事臣子所不忍闻，经籍圣人垂训，何故书此？'"◎**一念楚商心不忍，父君子臣何相泯**：楚成王不听谏言立商臣为太子，后又想废商臣改立王子职。太子商臣得知后率禁卫军包围楚成王，迫其自尽，楚成王向儿子请求想吃了熊掌后再死，被拒绝后遭绞杀。《左传·文公元年》："冬，十月，以宫甲围成王。王请食熊蹯而死，弗听，丁未，王缢，谥之曰灵，不瞑，曰成，乃瞑，穆王立。"◎**左传弃之拾礼记**：李弘不愿再读《左传》，改学《礼记》。《旧唐书·李弘传》："瑜对曰：'孔子修《春秋》，义存褒贬，故善恶必书。褒善以示代，贬恶以诫后，故使商臣之恶，显于千载。'太子曰：'非唯口不可道，故亦耳不忍闻，请改读馀书。'瑜再拜贺曰：'……臣闻安上理人，莫善于礼，非礼无以事天地之神，非礼无以辨君臣之位，故先王重焉。孔子曰：不学《礼》，无以立。请停《春秋》而读《礼记》。'太子从之。"◎**立仁以事天地神**：公元675年，李弘早逝，一说被武则天毒杀，可讳其为事天地之神明而早亡。谥为"孝敬皇帝"，以天子规格葬于缑氏县景山恭陵。

四子·章怀太子

章怀少　贤　论语判
册立招　贤　注后汉
瓜辞难　易　武后苛
黄台颜　色　墓中憾

◎**贤贤易色：**公元675年，李弘死去，唐高宗立武则天第二子，20岁的李贤为太子。
◎**章怀少贤论语判：**李贤早慧，在读到《论语·学而》"贤贤易色"时，因自名为"贤"，就再三诵读，深得李治喜爱。《旧唐书·李贤传》："高宗尝谓司空李勣曰：'此儿已读得《尚书》《礼记》《论语》，诵古诗赋复十馀篇，暂经领览，遂即不忘。我曾遣读《论语》，至"贤贤易色"，遂再三覆诵。我问何为如此，乃言性爱此言。方知夙成聪敏，出自天性。'"◎**册立招贤注后汉：**李贤为太子后，开馆招学士注《后汉书》，史称"章怀注"。《新唐书·李贤传》："贤又招集诸儒：左庶子张大安、洗马刘讷言、洛州司户参军事格希玄、学士许叔牙成玄一史藏诸周宝宁等，共注范晔《后汉书》。"◎**瓜辞难易武后苛，黄台颜色墓中憾：**李贤作《黄台瓜辞》诗谏武后，导致武则天将其废为庶人，流放巴州，逼其自尽。后唐睿宗李旦追加李贤皇太子身份，谥为"章怀"。《旧唐书·肃宗代宗诸子列传》："（李）泌因奏曰：'臣幼稚时念《黄台瓜辞》，陛下尝闻其说乎？……天后方图临朝，乃鸩杀孝敬，立雍王贤为太子。贤每日忧惕，知必不保全……无由敢言。乃作《黄台瓜辞》……辞云："种瓜黄台下，瓜熟子离离。一摘使瓜好，再摘令瓜稀，三摘犹尚可，四摘抱蔓归。"'而太子贤终为天后所逐，死于黔中。"章怀太子墓位于今陕西咸阳乾县，墓中有50幅精美壁画。

四子·永泰公主

寒宇漏　永　夜茫茫
物极否　泰　徒凄凉
薄命王　公　红颜冢
匆匆郡　主　地宫墙

◎**永泰公主：**公元701年，唐中宗李显第七女，同为武则天孙女的永泰郡主李仙蕙因难产死去。年仅17岁。◎**寒宇漏永夜茫茫，物极否泰徒凄凉：**李显虽为武则天第三子，但同李贤一样，生活在母亲专权的阴影中。公元680年，武则天废李贤，立李显为太子。但李显不想成为武则天的傀儡，故很快被武则天贬为庐陵王，又在684年被废黜。一年后李仙蕙出生，或因仙蕙幼年时与李显一同"受苦"的缘故，李显对其十分疼爱。公元698年，武则天再立李显为太子。谁知仅三年后，李显长子李重润、女儿李仙蕙与婿武延基就因私议武则天男宠，被定罪赐死。《旧唐书·中宗四男列传》："大足元年，为人所构，与其妹永泰郡主、婿魏王武延基等窃议张易之兄弟何得恣入宫中，则天令杖杀，时年十九。"◎**薄命王公红颜冢：**李仙蕙因有孕在身躲过一劫，却因伤心过度死于难产。《大唐永泰公主墓志铭》："珠胎毁月，怨十里之无香；琼萼凋春，忿双童之秘药。女娥篪曲，乘碧烟而忽去。弄玉箫声，入彩云而不返。呜呼哀哉！"◎**匆匆郡主地宫墙：**唐中宗李显继位后，因伤心爱女惨死，追封李仙蕙为"永泰公主"，陪葬乾陵。这使永泰公主墓成为中国历史上唯一一座"陵"级别的公主墓（只有皇帝皇后葬地才称"陵"）。墓内有1200多平方米的壁画，壁画以人物为主，颜色艳丽，是研究唐代历史的第一手资料。

四臣·长孙无忌

翘楚初　唐　凌烟阁
辅政撰　律　礼乐合
百密一　疏　陷武媚
观史每　议　心欲折

◎**唐律疏议**：公元653年，长孙无忌等编撰《律疏》，为唐代刑律及其疏注的合编，是我国现存最古老、最完整的刑事法典。《新唐书·艺文志二》："《律疏》三十卷 无忌、李勣、于志宁、刑部尚书唐临、大理卿段宝玄、尚书右丞刘燕客、御史中丞贾敏行等奉诏撰，永徽四年上。"《旧唐书·刑法志》："三年，（高宗）诏曰：'律学未有定疏，每年所举明法，遂无凭准。宜广召解律人条义疏奏闻。仍使中书、门下监定。'于是太尉赵国公无忌……等，参撰《律疏》，成三十卷，四年十月奏之，颁于天下。"◎**翘楚初唐凌烟阁，辅政撰律礼乐合**：长孙无忌乃名门之后，博学多谋，为太宗长孙皇后之兄，名列"凌烟阁二十四功臣"之首，是太宗遗诏中的辅政大臣。◎**百密一疏陷武媚，观史每议心欲折**：公元642年，太子李承乾谋反被废，长孙无忌拥护李世民立李治为太子。但长孙无忌却因反对唐高宗李治立武则天为后，被削去爵位，流放黔州（今重庆彭水郁山镇），被逼自杀。故每读史书于此处，令观者的心都要折断。●《朱子语类》论《论语》，弟子问："孟庄子，何以谓之'难能'？"朱子曰："这个便是难能处。人固有用父之臣者，然稍拂他私意，便自容不得。亦有行父之政者，于私欲稍有不便处，自行不得。古今似此者甚多：如唐太宗为高宗择许多人，如长孙无忌、褚遂良之徒，高宗因立武昭仪事，便不能用。"

四臣·许敬宗

满腹斯　文　一佞臣
琼台玉　馆　惑皇恩
纵撰雄　词　百代诏
羞与士　林　读书人

◎**文馆词林**：公元658年，唐高宗李治开始任佞臣许敬宗为中书令，即宰相。此事件可作为武后时期黑暗政治的开始。《旧唐书·高宗本纪上》："(显庆三年冬十一月)戊子，侍中、皇太子宾客、权检校中书令、高阳郡公许敬宗为中书令，宾客已下如故。"同年许敬宗完成1000卷的古代诗文总集《文馆词林》。◎**满腹斯文一佞臣，琼台玉馆惑皇恩**：许敬宗学识深厚，为唐太宗"十八学士"之一，擅起草诏书，曾参与《武德实录》《贞观实录》的撰写，后迁为太子左庶子，成为唐高宗幕僚。但其开始与武则天合作，先后流放褚遂良、构陷长孙无忌、谋害上官仪等，是满腹经纶却双手沾满良臣鲜血而上位的刀笔小人。故《旧唐书》将其与李义府并列，《新唐书》列其为《奸臣传》之首。◎**纵撰雄词百代诏，羞与士林读书人**：许敬宗还编撰有《东殿新书》200卷，《累璧》400卷，《芳林要览》300卷与《西域图》等，并与房玄龄编撰《晋书》130卷。但其低劣的人格与政治操守，使得读书人羞于与其为伍。●《朱子语类》论《论语》，弟子问："何必读书，然后为学。"**朱子曰**："子路当初使子羔为费宰，意不知如何。本不是如此，只大言来答，故孔子恶其佞。"弟子问："此恐失之偏否？"**朱子曰**："亦须是讲学，方可如此做。左传子产说'学而后从政，未闻以政学'一段，说得好。如子路，却是以政学者也。"

四臣·上官仪

奉和歌咏谁比肩
阳春白雪对仗间
工诗反应成绮婉
祸起草诏金殿前

◎**咏雪应诏**：公元665年，唐朝宰相上官仪被告与废太子李忠谋反，被诛。《旧唐书·高宗本纪上》："麟德元年……十二月丙戌，杀西台侍郎上官仪。戊子，庶人忠坐与仪交通，赐死。"上官仪不但是政治家，也是出色的文学家，以殿前应制见长，有名作《咏雪应诏》。《全唐诗·卷40·咏雪应诏》："禁园凝朔气，瑞雪掩晨曦。花明栖凤阁，珠散影娥池。飘素迎歌上，翻光向舞移。幸因千里映，还绕万年枝。"◎**奉和歌咏谁比肩，阳春白雪对仗间**：谈起奉和与应制诗，没人比上官仪更出色，其诗高洁秀丽，有阳春白雪之感；又擅长对仗，开格律诗之先河。《旧唐书·上官仪传》："本以词彩自达，工于五言诗，好以绮错婉媚为本。仪既贵显，故当时多有效其体者，时人谓为'上官体'。仪颇恃才任势，故为当代所嫉。"◎**工诗反应成绮婉，祸起草诏金殿前**：上官仪应制迅速、诗风"绮婉"，但因揣摩圣意"过快"触犯凤颜。高宗难忍武则天跋扈而欲废之，上官仪便速立草诏，不想高宗反悔，上官仪因此得罪武后，遭构陷诛杀。《新唐书·上官仪传》："初，武后得志，遂牵制帝，专威福，帝不能堪；又引道士行厌胜，中人王伏胜发之。帝因大怒，将废为庶人，召仪与议。仪曰：'皇后专恣，海内失望，宜废之以顺人心。'帝使草诏。左右奔告后，后自申诉，帝乃悔；又恐后怨恚，乃曰：'上官仪教我。'后由是深恶仪。"

四臣·郭子仪

旗展河　汾　复两京
弦满泾　阳　固关中
阵回边　郡　剑归鞘
攘夷尊　王　盖世功

◎**汾阳郡王**：公元762年，唐肃宗李亨封郭子仪为"汾阳郡王"，故郭子仪又被称为"郭汾阳"。《新唐书·郭子仪传》："朝廷忧二军与贼合，而少年新将望轻不可用，遂以子仪为朔方、河中、北庭、潞仪泽沁等州节度行营，兼兴平、定国副元帅，进封汾阳郡王，屯绛州。"◎**旗展河汾复两京**：公元755年安史之乱后，唐痛失东、西两京。公元757年，郭子仪随日后的唐代宗李豫率唐、回纥联军在香积寺（今陕西长安县西南）大破叛军，斩首6万，收复长安。后在新店（今河南三门峡西南）大败15万叛军，迫安庆绪（安禄山之子）退回相州（今河南安阳），收复洛阳。◎**弦满泾阳固关中**：公元765年，回纥、吐蕃联合犯唐，并包围郭子仪部。郭子仪离间回、吐，并与回纥大破吐蕃。《旧唐书·郭子仪传》："子仪遣朔方兵马使白元光与回纥会军。吐蕃知其谋，是夜奔退。回纥与元光追之，子仪大军继其后，大破吐蕃十馀万于灵武台西原，斩首五万，生擒万人，收其所掠士女四千人，获牛羊驼马，三百里内不绝。子仪自泾阳入朝，加实封二百户，还镇河中。"◎**阵回边郡剑归鞘，攘夷尊王盖世功**：《旧唐书·郭子仪传》："德宗即位，诏还朝，摄冢宰，充山陵使，赐号'尚父'，进位太尉、中书令，增实封通计二千户……所领诸使副元帅并罢。"●《朱子语类》论历代，**朱子曰**："郭汾阳功名愈大而心愈小，意思好。"

四变·神龙革命

抖擞精　神　五纯臣
束凤扶　龙　除佞人
深殿鼎　革　促内禅
为续唐　命　竟失身

◎**神龙革命：**公元705年2月20日，张柬之等老臣趁武则天病重，率禁军攻入洛阳紫微城，杀"二张"，逼武曌退位。后李显登基改元为神龙元年，史称"神龙革命"。◎**抖擞精神五纯臣，束凤扶龙除佞人：**《新唐书·则天皇后本纪》："（五年）癸卯，张柬之、崔玄暐及左羽林卫将军敬晖、检校左羽林卫将军桓彦范、司刑少卿袁恕己、左羽林卫将军李湛薛思行赵承恩、右羽林卫将军杨元琰……率左右羽林兵以讨乱；麟台监张易之、春官侍郎张昌宗、汴州刺史张昌期、司礼少卿张同休、通事舍人张景雄伏诛。"◎**深殿鼎革促内禅：**《新唐书·中宗本纪》："神龙元年正月，张柬之等以羽林兵讨乱。甲辰，皇太子监国，大赦，改元。丙午，复于位，大赦，赐文武官阶、爵，民酺五日，免今岁租赋，给复房州三年，放宫女三千人。"◎**为续唐命竟失身：**五臣立功后被封朝廷重臣，但好景不长，在武三思与韦后运作下，唐中宗以"自谓勋高一时，遂欲权倾四海，擅作威福，轻侮国章"为由外放五臣，其中二人早亡，三人被武三思派人阴杀。●《朱子语类》论历代，弟子问："胡氏《管见》断武后于高宗非有妇道。合称高祖太宗之命，数其九罪，废为庶人而赐之死。窃恐立其子而杀其母，未为稳否？"朱子曰："这般处便是难理会处。在唐室言之，则武后当杀；在中宗言之，乃其子也。宰相大臣今日杀其母，明日何以相见？"

四变·景龙之变

肃杀秋　景　东宫冷
傲凤惊　龙　倾内廷
韦武乱　政　孰可忍
剑光裂　变　玄门影

◎**景龙政变**：公元 707 年，景龙元年秋七月庚子，皇太子李重俊联合禁军将领发动政变，在攻杀武三思父子后，欲入太极宫诛韦后时遭遇失败，被杀，史称景龙之变。◎**肃杀秋景东宫冷，傲凤惊龙倾内廷**：李重俊非韦后所生，而安乐公主深得韦后宠爱，其夫为武则天侄子武三思之子武崇训，故安乐公主根本不把李重俊放在眼中。《新唐书·中宗四子列传》："武三思挟韦后势，将图逆，内忌太子，而崇训又三思子，尚安乐公主，常教主辱重俊，以非韦出，詈为奴，数请废，自为皇太女。"◎**韦武乱政孰可忍，剑光裂变玄门影**：李重俊不忍遭韦后与武三思迫害，更不忍唐中宗做政治傀儡，亲率禁军攻杀武三思父子。但在攻太极宫时，不想唐中宗亲自登上玄武门向兵士喊话，造成将士临阵倒戈，政变失败，李重俊在逃亡中为亲兵所杀。《新唐书·中宗四子列传》："帝据槛语千骑曰：'尔乃我爪牙，何忽为乱？能斩贼者有赏。'于是士倒戈斩多祚，馀党溃。"●《朱子语类》论《论语》，弟子问"比周"。朱子曰："且如一乡之中，有个恶人，我这里若可除去，便须除去，却得这一乡都安，此'君子周而不比'也。至如小人于恶人，则喜其与己合，必须亲爱之；到得无恶之人，每与己异，必思伤害之，此小人之'比而不周'也。武三思尝言：'如何是善人？如何是恶人？与予合者是善人，与予不合者是恶人。'"

四变·唐隆之变

诛韦兴　唐　起风雷
王道穹　隆　天网恢
二南教　政　治乱本
金銮丕　变　玄剑辉

◎**唐隆政变：**公元710年7月21日，唐少帝唐隆元年，25岁的临淄郡王李隆基亲率禁军攻入大内，斩杀韦后与安乐公主，剿灭韦氏集团，史称"唐隆政变"。◎**诛韦兴唐起风雷，王道穹隆天网恢：**公元710年7月3日，唐中宗李显中毒暴毙，韦后在暗中掌控军政大权后才发丧。7月8日，李重茂即位，而韦太后亲自临朝。为避免再出现"武曌祸唐"，李隆基与太平公主商议，决定不通知其父李旦先发制人。《新唐书·玄宗本纪》："或请先启相王，玄宗曰：'请而从，是王与危事；不从，则吾计失矣。'乃夜率幽求等入苑中，福顺、仙凫以万骑兵攻玄武门。"◎**二南教政治乱本：**《诗经》中《周南》《召南》是为赞美后妃之德，而雅乐不正则淫声起，武媚、韦氏都是败坏政治伦理的淫奔奸贼。◎**金銮丕变玄剑辉：**喻李隆基玄剑生辉杀入禁中全歼韦氏集团。《旧唐书·中宗本纪》："庚子夜，临淄王讳举兵诛诸韦、武，皆枭首于安福门外，韦太后为乱兵所杀。"●《朱子语类》论诗，朱子曰："唐明皇资禀英迈，只看他做诗出来，是甚么气魄！今唐百家诗首载明皇一篇《早渡蒲津关》，多少飘逸气概！便有帝王底气焰。"附：李隆基《早度蒲津关》："钟鼓严更曙，山河野望通；鸣銮下蒲坂，飞斾入秦中；地险关逾壮，天平镇尚雄；春来津树合，月落戍楼空；马色分朝景，鸡声逐晓风；所希常道泰，非复候繻同。"

四变·先天政变

羽林谁　先　入武德
且登承　天　望宫火
早知怠　政　天宝祸
此番星　变　又如何

◎**先天政变：**公元713年，先天二年秋七月甲子。李隆基以其姑太平公主图谋政变为由，先发制人剿除太平公主及其党羽，史称"先天政变"。《旧唐书·睿宗本纪》："秋七月甲子，太平公主与仆射窦怀贞、侍中岑羲、中书令萧至忠、左羽林大将军常元楷等谋逆，事觉，皇帝率兵诛之。"◎**羽林谁先入武德，且登承天望宫火：**李隆基率一干亲信如李靖侄孙李令问、妻兄王守一、内侍高力士、奴仆李守德等出太极宫武德殿，入虔化门，展开行动。而太上皇李旦登上承天门下诏。《旧唐书·玄宗上》："取闲厩马及家人三百馀人，率太仆少卿李令问、王守一、内侍高力士、果毅李守德等亲信十数人，出武德殿，入虔化门……睿宗明日下诏曰：'朕将高居无为，自今军国政刑一事已上，并取皇帝处分。'上御承天门楼。"◎**早知怠政天宝祸：**天宝十四年，公元755年12月16日，安禄山、史思明以诛杀杨国忠为名发动叛乱，史称"安史之乱"，唐自此由盛转衰。而这场政治动乱是由于李隆基晚年怠政沉迷杨玉环导致。◎**此番星变又如何：**公元712年，唐睿宗李旦下决心传位于太子李隆基，自己做太上皇，改元先天。如果李旦知道40年后，李隆基几乎造成唐朝灭亡，还会传位给他吗？《新唐书·睿宗本纪》："延和元年，星官言：'帝坐前星有变。'睿宗曰：'传德避灾，吾意决矣。'七月壬辰，制皇太子宜即皇帝位。"

四馆·文学馆

礼乐七　十　孔门哲
智勇廿　八　云台阁
秦王文　学　馆新置
四方杰　士　登瀛洲

◎**十八学士**：公元621年，秦王李世民被加封天策上将之后，开"文学馆"招四方之士，共招有十八位名士，李世民与他们讨论政治与哲学话题，后命阎立本画《秦府十八学士图》。《新唐书·褚亮传》："初，武德四年，太宗为天策上将军，寇乱稍平，乃乡儒，宫城西作文学馆，收聘贤才，于是下教，以大行台司勋郎中杜如晦、记室考功郎中房玄龄及于志宁、军谘祭酒苏世长、天策府记室薛收、文学褚亮姚思廉、太学博士陆德明孔颖达、主簿李玄道、天策仓曹参军事李守素、王府记室参军事虞世南、参军事蔡允恭颜相时、著作郎摄记室许敬宗薛元敬、太学助教盖文达、军谘典签苏勖，并以本官为学士。七年，收卒，复召东虞州录事参军刘孝孙补之。……每暇日，访以政事，讨论坟籍，权略前载，无常礼之间。命阎立本图象，使亮为之赞，题名字爵里，号'十八学士'，藏之书府，以章礼贤之重。方是时，在选中者，天下所慕向，谓之'登瀛洲'。"◎**礼乐七十孔门哲，智勇廿八云台阁**：秦王府十八学士都是文武双全之人，可与孔门七十二弟子相较，亦可与汉光武帝《云台二十八将》对比。◎**秦王文学馆新置，四方杰士登瀛洲**：《旧唐书·太宗本纪》："于时海内渐平，太宗乃锐意经籍，开文学馆以待四方之士。行台司勋郎中杜如晦等十有八人为学士，每更直阁下，降以温颜，与之讨论经义，或夜分而罢。"

四馆·北门学士

大明宫　北　阙连楼
凤阁鸾　门　满绸缪
刑名之　学　荡国政
搜罗文　士　图武周

◎**北门学士**：公元666—668年，唐高宗乾封年间，武则天建立了自己的写作班子"北门学士"。《旧唐书·职官二》："乾封中，刘懿之刘祎之兄弟、周思茂、元万顷、范履冰，皆以文词召入待诏，常于北门候进止，时号北门学士。"◎**大明宫北阙连楼，凤阁鸾门满绸缪**：武则天的"笔杆子"们常从大明宫北门出入，故以"北门学士"名之。公元684年，武则天迁都洛阳，并改称尚书省为文昌台，门下省为鸾台，中书省为凤阁，为其进一步篡唐做准备。◎**刑名之学荡国政**：武则天用"北门学士"分相权，也为其政策涂脂抹粉，渲染其个人魅力，但难掩其刑名学本质。即武则天设告密制、重用酷吏，败坏朝纲。《旧唐书·酷吏传》："周朝酷吏来子珣、万国俊、王弘义、侯思止、郭霸、焦仁亶、张知默、李敬仁、唐奉一、来俊臣、周兴、丘神勣、索元礼、曹仁哲、王景昭、裴籍、李秦授、刘光业、王德寿、屈贞筠、鲍思恭、刘景阳、王处贞二十三人，残害宗枝，毒陷良善，情状尤重，子孙不许与官。"◎**搜罗文士图武周**：《新唐书·文艺传上》："武后讽帝召诸儒论撰禁中，万顷与周王府户曹参军范履冰、苗神客、太子舍人周思茂、右史胡楚宾与选，凡撰《列女传》《臣轨》《百僚新戒》《乐书》等九千馀篇。至朝廷疑议表疏皆密使参处，以分宰相权，故时谓'北门学士'。思茂、履冰、神客供奉左右，或二十馀年。"

四馆·翰林院

墨海文　翰　科举日
书山词　林　殿试时
独善博　学　颜回志
兼济国　士　孟轲心

◎**翰林学士：**公元738年,唐玄宗李隆基建翰林学士院。由翰林学士所撰文书,直接从禁中发出,用白麻纸写成,称为"内制";而由中书舍人所撰文书,为外朝所拟,用黄麻纸写成,称为"外制"。显然"内"高于"外",翰林学士遂成为皇帝心腹的"私人内相"。《新唐书·百官志一》:"唐制,乘舆所在,必有文词、经学之士,下至卜、医、伎术之流,皆直于别院,以备宴见;而文书诏令,则中书舍人掌之。自太宗时,名儒学士时时召以草制,然犹未有名号;乾封以后,始号'北门学士'。玄宗初,置'翰林待诏',以张说、陆坚、张九龄等为之,掌四方表疏批答、应和文章;既而又以中书务剧,文书多壅滞,乃选文学之士,号'翰林供奉',与集贤院学士分掌制诏书敕。开元二十六年,又改翰林供奉为学士,别置学士院,专掌内命。凡拜免将相、号令征伐,皆用白麻。其后,选用益重,而礼遇益亲,至号为'内相',又以为天子私人。"◎**墨海文翰科举日,书山词林殿试时：**喻在书山墨海之内,经学与诗赋之间,士人有的通过科举考试显贵,有的在殿试上得到皇帝赏识。◎**独善博学颜回志,兼济国士孟轲心：**作为饱读诗书的士大夫应有颜回的志向与孟子的雄心,即"穷则独善其身,达则兼善天下"。《孟子·尽心上》孟子曰:"古之人,得志,泽加于民;不得志,修身见于世。穷则独善其身,达则兼善天下。"

四馆·弘文馆

新旧唐　史　均无传
却注史　记　留述赞
九丘八　索　考典谟
开元谁　隐　弘文馆

◎**史记索隐：**公元719年，唐玄宗李隆基将昭文馆恢复为原名"弘文馆"。《旧唐书·职官二》："弘文馆：后汉有东观，魏有崇文馆，宋有玄、史二馆，南齐有总明馆，梁有士林馆，北齐有文林馆，后周有崇文馆，皆著撰文史，鸠聚学徒之所也。武德初置修文馆，后改为弘文馆。后避太子讳，改曰昭文馆。开元七年，复为弘文馆，隶门下省。"史学家司马贞就供职于弘文馆，为弘文馆学士，其撰《史记索隐》与南朝刘宋裴骃《史记集解》、武周时期张守节《史记正义》合称"史记三家注"。
◎**新旧唐史均无传，却注史记留述赞：**皓月曰：司马贞《史记索隐》是如今研究《史记》的重要著作，其价值不仅在注释上，也在于司马贞为《史记》"十二本纪、十表八书、三十世家、七十列传"所加的《述赞》。但其人其事并未载入《旧唐书》与《新唐书》。可见至宋代虽有其注但其人却未甚闻名，《崇文总目》只录一书目。直到元代《文献通考》称赞司马贞价值的记录才开始涌现。而《史记三家注》大兴在清朝。这说明"夷狄统华"重史不崇经。从儒家思想角度讲，通经必通史，通史未必通经；通史不通经，则刑名学化。◎**九丘八索考典谟，开元谁隐弘文馆：**《文献通考》："晁氏曰：唐司马贞撰。据徐、裴注纠正抵牾，援据密致。……陈氏曰：采摭异闻，释文演注。末二卷为《述赞》、为《三皇本纪》，世号'小司马史记'。"

八典·经史子集

一匡八	经	欲化俗
纵览九	史	研帝谱
百家诸	子	儒道同
诗赋别	集	聚四部

◎**经史子集**：公元643年，魏徵逝世。唐太宗李世民极为伤感，废朝五日。《旧唐书·魏徵传》："太宗亲临恸哭，废朝五日，赠司空、相州都督，谥曰文贞……尝临朝谓侍臣曰：'夫以铜为镜，可以正衣冠；以古为镜，可以知兴替；以人为镜，可以明得失。朕常保此三镜，以防己过。今魏徵殂逝，遂亡一镜矣！'"魏徵以诤谏闻名，也是优秀的历史学家。他在编修《隋书·经籍志》时，将经学、史学、诸子，诗赋别集分为经、史、子、集四类，之后历代史书均以此四分类法为体例。◎**一匡八经欲化俗**：《隋书·经籍志》经学类中包含的《易》《书》《诗》《礼》《乐》《春秋》《孝经》《论语》。◎**纵览九史研帝谱**：《隋书·经籍志》史学类中包含的正史、古史、杂史、霸史、起居注、旧事、杂传、谱系、簿录。九史与八经，又喻九丘、八索。◎**百家诸子儒道同**：《隋书·经籍志》沿用《汉书·艺文志》范式，将孔子亲授的《孝经》《论语》归为经学，将《孟子》《曾子》《子思子》等儒家著作归于子类。●《二程遗书》程子曰："文中子本是一隐君子，世人往往得其议论，附会成书。其闲极有格言，荀、杨道不到处。又有一件事，半截好，半截不好。如魏徵问：'圣人有忧乎？'曰：'天下皆忧，吾独得不忧？'问疑，曰：'天下皆疑，吾独得不疑？'徵退，谓董常曰：'乐天知命吾何忧？穷理尽性吾何疑？'此言极好。下半截却云：'徵所问者迹也，吾告汝者心也，心迹之判久矣。'便乱道。"

八典·经典释文

音注七　经　南陈殿
义解儒　典　隋炀宫
训诂字　释　通儒道
武德讲　文　唐祖前

◎**经典释文**：公元630年，跨越南陈、隋、唐三朝的经学家陆德明去世。唐太宗在阅读其撰《经典释文》后重赏其家。《旧唐书·儒学传上》："贞观初，拜国子博士……寻卒。撰《经典释文》三十卷……太宗后尝阅德明《经典释文》，甚嘉之，赐其家束帛二百段。"　◎**音注七经南陈殿**：《旧唐书·儒学传上》："陈太建中，太子征四方名儒，讲于承光殿。德明年始弱冠，往参焉。国子祭酒徐克开讲，恃贵纵辨，众莫敢当，德明独与抗对，合朝赏叹。解褐始兴王国左常侍，迁国子助教。"
◎**义解儒典隋炀宫**：《新唐书·儒学传上》："隋炀帝擢秘书学士。大业间，广召经明士，四方踵至。于是德明与鲁达、孔褒共会门下省相酬难，莫能诎。迁国子助教。越王侗署为司业，入殿中授经。"　◎**训诂字释通儒道**：陆德明在《经典释文》中音注《老子》《庄子》，同汇七经、三玄。《经典释文·序》："研精六籍，采摭九流，搜访异同，校之《苍》《雅》，辄撰集《五典》《孝经》《论语》及《老》《庄》《尔雅》等音，合为三帙三十卷，号曰《经典释文》。"　◎**武德讲文唐祖前**：《旧唐书·儒学传上》："太宗征为秦府文学馆学士，命中山王承乾从其受业。寻补太学博士。后高祖亲临释奠，时徐文远讲《孝经》，沙门惠乘讲《波若经》，道士刘进喜讲《老子》，德明难此三人，各因宗指，随端立义，众皆为之屈。高祖善之，赐帛五十匹。"

八典·群书治要

道以德　群　学亦群
魏徵谏　书　太宗心
贞观之　治　垂史册
经世政　要　可不闻

◎**群书治要**：公元628年，魏徵迁入秘书监，开始编撰书籍。他撷取《五经》《孝经》《论语》《前四史》《晋书》，与先秦两汉魏晋诸子等著作中关于治国方略、哲学思想、政治理念、史学评说等内容，去繁化简，精编为《群书治要》一书。《旧唐书·魏徵传》："贞观二年，迁秘书监，参预朝政。徵以丧乱之后，典章纷杂，奏引学者校定四部书。数年之间，秘府图籍，粲然毕备。"◎**道以德群学亦群**：取"敬业乐群"与为"道之以德"之意。即学习哲学需要思考的汇聚，而学习亦是对前人知识的汇聚与总结，喻《群书治要》的汇编体例。《礼记·学记》："一年视离经辨志，三年视敬业乐群，五年视博习亲师，七年视论学取友，谓之小成；九年知类通达，强立而不反，谓之大成。"◎**魏徵谏书太宗心**：魏徵以著书为谏，为唐太宗治国安邦提供理论支持与前世警示。《群书治要序》："皇上以天纵之多才，运生知之睿思……俯协尧舜，式遵稽古。不察貌乎止水，将取鉴乎哲人。以为六籍纷纶，百家蹐驳……故爰命臣等，采摭群书，翦截浮放，光昭训典，圣思所存，务乎政术，缀叙大略。"◎**贞观之治垂史册，经世政要可不闻**：唐贞观年间，李世民知人善用、虚心纳谏；以农为本，休养生息；内兴文教，社会安定；外和四夷，稳固边疆；使国家社会出现"天下大治"的局面。这与魏徵的诤言和编撰《群书治要》是分不开的。

八典 • 五经正义

茫茫三　五　传火薪
孔教儒　经　导人心
从来乐　正　方身正
疏通礼　义　可维新

◎**五经正义**：公元653年，永徽四年二月二十四日，长孙无忌等上《进五经正义表》，唐朝颁布由孔颖达、颜师古等撰疏的《五经正义》。这时孔颖达已去世5年，颜师古已去世8年了。《旧唐书·高宗本纪上》："三月壬子朔，颁孔颖达《五经正义》于天下，每年明经令依此考试。"《旧唐书·儒学传上》："太宗又以经籍去圣久远，文字多讹谬，诏前中书侍郎颜师古考定《五经》，颁于天下，命学者习焉。又以儒学多门，章句繁杂，诏国子祭酒孔颖达与诸儒撰定《五经》义疏，凡一百七十卷，名曰《五经正义》，令天下传习。"◎**茫茫三五传火薪，孔教儒经导人心**：日月如梭，世代变迁，国家兴衰，如同月盈月阙。在时光中，华夏人传递着思想与文化的火把——《五经》。因为只有孔夫子的教诲——《五经》中蕴含的儒家哲学才能使人的思想走向正道。《礼记·礼运》："播五行于四时，和而后月生也。是以三五而盈，三五而阙。五行之动，迭相竭也。五行、四时、十二月，还相为本也。五声、六律、十二管，还相为宫也……故人者，天地之心也，五行之端也。"◎**从来乐正方身正，疏通礼义可维新**：皓月曰：只有确立正确的政治文化，才能培养正确的政治行为；只有锻造正确的政治哲学，才能成就正确的政治制度。这即是孔颖达编撰《五经正义》的目的。《诗经·大雅·文王》："周虽旧邦，其命维新。"

八典·艺文类聚

三玄六　艺　共海内
诗赋骈　文　扬笔锐
九流归　类　删繁冗
古今汇　聚　览菁辉

◎**艺文类聚：**公元624年，唐高祖李渊诏欧阳询等编撰的类书《艺文类聚》（古代百科全书）宣告完成。《旧唐书·儒学传上》："武德七年，诏与裴矩、陈叔达撰《艺文类聚》一百卷。奏之，赐帛二百段。"《艺文类聚》是中国现存最早的类书之一，与《北堂书钞》《初学记》《白氏六帖》合称"唐代四大类书"。◎**三玄六艺共海内，诗赋骈文扬笔锐：**《艺文类聚》出现在乱世之末、李唐统一中国之初，思想上延续儒玄并举，规模上力图博大，编撰风格上比较粗犷，带有鲜明的时代特色。它毫不掩饰地表现出李唐欲偃武修文、大兴文教的政治魄力。《艺文类聚序》："皇帝命代膺期，抚兹宝运，移浇风于季俗，反淳化于区中。戡乱靖人，无思不服，偃武修文，兴开庠序，欲使家富隋珠，大怀荆玉。"◎**九流归类删繁冗，古今汇聚览菁辉：**《艺文类聚》以南朝刘宋时代儒、玄、史、文的"四学"为顺序来解释事物。即在自然科学不发达的唐代，人们用哲学、史学，甚至文学，通过联系事物的外延与描绘其文学象征构建意义，弥补经验的缺失，用其序概括即"折衷今古"。《艺文类聚序》："爰诏撰其事且文，弃其浮杂，删其冗长，金箱玉印，比类相从，号曰《艺文类聚》，凡一百卷。其有事出于文者，便不破之为事，故事居其前，文列于后，俾夫览者易为功，作者资其用，可以折衷今古，宪章坟典云尔。"

八典·北堂书钞

道无南　北　知无涯
前殿后　堂　难闲暇
八百古　书　考经典
分类摘　钞　释华夏

◎**北堂书钞**：公元638年，经史大家虞世南去世。唐太宗李世民极为悲恸，赐陪葬昭陵。《旧唐书·太宗本纪下》："（贞观十二年）夏五月壬申，银青光禄大夫、永兴县公虞世南卒。"《旧唐书·虞世南传》："（太宗）尝称世南有五绝：一曰德行，二曰忠直，三曰博学，四曰文辞，五曰书翰。十二年，又表请致仕，优制许之，仍授银青光禄大夫、弘文馆学士，禄赐、防阁，并同京官职事。寻卒，年八十一。太宗举哀于别次，哭之甚恸。赐东园秘器，陪葬昭陵，赠礼部尚书，谥曰文懿。"虞世南生前，编撰有类书《北堂书钞》。皓月曰：《北堂书钞》与《艺文类聚》风格迥异。《艺文类聚》的分类与解释均是粗犷的，而《北堂书钞》的编撰则颇为"细腻"。《北堂书钞》有意地借鉴了《千字文》的风格，即或从古书中摘录，或从古籍中总结出的词条，可组成一篇比较通顺，且很有文学性的"文章"！其间穿插对条目的解释，构成一种双重阅读体验。如果说《初学记》是更有系统，更着眼于文学类的《艺文类聚》；《白氏六帖》则是更通俗，更庞大，但行文比较散漫的《北堂书钞》。即《北堂书钞》在功能性外，其文学性也颇强，而《白氏六帖》更着眼于实用性。◎**八百古书考经典，分类摘钞释华夏**：《北堂书钞》引前代古籍800余种，分19部，力图全面解释中国之哲学、制度、礼仪、风物的意涵特点。

八典·马总意林

扶风骏　马　泉州驾
一鞭百　总　淮西夸
麟德有　意　销天将
放甲桑　林　释不杀

◎**马总意林**：公元786年，抚州刺史戴叔伦为他的挚友马总所编《意林》作序。在序中他称《意林》是在南梁庾仲容总结诸子学的《子书抄》基础上损益而来，并用陆机、韦展之言称赞其书。《意林·序一》："陆机氏曰：'倾群言之沥液，漱六艺之芳润。'唐韦展《日月如合璧赋》云：'猎英华于百氏，漱芳润于六籍。'是庶几焉。"◎**扶风骏马泉州驾，一鞭百总淮西夸**：马总为陕西扶风人，性格刚直如骏马，早年仕途不嘉曾被贬为泉州别驾。后遂裴度平定淮西，并革除藩镇陋习，令淮西民风大变，深受唐皇赏识。《新唐书·马总传》："（元和）十二年，兼御史大夫，副裴度宣慰淮西。吴元济禽，为彰义节度留后。蔡人习伪恶，相掉讦，犷戾有夷貊风。总为设教令，明赏罚，磨治洗汰，其俗一变。始奏改彰义为淮西，寻擢拜淮西节度使。"◎**麟德有意销天将，放甲桑林释不杀**：公元821年，藩镇初平，唐穆宗密下"销兵令"，诏天下军镇每年限定100兵士中可免除8人逃跑、死亡者兵籍。故马总不予抓捕逃跑的士兵。《旧唐书·穆宗本纪》："（长庆元年二月）乙酉，天平军节度使马总奏：'当道见管军士三万三千五百人，从去年正月已后，情愿居农者放，逃户者不捕。'"●皓月曰：《意林》最珍贵之处，是收录了《子思子》。虽只有十句，但末句"君子以心导耳目，小人以耳目导心"之言，一语揭"君子小人"本质。

八典・杜佑通典

晋有羊　杜　唐马杜
贞元垂　佑　法势术
王道难　通　藩镇局
职官政　典　代诗书

◎**杜佑通典：** 公元801年，淮南节度使杜佑向唐德宗献《通典》。《旧唐书·杜佑传》："（贞元十七年冬）淮南节度使杜佑进《通典》，凡九门，共二百卷。"《新唐书·杜佑传》："先是，刘秩摭百家，侔周六官法，为《政典》三十五篇，房琯称才过刘向。佑以为未尽，因广其阙，参益新礼，为二百篇，自号《通典》。"《通典》是中国历史上第一部体例完备的政书。◎**晋有羊杜唐马杜：** 西晋羊祜、杜预，智勇双全，深得司马炎器重，合称羊杜；而唐德宗有马总、杜佑，亦能文能武，合称"马杜"。《旧唐书·杜佑传》："（佑）性嗜学，该涉古今，以富国安人之术为己任……佑性勤而无倦，虽位极将相，手不释卷。"◎**贞元垂佑法势术：** 唐德宗即位后本想对藩镇割据的现状有所作为，但遭遇泾原兵变，天子威严尽失，他开始重用宦官，倚仗"法术"治国，并将贞观、开元两词合并，改元"贞元"。◎**王道难通藩镇局，职官政典代诗书：** 面对"礼乐征伐难自天子出"的局面，杜佑重提管子法家传统。以聚财举官、重礼兴乐、练兵设刑、治郡绥边为顺序编撰《通典》。其序也将管子列于孔子之前。《通典序》杜佑曰："《管子》曰：'仓廪实知礼节，衣食足知荣辱。'夫子曰：'既富而教。'斯之谓矣。夫行教化在乎设职官，设职官在乎审官才，审官才在乎精选举，制礼以端其俗，立乐以和其心，此先哲王致治之大方也。故职官设，然后兴礼乐焉。教化隳，然后用刑罚焉。列州郡俾分领焉，置边防遏戎狄焉。"

诗文·李白

太白峰　青　太白仙
欲踏云　莲　上月船
希圣燕　居　获麟杯
醉卧豪　士　行路难

◎**青莲居士**：公元827—840年，唐太和、开成年间，唐文宗李昂御封李白之诗、裴旻剑舞、张旭草书为"三绝"。《新唐书·李白传》："文宗时，诏以白歌诗、裴旻剑舞、张旭草书为'三绝'。"李白自号"青莲居士"。《答湖州迦叶司马问白是何人》："青莲居士谪仙人，酒肆藏名三十春。湖州司马何须问？金粟如来是后身。"◎**太白峰青太白仙**：《登太白峰》"西上太白峰，夕阳穷登攀。太白与我语，为我开天关。"《旧唐书·李白传》："初，贺知章见白，赏之曰：'此天上谪仙人也。'"◎**欲踏云莲上月船**：《秋浦歌》："水如一匹练，此地即平天。耐可乘明月，看花上酒船。"杜甫《饮中八仙歌》："天子呼来不上船，自称臣是酒中仙。"◎**希圣燕居获麟杯**：《古风·其一》"我志在删述，垂辉映千春。希圣如有立，绝笔于获麟。"◎**醉卧豪士行路难**：《旧唐书·李白传》："白既嗜酒，日与饮徒醉于酒肆……尝沉醉殿上，引足令高力士脱靴，由是斥去。乃浪迹江湖。"《古风·其三十九》："梧桐巢燕雀，枳棘栖鸳鸾。且复归去来，剑歌行路难。"●《朱子语类》论文，**朱子曰**："李太白诗非无法度，乃从容于法度之中，盖圣于诗者也。《古风》两卷多效陈子昂，亦有全用其句处。太白去子昂不远，其尊慕之如此。"张以道问："太白五十篇《古风》不似他诗，如何？"**朱子曰**："太白五十篇《古风》是学陈子昂《感遇诗》，其间多有全用他句处。"

诗文·杜甫

岱宗甫　少　三千云
江长杜　陵　一齿心
星辉牧　野　苍茫韵
春伤鸦　老　草堂新

◎**少陵野老：** 公元766年，杜甫在耒阳死去。《旧唐书·杜甫传》："永泰二年，啖牛肉白酒，一夕而卒于耒阳，时年五十九。"杜甫自号"少陵野老"。《哀江头》："少陵野老吞声哭，春日潜行曲江曲。江头宫殿锁千门，细柳新蒲为谁绿？"◎**岱宗甫少三千云：** 岱岳泰山也以杜甫年少时胸中豪言壮语的层云为宗师。《望岳》："荡胸生层云，决眦入归鸟。会当凌绝顶，一览众山小。"杜甫作《望岳》时年仅24岁，故为甫少。◎**江长杜陵一齿心：** 一叶扁舟之上，年迈的杜甫把一颗掉落的牙齿投进长江，长江的心也因悲痛长长了一颗牙齿的距离。《复阴》："江涛簸岸黄沙走，云雪埋山苍兕吼。君不见夔子之国杜陵翁，牙齿半落左耳聋。"◎**星辉牧野苍茫韵：** 杜甫诗韵如群星闪耀在牧野之战遗址上那样苍茫。《旅夜书怀》："细草微风岸，危樯独夜舟。星垂平野阔，月涌大江流。"《乐游园歌》："此身饮罢无归处，独立苍茫自咏诗。"◎**春伤鸦老草堂新：** 杜甫晚年居于成都浣花溪"杜甫草堂"。《夜宴左氏庄》："暗水流花径，春星带草堂。检书烧烛短，看剑引杯长。"●《二程遗书》："或问：'诗可学否？'（程子）曰：'既学时，须是用功，方合诗人格。既用功，甚妨事。古人诗云"吟成五个字，用破一生心"；又谓"可惜一生心，用在五字上"。此言甚当。'先生尝说：'……某素不作诗，亦非是禁止不作，但不欲为此闲言语。且如今言能诗无如杜甫，如云"穿花蛱蝶深深见，点水蜻蜓款款飞"，如此闲言语，道出做甚？'"

诗文·新题乐府

元白诗　新　元和年
世事入　题　刺皇颜
雅正无　乐　自成曲
不歌仙　府　咏民艰

◎**新题乐府**：公元809—819年，唐元和年间，元稹、白居易被宪宗贬放，感于国家时局、个人命运与士大夫情操，创"元和体"的新题乐府诗。《旧唐书·元稹传》："稹聪警绝人，年少有才名，与太原白居易友善。工为诗，善状咏风态物色，当时言诗者，称元、白焉。自衣冠士子，至闾阎下俚，悉传讽之，号为'元和体'。既以俊爽不容于朝，流放荆蛮者仅十年。俄而白居易亦贬江州司马，稹量移通州司马。虽通、江悬邈，而二人来往赠答。凡所为诗，有自三十、五十韵乃至百韵者。江南人士，传道讽诵，流闻阙下，里巷相传，为之纸贵。观其流离放逐之意，靡不凄惋。"◎**元白诗新元和年，世事入题刺皇颜**：新题乐府继承发扬《诗经》美刺传统与汉乐府民间题材，彰显儒家文学传统，作品通俗易懂、流传广泛，与韩、柳"古文运动"相呼应。《白香山诗集·新乐府序》："凡九千二百五十二言，断为五十篇。篇无定句，句无定字，系于意，不系于文。首句标其目，卒彰显其志，《诗三百》之义也。其辞质而径，欲见之者易谕也；其言直而切，欲闻之者深诫也；其事核而实，使采之者传信也；其体顺而肆，可以播于乐章歌曲也。总而言之，为君、为臣、为民、为物、为事而作，不为文而作也。""《七德舞》美拨乱陈王业也。……《新丰折臂翁》戒边功也。……《卖炭翁》苦宫市。……《采诗官》鉴前王乱亡之由也。"

诗文·古文运动

子昂复　古　争前帆
杜诗韩　文　激雄澜
柳河东　运　永州记
半山风　动　瓜洲船

◎**古文运动：**公元800年前后，由韩愈、柳宗元等人倡导的恢复儒家文艺观的"文学政治运动"。**皓月曰：**其源可追溯至陈子昂，其发展绵延至清代桐城派。其提倡的文体改革大致体现在：道统思想，儒家美学，乐府诗社会关怀，对骈文的形式化纠正，质朴的情操，与以文载道核心价值。◎**子昂复古争前帆：**初唐诗人陈子昂主张诗文改革以凸显儒学审美。◎**杜诗韩文激雄澜：**杜甫将乐府诗传统与士大夫情操结合，被誉为"诗史"。韩愈倡导以文载道，以继承道统而自居。◎**柳河东运永州记：**中唐柳宗元，字河东，曾任永州司马，著有《永州八记》。◎**半山风动瓜洲船：**北宋王安石，字半山，擅诗文，著有《泊船瓜洲》。●《朱子语类》论文，朱子又云："汉末以后，只做属对文字，直至后来，只管弱。如苏颋着力要变，变不得。直至韩文公出来，尽扫去了，方做成古文。然亦止做得未属对合偶以前体格，然当时亦无人信他。故其文亦变不尽，才有一二大儒略相效，以下并只依旧。到得陆宣公（陆贽）奏议，只是双关做去。又如子厚亦自有双关之文，向来道是他初年文字。后将年谱看，乃是晚年文字，盖是他效世间模样做则剧耳。文气衰弱，直至五代，竟无能变。到尹师鲁（尹洙）、欧公几人出来，一向变了。其间亦有欲变而不能者，然大概都要变。所以做古文自是古文，四六自是四六，却不滚杂。"

书画·古帝王图

丹青变　古　以通今
明皇庸　帝　颜色新
勾勒唐　王　步辇意
孝经长　图　染人心

◎**古帝王图：** 公元 668 年，唐高宗李治将阎立本由工部尚书升为右相，这可能是中国古代宫廷画师所担任的最高职位。《旧唐书·阎立本传》："总章元年，迁右相，赐爵博陵县男……及为右相，与左相姜恪对掌枢密。恪既历任将军，立功塞外；立本唯善于图画，非宰辅之器。故时人以《千字文》为语曰：'左相宣威沙漠，右相驰誉丹青。'"其不但绘有《秦府十八学士图》《凌烟阁功臣图》，还绘有《古帝王图》，又称《历代帝王图》，现存美国波士顿美术馆。◎**丹青变古以通今，明皇庸帝颜色新：** 阎立本《古帝王图》，共绘制十三位前代帝王，分别为：汉昭帝刘弗陵、汉光武帝刘秀、魏文帝曹丕、汉昭烈帝刘备、吴大帝孙权、晋武帝司马炎、陈文帝陈蒨、陈废帝陈伯宗、陈宣帝陈顼、陈后主陈叔宝、北周武帝宇文邕、隋文帝杨坚与隋炀帝杨广，以前代明君庸帝为今朝之鉴。该画作也确立了后世帝王像的主要表现图式。◎**勾勒唐王步辇意：** 传阎立本绘有《步辇图》，描绘贞观十四年，吐蕃主松赞干布派使者禄东赞到长安通聘朝见唐太宗时的场景。◎**孝经长图染人心：** 阎立本作《孝经图卷》，以十八章为十八图，附《孝经》原文。●《朱子语类》论小学，弟子问："女子亦当有教。自《孝经》之外，如《论语》，只取其面前明白者教之，何如？"朱子曰："亦可。如曹大家《女戒》、温公《家范》，亦好。"

书画·颠张醉素

剑舞山　颠　笔惊仙
樱雨铺　张　砚荡烟
龙狂蛇　醉　毫吐电
墨光太　素　书自然

◎**颠张醉素**：公元742—750年，唐玄宗天宝年间，张旭与李白等八人因嗜酒被称为"酒八仙人"。在他去世后，李白见到醉僧怀素，为怀素的草书所折服。《新唐书·李白传》："白自知不为亲近所容，益骜放不自修，与知章、李适之、汝阳王琎、崔宗之、苏晋、张旭、焦遂为'酒八仙人'。"李白《草书歌行》："少年上人号怀素，草书天下称独步……张颠老死不足数，我师此义不师古。"苏轼亦曾将张旭、怀素并列。《题王逸少帖》："颠张醉素两秃翁，追逐世好称书工。"◎**剑舞山颠笔惊仙，樱雨铺张砚荡烟**：毛笔飞驰，如剑圣在山巅舞剑惊动了天上的神仙；墨在砚台中翻滚飞溅，如春天撒向人间的樱花之雨，弄得满城烟絮。◎**龙狂蛇醉毫吐电**：笔锋如龙蛇在沉醉中挥洒自己如闪电般的肉体与舌信。◎**墨光太素书自然**：墨像黑色的光，舞动在天地之间，书写出原始、抽象、纯粹的富于彰显中华文明创造力的印记——草书。又喻墨光，人去，书成。班固《白虎通义·天地》："始起之天，始起先有太初，后有太始，形兆既成，名曰太素。混沌相连，视之不见，听之不闻，然后剖判，清浊既分，精出曜布，度物施生。精者为三光，号者为五行。行生情，情生汁中，汁中生神明，神明生道德，道德生文章。故《乾凿度》云：'太初者，气之始也。太始者，形兆之始也；太素者，质之始也。阳唱阴和，男行女随也。'"

书画·吴带当风

一笔三　吴　再笔道
神仙玉　带　乾坤造
奸雄莫　当　画圣毫
夫子临　风　最惟妙

◎**吴带当风**：公元713—741年，唐玄宗开元年间，吴道子被玄宗诏入禁中作画，改名道玄。后其观察裴旻舞剑，悟出用笔技巧，画功再创突破。唐张怀瓘将其与南梁画家张僧繇并列，北宋郭若虚评其"吴带当风，曹衣出水"。唐《历代名画记·卷九》："吴道玄，阳翟人。……初名道子，玄宗召入禁中，改名道玄。因授内教博士，非有诏不得画。张怀瓘云：'吴生之画，下笔有神，是张僧繇后身也。'……开元中，将军裴旻善舞剑，道玄观旻舞剑，见出没神怪，既毕，挥毫益进。"北宋《图画见闻志·论曹吴体法》："曹、吴二体，学者所宗。按唐张彦远《历代名画记》称：'北齐曹仲达者，本曹国人，最推工画梵像，是为曹。谓唐吴道子曰吴。吴之笔，其势圆转，而衣服飘举；曹之笔，其体稠叠，而衣服紧窄。故后辈称之曰："吴带当风，曹衣出水"。'"◎**一笔三吴再笔道，神仙玉带乾坤造**：吴道子运笔线条简练，画技精湛传神，可谓一笔就能画出三吴的神韵，如果再画一笔，简直就要达道了。《八十七神仙卷》即是表现吴道子功力的代表作，群仙衣衫如同乾坤打造般飘逸天成，尽善尽美。◎**奸雄莫当画圣毫**：吴道子善画钟馗，亦画李林甫、李希烈、杨国忠等奸雄像。◎**夫子临风最惟妙**：吴道子流传最广的作品应数《孔圣像》，画中孔夫子英姿挺拔、凝神肃立、神态自若、交手揖礼，将圣人雄姿表现得惟妙惟肖。

书画·颜筋柳骨

舜貌尧　颜　笔下走
鹤髓龙　筋　世难有
文如韩　柳　诗唯杜
唐楷风　骨　万古留

◎**颜筋柳骨**：公元771年，为纪念平定安史之乱，由元结撰文、颜真卿书写的《大唐中兴颂》在永州立碑。其书浑厚、恢宏，尽显唐楷艺术特点。《新唐书·颜真卿传》："善正、草书，笔力遒婉，世宝传之。"欧阳修《文忠集·集古录跋尾卷七》："《大唐中兴颂》（大历六年），元结撰，颜真卿书。书字尤奇伟，而文辞古雅，世多模以黄绢，为图障。碑在永州，磨崖石而刻之，模打既多，石亦残缺。今世人所传字画完好者，多是传模补足，非其真者。"公元841年，为纪念高僧大达法师，唐武宗命柳公权书《玄秘塔碑》，其笔力挺健舒扬，为唐楷代表作。《旧唐书·柳公权传》："公权初学王书，遍阅近代笔法，体势劲媚，自成一家。当时公卿大臣家碑板，不得公权手笔者，人以为不孝。外夷入贡，皆别署货贝，曰此购柳书。上都西明寺《金刚经碑》备有钟、王、欧、虞、褚、陆之体，尤为得意。文宗夏日与学士联句，帝曰：'人皆苦炎热，我爱夏日长。'公权续曰：'熏风自南来，殿阁生微凉。'时丁、袁五学士皆属继，帝独讽公权两句，曰：'辞清意足，不可多得。'乃令公权题于殿壁，字方圆五寸，帝视之，叹曰：'钟、王复生，无以加焉！'"北宋范仲淹在纪念石延年（曼卿）的祭文中，将颜真卿、柳公权并列，称为"颜精柳骨"。《范文正公集·祭石学士文》："曼卿之笔，颜筋柳骨，散落人间，宝为神物。"

四乐·秦王破阵乐

志仰先　秦　心慕唐
一代明　王　正鹰扬
长武大　破　薛仁杲
龙门陷　阵　刘武周
胜兵凯　乐　震沙场

◎ **秦王破阵乐**：公元 627 年，唐太宗开始在宴请群臣时奏《秦王破阵乐》。《新唐书·礼乐志十一》："《七德舞》者，本名《秦王破阵乐》。太宗为秦王，破刘武周，军中相与作《秦王破阵乐》曲。及即位，宴会必奏之，谓侍臣曰：'虽发扬蹈厉，异乎文容，然功业由之，被于乐章，示不忘本也。'右仆射封德彝曰：'陛下以圣武戡难，陈乐象德，文容岂足道哉！'帝瞿然曰：'朕虽以武功兴，终以文德绥海内，谓文容不如蹈厉，斯过矣。'乃制舞图，左圆右方，先偏后伍，交错屈伸，以象鱼丽、鹅鹳。命吕才以图教乐工百二十八人，被银甲执戟而舞，凡三变，每变为四阵，象击刺往来，歌者和曰：'秦王破阵乐'。后令魏徵与员外散骑常侍褚亮、员外散骑常侍虞世南、太子右庶子李百药更制歌辞，名曰《七德舞》。" ●《朱子语类》论《论语》，**朱子**曰："《韶》与《武》，今皆不可考。但书所谓：'正德利用厚生惟和，九功惟叙，九叙惟歌，戒之用休，劝之以九歌。'此便是作《韶》乐之本也。所谓'九德之歌，《九韶》之乐'，是也。看得此歌，本是下之人作歌，不知当时如何取之以为乐，却以此劝在下之人。武王之《武》，看《乐记》便见得，盖是象伐纣之事。"又云："乐声也易得亡失。如唐太宗破阵乐，今已不可考矣。"

四乐·十二和乐

乾道统　天　垂象幽
坤德厚　地　载九州
华夷大　同　一宇宙
乐奏太　和　登圜丘

◎**十二和乐**：公元 628 年，唐太宗李世民与群臣进行了一场关于"乐"究竟是指具体的音乐，还是作为"社会总体文化现象"的辩论。最后魏徵以"礼云礼云，玉帛云乎哉！乐云乐云，钟鼓云乎哉！乐在人和，不由音调"，获得唐太宗认同。唐朝为追求高雅的"乐"——政治文化，重修祭祀雅乐，以"大乐与天地同和"为依据，作《十二和之乐》，将中国礼乐文化推上新高度。《旧唐书·乐志一》："以十二律各顺其月，旋相为宫。按《礼记》云，'大乐与天地同和'，故制十二和之乐，合三十一曲，八十四调。祭圜丘以黄钟为宫，方泽以林钟为宫，宗庙以太簇为宫。五郊、朝贺、飨宴，则随月用律为宫……祭天神奏《豫和》之乐，地祇奏《顺和》，宗庙奏《永和》。天地、宗庙登歌，俱奏《肃和》。皇帝临轩，奏《太和》。王公出入，奏《舒和》。皇帝食举及饮酒，奏《休和》。皇帝受朝，奏《政和》。皇太子轩悬出入，奏《承和》。元日、冬至皇帝礼会登歌，奏《昭和》。郊庙俎入，奏《雍和》。皇帝祭享酌酒、读祝文及饮福、受胙，奏《寿和》。"◎**乾道统天垂象幽，坤德厚地载九州**：乾坤作为中国对天地的抽象哲学认知而存在。《易经·乾》："大哉乾元，万物资始，乃统天……乾道变化，各正性命，保合大和，乃利贞。"《周易·系辞上》："是故，天生神物，圣人则之；天地变化，圣人效之；天垂象，见吉凶，圣人象之。"

四乐·龙池乐章

玄宗潜　龙　梦龙女
凌波仙　池　赐仙曲
梦醒弄　乐　澜又开
敕作诗　章　表心悟

◎ **龙池乐章：** 公元713年，唐玄宗李隆基为纪念自己在"潜龙"时期的经历，命人作《龙池乐章》十首。《唐会要·卷三十三》："祭龙池，乐章十。开元元年。内出编入杂乐。十六年。筑坛于兴庆宫。以仲春之月祭之。紫微令姚元崇等撰。"《旧唐书·乐志二》："《龙池乐》，玄宗所作也。玄宗龙潜之时，宅在隆庆坊，宅南坊人所居，变为池，望气者亦异焉。故中宗季年，泛舟池中。玄宗正位，以坊为宫，池水逾大，弥漫数里，为此乐以歌其祥也。舞十有二人，人冠饰以芙蓉。"《新唐书·礼乐志十二》："初，帝赐第隆庆坊，坊南之地变为池，中宗常泛舟以厌其祥。帝即位，作《龙池乐》，舞者十有二人，冠芙蓉冠，蹑履，备用雅乐，唯无磬。"《龙池乐》在流传过程中还经历了雅化与戏说。《乐府诗集》引《唐逸史》："玄宗在东都昼寝，梦一女子，容艳异常，梳交心髻，大袖宽衣。帝曰：'汝何人？'曰：'妾凌波池中龙女也，卫宫护驾，妾实有功。今陛下洞晓钧天之乐，愿赐一曲，以光族类。'帝于梦中为鼓胡琴，倚歌为凌波池之曲，龙女拜谢而去。及寤，尽记之，命禁乐，自御琵琶，习而翻之。因宴于凌波宫，临池奏新声。忽池波涌起，有神女出于波心，乃梦中之女也。望拜御坐，良久方没。因置祠池上，每岁祀之。"结合古籍分析，此"龙女"符合《洛神赋》中洛神与《神仙传》中太玄女的形象特点。

四乐·释奠文宣王

云开雾　释　洙泗弦
太牢酹　奠　八佾翩
纬武经　文　十哲像
儒风是　宣　礼三千
尼父素　王　圣在天

◎**释奠文宣王**：公元739年，唐玄宗李隆基追谥孔子为文宣王，追赠颜渊为兖国公。《旧唐书·玄宗本纪下》："（开元二十七年八月）甲申，制追赠孔宣父为文宣王，颜回为兖国公，馀十哲皆为侯，夹坐。后嗣褒圣侯改封为文宣公。"《新唐书·礼仪志五》："二十七年，诏夫子既称先圣，可谥曰文宣王，遣三公持节册命，以其嗣为文宣公，任州长史，代代勿绝。先时，孔庙以周公南面，而夫子坐西墉下。贞观中，废周公祭，而夫子位未改。至是，二京国子监、天下州县夫子始皆南向，以颜渊配。" ●《朱子语类》论《礼》，"新书院告成，明日欲祀先圣先师，古有释菜之礼，约而可行，遂检五礼新仪，令具其要者以呈。先生终日董役，夜归即与诸生斟酌礼仪。鸡鸣起，平明往书院，以厅事未备，就讲堂礼。宣圣像居中，兖国公颜氏、郕侯曾氏、沂水侯孔氏、邹国公孟氏西向配北上。（并纸牌子）濂溪周先生、（东一）明道程先生、（西一）伊川程先生、（东二）康节邵先生、（西二）司马温国文正公、（东三）横渠张先生、（西三）延平李先生东四。从祀（亦纸牌子）并设于地。祭仪别录。祝文别录。先生为献官，命贺孙为赞，直卿居甫分奠，叔蒙赞，敬之掌仪。堂狭地润，颇有失仪。但献官极其诚意，如或享之，邻曲长幼并来陪。礼毕，先生揖宾坐，宾再起，请先生就中位开讲。先生以座中多年老，不敢居中位，再辞不获，诸生复请，遂就位，说为学之要。午饭后，集众宾饮，至暮散。"

僧道·玄奘

东辞大　唐　取真经
千里一　僧　百难行
大乘义　玄　那烂寺
终为玄　奘　度葱岭

◎**唐僧玄奘：** 公元636年，玄奘来到天竺国（古印度）求取梵经。《旧唐书·西戎传》："贞观十年，沙门玄奘至其国，将梵本经论六百馀部而归。"◎**东辞大唐取真经：**《旧唐书·方伎传》："僧玄奘，姓陈氏，洛州偃师人。大业末出家，博涉经论。尝谓翻译者多有讹谬，故就西域，广求异本以参验之。贞观初，随商人往游西域。"◎**大乘义玄那烂寺：** 那烂陀寺是古印度佛教中心，但于公元12世纪被突厥军队摧毁。《大唐西域记·卷九·那烂陀僧伽蓝》："从此北行三十馀里，至那烂陀僧伽蓝。闻之耆旧曰：此伽蓝南庵没罗林中有池，其龙名那烂陀，傍建伽蓝，因取为称。从其实议，是如来在昔修菩萨行，为大国王，建都此地，悲愍众生，好乐周给，时美其德，号施无厌，由是伽蓝因以为称。"**终为玄奘度葱岭：**《旧唐书·方伎传》："在西域十七年，经百馀国，悉解其国之语，仍采其山川谣俗，土地所有，撰《西域记》十二卷。贞观十九年，归至京师。太宗见之，大悦，与之谈论。"●**《朱子语类》论释氏，朱子曰：** "孟子不辟老庄而辟杨墨，杨墨即老庄也。今释子亦有两般：禅学，杨朱也；若行布施，墨翟也。道士则自是假，今无说可辟。然今禅家亦自有非其佛祖之意谬，试看古经如《四十二章》等经可见。杨文公集《传灯录》说西天二十八祖，知他是否？如何旧时佛祖是西域夷狄人，却会做中国样押韵诗？"

僧道·南能北秀

菩提岭　南　曹溪栽
只缘惠　能　真空骸
年年湖　北　黄梅雨
打扫神　秀　明镜台

◎**南能北秀**：公元674年，禅宗五祖弘忍去世。其徒神秀前往荆州当阳山度门寺；另一个徒弟慧能则远去韶州广果寺。二人各传其道，以顿渐相分，被誉为"南能北秀"。《旧唐书·方伎传》："天下乃散传其道，谓神秀为北宗，慧能为南宗。"《六祖坛经·顿渐品第八》："时，祖师居曹溪宝林；神秀大师在荆南玉泉寺。于时两宗盛化，人皆称南能北秀；故有南北二宗顿渐之分，而学者莫知宗趣。"◎**菩提岭南曹溪栽，只缘惠能真空骸**：慧能以"菩提本无树"获五祖衣钵，后至曹溪（韶关）弘法，创曹溪禅。《六祖坛经·自序品第一》："菩提本无树，明镜亦非台，本来无一物，何处惹尘埃。"后，宋太宗追封慧能为大鉴真空禅师。◎**年年湖北黄梅雨**：五祖弘忍为湖北黄梅人，今湖北省黄梅县五祖镇有东山寺（五祖寺）为弘忍道场。唐时人称其禅学为东山法门或"黄梅禅"。◎**打扫神秀明镜台**：神秀以"心如明镜台"显秀，因道高貌俊，武则天为其敕建寺院，被时人称为"王霸之器"。神秀曾邀请慧能北上，被慧能以自己相貌粗陋婉拒。《旧唐书·方伎传》："中书舍人张说尝问道，执弟子之礼，退谓人曰：'禅师身长八尺，庞眉秀耳，威德巍巍，王霸之器也。'……神秀尝奏则天，请追慧能赴都，慧能固辞。神秀又自作书重邀之，慧能谓使者曰：'吾形貌矬陋，北土见之，恐不敬吾法。又先师以吾南中有缘，亦不可违也。'"

僧道·成玄英

西华释　道　解无名
恍惚孔　德　先天生
度人丹　经　亦度己
贬放留　疏　消身形

◎**道德经疏：** 公元631年，唐太宗诏道士成玄英至京师。《新唐书·艺文志》："玄英，字子实，陕州人，隐居东海。贞观五年，召至京师。永徽中，流郁州。"其撰有《老子道德经开题序诀义疏》。◎**西华释道解无名：**《道德经》："道常无名"，"无名，天地之始；有名，万物之母。"◎**恍惚孔德：**《道德经》："孔德之容，惟道是从。道之为物，惟恍惟惚。"王弼《道德经注》："孔，空也，惟以空为德，然后乃能动作从道。恍惚，无形不系之叹。"唐玄宗《御注道德真经》："孔，甚也。从，顺也。设问甚有德之人，容状若何？言此有德人所行，唯虚极之道是顺。此明孔德所从之道，不有不无，冲用难名，故云恍惚。"宋徽宗《御解道德真经》："一阴一阳之谓道，物得以生谓之德。道常无名，岂可形容？所以神其德。德有方体，同焉比得，所以显道，性修反德，德至同于初，故惟道是从。道体至无而用乃妙，有所以为物，然物无非道。恍者，有象之可况。惚者，有数之可推。而所谓有者，疑于无也。故曰道之为物。"◎**先天生：**《道德经》："有物混成，先天地生。"宋徽宗《御解道德真经》："气形质具而未相离，曰浑沦，合于浑沦则其成不亏，《易》所谓太极者是也。"明太祖《御注道德真经》："以先天地无极之气理言之，以比君子仁德之心未施之意。"与宋徽宗取《易》学概念不同，明太祖直引理学"理气"概念注释《老子》。

僧道·吕洞宾

两口一　吕　九峰山
尝坐玄　岩　炼内丹
纯阳仙　洞　黄鹤举
岳阳醉　宾　洞庭烟

◎**吕岩洞宾：**公元798年，吕洞宾出生在蒲州河中府永乐县招贤里（今山西运城芮城永乐镇招贤村）。《正统道藏·吕祖志》："真人本传吕岩，字洞宾……贞元十四年四月十四日巳时生。母就褥时，异香满室，天乐浮空，一白鹤自天飞下，竟入帐中不见。"《宋史·隐逸传》："关西逸人吕洞宾有剑术，百馀岁而童颜，步履轻疾，顷刻数百里，世以为神仙。皆数来抟斋中，人咸异之。"◎**两口一吕九峰山，尝坐玄岩炼内丹：**吕洞宾曾中进士，但不恋尘世，隐居九峰山，以身体为鼎炉，以思想为金丹，修炼"精、气、神"。《炼丹台》："谁筑斯台学炼丹，丹成飞上紫云端。空余遗址在人世，满目青山碧草寒。"◎**纯阳仙洞黄鹤举：**吕洞宾号纯阳子，传其在武昌蛇山黄鹤楼得道飞升。《题黄鹤楼石照》："黄鹤楼中吹笛时，白蘋红蓼满江湄。衷情欲诉谁能会，惟有清风明月知。"◎**岳阳醉宾洞庭烟：**吕洞宾曾三醉岳阳楼。《三醉岳阳》："朝游北海暮苍梧，袖里青蛇胆气粗。三醉岳阳人不识，朗吟飞过洞庭湖。"●《朱子语类》说吕洞宾，**朱子曰：**"人言仙人不死。不是不死，但只是渐渐销融了，不觉耳。盖他能炼其形气，使渣滓都销融了，唯有那些清虚之气，故能升腾变化。汉书有云：'学神仙尸解销化之术。'看得来也是好则剧，然久后亦须散了。且如秦汉间所说仙人，后来都不见了。国初说钟离权、吕洞宾之属，后来亦不见了。"

六物·开成石经

开成石　开　国子监
典集大　成　竖长安
一百碑　石　千载志
中华心　经　永相传

◎**开成石经**：公元837年，唐文宗开成二年，国子祭酒郑覃上《石壁九经》表，唐开成石经刻制完成，立碑于长安城务本坊国子监内。《旧唐书·文宗本纪下》："（开成二年冬十月）癸卯，宰臣判国子祭酒郑覃进《石壁九经》一百六十卷。时上好文，郑覃以经义启导，稍折文章之士，遂奏置五经博士，依后汉蔡伯喈刊碑列于太学，创立《石壁九经》，诸儒校正讹谬。"宋代将石碑移至府学北墉，即今西安碑林所在地。唐"开成石经"是清代"乾隆石经"之前保存最为完好的儒学石经。●**皓月曰**：《旧唐书》作者五代后晋刘昫应对《石壁九经》颇有微词，他在《文宗本纪》中写道"上又令翰林勒字官唐玄度复校字体，又乖师法，故石经立后数十年，名儒皆不窥之，以为芜累甚矣"。看来石经不甚完美，否则怎会"名儒皆不窥"呢？而这里提的"师法"又为何种？或许在《郑覃传》中藏着答案。《旧唐书·郑覃传》："上尝于延英论古今诗句工拙，覃曰：'孔子所删，《三百篇》是也。降此五言七言，辞非雅正，不足帝王赏咏。夫《诗》之《雅》《颂》，皆下刺上所为，非上化下而作。王者采诗，以考风俗得失。仲尼删定，以为世规。近代陈后主、隋炀帝皆能章句，不知王者大端，终有季年之失。章句小道，愿陛下不取也。'"正如阳明先生所言六经皆心学，即思想之学。人的思想不是靠背诵前人的章句就可以获得的。所以立石经不是为了章句。●《**大学章句序**》朱子曰："自是以来，俗儒记诵词章之习，其功倍于小学而无用；异端虚无寂灭之教，其高过于大学而无实。"

六物·万象神宫

皇舆亿　万　中设房
天人数　象　交阴阳
祭祀诸　神　行月令
布政之　宫　曰明堂

◎**万象神宫：**公元688年，唐睿宗李旦在武则天临朝下，建成"万象神宫"，即唐代的明堂。《新唐书·则天皇后本纪》："（垂拱四年十二月）辛亥，改明堂为万象神宫，大赦。"《旧唐书·礼仪志二》："四年正月五日，明堂成。凡高二百九十四尺，东西南北各三百尺。有三层：下层象四时，各随方色；中层法十二辰，圆盖，盖上盘九龙捧之；上层法二十四气，亦圆盖。……明堂之下施铁渠，以为辟雍之象。号万象神宫。"◎**皇舆亿万中设房，天人数象交阴阳：**明堂是彰显儒家美学风范的五行象数思想的"天人合一"式建筑。《三辅黄图·卷五》："《考工记》云：'明堂五室，称九室者，取象阳数也；八牖者阴数也，取象八风。三十六户牖，取六甲之爻，六六三十六也。上圆象天，下方法地，八窗即八牖也，四闼者象四时四方也，五室者象五行也。'"◎**祭祀诸神行月令，布政之宫曰明堂：**《初学记·礼部上》："《三辅黄图》曰：明堂者，天道之堂也。所以顺四时，行月令，宗祀先王，祭五帝，故谓之明堂。辟雍，员如璧，雍以水，异名同事，其实一也。"《三辅黄图·卷五》："明堂所以正四时，出教化，天子布政之宫也。"《新唐书·则天皇后本纪》："永昌元年正月乙卯，享于万象神宫，大赦，改元，赐酺七日。……戊午，布政于万象神宫，颁九条以训百官。"●《朱子语类》论《礼》，**朱子曰：**"明堂，想只是一个三间九架屋子。"

六物·开元通宝

雨闭花　开　长安天
草创纪　元　铸新钱
食货达　通　服色艳
贞观天　宝　盛世传

◎**开元通宝**：公元621年，唐高祖李渊下令废隋五铢，发行唐开元通宝。《旧唐书·高祖本纪》："（武德四年）秋七月甲子，秦王凯旋，献俘于太庙。丁卯，大赦天下。废五铢钱，行开元通宝钱。斩窦建德于市；流王世充于蜀，未发，为仇人所害。"◎**雨闭花开长安天，草创纪元铸新钱**：战乱将过，李唐展开货币改革，推行"新钱"，"开元"取开创新纪元之意。《旧唐书·食货上》："高祖即位，仍用隋之五铢钱。武德四年七月，废五铢钱，行开元通宝钱，径八分，重二铢四絫，积十文重一两。一千文重六斤四两。"◎**食货达通服色艳，贞观天宝盛世传**：唐朝以服色艳丽、商贸通达、食货丰富著称，并开创了从贞观至天宝年间长时期的盛世局面。故开元通宝对东亚、中亚地区都产生了深远影响，可以说是当时的世界性货币。●《朱子语类》论《大学》，弟子问"仁者以财发身"。朱子曰："不是特地散财以取名，买教人来奉己。只是不私其有，则人自归之而身自尊。只是言其散财之效如此。'仁者以财发身'，但是财散民聚，而身自尊，不在于财。不仁者只管多聚财，不管身之危亡也。"●《二程遗书》："赵景平问：'子罕言利与命与仁，所谓利者何利？'程子曰：'不独财利之利，凡有利心，便不可。如作一事，须寻自家稳便处，皆利心也。圣人以义为利，义安处便为利。如释氏之学，皆本于利，故便不是。'"

六物·茶

芳杯醇　茶　苦后甘
但钦茗　圣　慕水仙
鸿渐于　陆　玉臂采
凤毛鹤　羽　品华年

◎**茶圣陆羽：**公元761年，陆羽给自己写了一则自传，列举了自己的著作，其中的三卷《茶经》并不显眼，但正因这三卷，令陆羽名垂青史。《陆文学自传》："上元年辛丑岁，子阳秋二十有九日。"◎**芳杯醇茶苦后甘：**《茶经·五之煮》："味苦而不甘，槚也；甘而不苦，荈也；啜苦咽甘，茶也。"◎**但钦茗圣慕水仙：**陆羽煎茶注重用水，以山泉最佳，又作《六羡歌》明心。《茶经·五之煮》："其水，用山水上，江水中，井水下。"《六羡歌》："不羡黄金罍，不羡白玉杯，不羡朝入省，不羡暮登台；千羡万羡西江水，曾向竟凌城下来。"◎**鸿渐于陆玉臂采，凤毛鹤羽品华年：**陆羽本不姓陆，其长大后自占得《渐》卦，改为陆羽。《新唐书·隐逸传》："陆羽，字鸿渐……复州竟陵人。不知所生，或言有僧得诸水滨，畜之。既长，以《易》自筮，得《蹇》之《渐》，曰：'鸿渐于陆，其羽可用为仪。'乃以陆为氏，名而字之。"●《朱子语类》论《大学》，弟子问："实其心之所发，欲其一于理而无所杂。"**朱子曰：**"只为一，便诚；二，便杂。'如恶恶臭，如好好色'，一故也。'小人闲居为不善，止著其善'，二故也。只要看这些便分晓。二者，为是真底物事，却著些假挽放里，便成诈伪。如这一盏茶，一味是茶，便是真。才有些别底滋味，便是有物夹杂了，便是二。"《朱子语类》杂类，**朱子曰：**"茶如'中庸之为德'，江茶如伯夷、叔齐。"

六物·龙门石窟

丹凤黄　龙　二圣立
欲借法　门　显皇意
脂粉捐　石　大像出
遥看千　窟　总称奇

◎**龙门石窟**：公元675年，由唐高宗皇后武则天以两万贯脂粉钱捐助兴建的龙门石窟大卢舍那像龛开凿完成。相传大像的面容是以武则天为原型雕刻的。《全唐文·河洛上都龙门之阳大卢舍那像龛记》："大唐高宗天皇大帝之所建也。佛身通光座高八十五尺，二菩萨七十尺。迦叶、阿难、金刚、神王各高五十尺。粤以咸亨三年壬申之岁四月一日，皇后武氏助脂粉钱二万贯，奉敕检校僧西京实际寺善道禅师、法海寺主惠睐法师、大使司农寺卿韦机、副使东面监上柱国樊元则、支料匠李君瓒、成仁威、姚师积等。至上元二年乙亥十二月卅日毕功。"◎**丹凤黄龙二圣立**：公元675年，武则天"垂帘听政"，高宗与武后被称为"二圣"。《旧唐书·高宗本纪下》："（上元二年三月）丁巳，天后亲蚕于邙山之阳。时帝风疹不能听朝，政事皆决于天后。自诛上官仪后，上每视朝，天后垂帘于御座后，政事大小皆预闻之，内外称为'二圣'。"◎**欲借法门显皇意**：武则天利用佛教作为政治斗争与树立威望的工具。《旧唐书·薛怀义传》："怀义与法明等造《大云经》，陈符命，言则天是弥勒下生，作阎浮提主，唐氏合微。故则天革命称周，怀义与法明等九人并封县公，赐物有差，皆赐紫袈裟、银龟袋。其伪《大云经》颁于天下，寺各藏一本，令升高座讲说。则天将革命，诛杀宗属诸王，唯千金公主以巧媚善进奉独存。"

六物·乐山大佛

　　　　净土极　乐　兜率宫
　　　　三江一　山　峨眉东
　　　　妙空体　大　纵三世
　　　　弥勒坐　佛　自在中

◎**乐山大佛**：公元 803 年，乐山大佛经历 90 年终于修造完成。作为最后 19 年施工工作总指挥的剑南西川节度使、南康郡王韦皋感慨地写下《嘉州凌云寺大弥勒石像记》。《金石录·卷第九》："《唐凌云寺石像记一》韦皋撰、张绰行书，贞元十九年十月。"◎**净土极乐兜率宫，三江一山峨眉东**：乐山大佛位于峨眉山之东，四川岷江、青衣江、大渡河交汇处的凌云山上。乐山大佛为弥勒佛，其坐东向西，正好望见峨眉山金顶的华藏寺，是为汉传佛教"兜率天"（弥勒净土）所在地。◎**妙空体大纵三世，弥勒坐佛自在中**：纵三世佛，分别指的是过去佛燃灯佛、现在佛释迦牟尼，和未来佛弥勒佛。●《朱子语类》论《论语》，朱子曰："'知者乐水，仁者乐山'，不是兼仁知而言，是各就其一体而言。如'仁者见之谓之仁，知者见之谓之知'。"人杰问："'乐'字之义，释曰'喜好'。是知者之所喜好在水，仁者之所喜好在山否？"朱子曰："且看水之为体，运用不穷，或浅或深，或流或激；山之安静笃实，观之尽有馀味。"某谓："如仲尼之称水曰：'水哉！水哉！'子在川上曰：'逝者如斯夫！'皆是此意否？旧看伊川说'非体仁知之深者，不能如此形容之'，理会未透。自今观之，真是如此。"朱子曰："不必如此泛滥。且理会乐水乐山，直看得意思穷尽，然后四旁莫不贯通。苟先及四旁，却终至于与本说都理会不得也。"

四乱·安史之乱

明皇居　安　不思危
玉环艳　史　终飞灰
巨厦倾　之　唐梦碎
藩镇患　乱　从此来

◎**安史之乱：** 公元755年，粟特人安禄山、史思明对唐朝发动叛乱。◎**明皇居安不思危，玉环艳史终飞灰：** 公元745年，李隆基册封杨玉环为贵妃，开始怠政，并迅速提拔杨国忠担任重臣，令唐朝内政系统全面恶化。安史之乱爆发后，潼关被破，李隆基在逃亡蜀地时不得不赐死杨玉环。《新唐书·玄宗本纪》"（天宝十五年六月）丁酉，次马嵬，左龙武大将军陈玄礼杀杨国忠及御史大夫魏方进、太常卿杨暄。赐贵妃杨氏死。" ◎**巨厦倾之唐梦碎，藩镇患乱从此来：** 唐廷虽对叛乱做出迅速反应，平乱中也涌现出郭子仪、李光弼等名将，但长达8年内战，令唐朝国力凋零，朝廷几近瓦解，从此失去"天可汗"尊号，陷入长期藩镇割据状态。《旧唐书·玄宗本纪下》："赞曰：开元握图，永鉴前车。景气融朗，昏氛涤除。政才勤倦，妖集廷除。先民之言，'靡不有初'。" ●《朱子语类》论《易》，弟子问："《泰卦》'无平不陂，无往不复'，与'城复于隍'。"因言："否、泰相乘如此，圣人因以垂戒。" **朱子曰：** "此亦事势之必然。治久必乱，乱久必治，天下无久而不变之理。"子善遂言："天下治乱，皆生于人心。治久则人心放肆，故乱因此生；乱极则人心恐惧，故治由此起。" **朱子曰：** "固是生于人心，然履其运者，必有变化持守之道可也。如明皇开元之治自是好了；若但能把捉，不至如天宝之放肆，则后来亦不应如此狼狈。"

四乱·藩镇割据

以藩制　藩　泾原耻
复镇失　镇　河朔旗
日削月　割　亡国本
秦筝无　据　怨羌笛

◎**藩镇割据：**公元763—905年，安史之乱后由唐朝军事结构导致的朝廷弱、地方强的局面，致使藩镇将领拥兵自重，叛乱不断。唐廷的权威在各藩镇间实力的微妙平衡中得以延续，直到黄巢之乱。◎**以藩制藩泾原耻：**公元781年，淮西节度使李希烈平定河北三镇叛乱后自立为王。唐德宗"以藩制藩"遣泾原节度使平乱，军队在长安集结时发生哗变，叛军推举朱泚为王，唐德宗逃往奉天（今陕西咸阳乾县）并招朔方节度使李怀光救驾。但李怀光竟以不被皇帝信任为由，联合朱泚反唐。唐德宗逃往汉中并下《罪己诏》。最终朱泚、李怀光、李希烈在被击败与逃亡中被部下所杀。◎**复镇失镇河朔旗：**由安史之乱中归顺唐廷的叛将把持的燕蓟、成德、魏博三镇，除在唐宪宗时期短暂归顺，大部分时间处于实质割据状态，一直延至唐朝灭亡。◎**日削月割亡国本，秦筝无据怨羌笛：**在经年累月的内耗中，唐朝国力逐渐衰退，唐朝的政治家也重新审视扩张政策，开始宣扬"至老死不相往来，不交不争，自求自足"的《老子》持盈保泰的刑名之道。《通典·边防一》杜佑曰："我国家开元、天宝之际，宇内谧如，边将邀宠，竞图勋伐。西陲青海之戍，东北天门之师，碛西怛逻之战，云南渡泸之役，没于异域数十万人。向无幽寇内侮，天下四征未息，离溃之势岂可量耶！前事之元龟，足为殷鉴者矣。"

四乱·黄巢民变

雷动玄　黄　雨飘摇
覆卵倾　巢　劫火烧
荼毒生　民　千里骨
山河裂　变　唐祚凋

◎**黄巢民变**：公元878—884年，由盐贩黄巢领导的，初为响应王仙芝起事的叛乱，后演变为无政治纲领、无政治目的的暴乱。◎**雷动玄黄雨飘摇，覆卵倾巢劫火烧**：公元878年，唐廷剿灭王仙芝民变，黄巢在亳州收罗王仙芝残部，称王。《新唐书·逆臣传下》："当此时，巢方围亳州未下，君长弟让率仙芝溃党归巢，推巢为王，号'冲天大将军'，署拜官属，驱河南、山南之民十馀万掠淮南，建元王霸。"黄巢先南下广州，又挥军北上，于公元881年攻陷长安，称帝。《新唐书·逆臣传下》："巢斋太清宫，卜日舍含元殿，僭即位，号大齐。求衮冕不得，绘弋绨为之；无金石乐，击大鼓数百，列长剑大刀为卫。大赦，建元为'金统'。"◎**荼毒生民千里骨**：《旧唐书·逆臣传下》："于是自唐、邓、许、汝、孟、洛、郑、汴、曹、濮、徐、兖数十州，毕罹其毒。贼围陈郡三百日，关东仍岁无耕稼，人饿倚墙壁间，贼俘人而食，日杀数千。贼有舂磨砦，为巨碓数百，生纳人于臼碎之，合骨而食，其流毒若是。"◎**山河裂变唐祚凋**：黄巢之乱直接导致唐朝灭亡。民变被剿灭后，黄巢军降将朱温再次叛唐，屠臣弑君摧毁了李唐朝廷，建立后梁。而替唐朝平乱的沙陀人李克用建立后唐。●《朱子语类》论文，**朱子曰**："黄巢入京师，其夜有人作诗贴三省门骂之。次日尽搜京师，识字者一切杀之。诗莫盛于唐，亦莫惨于唐也！"

四乱·白马驿之祸

涕泪沾　衣　望黄河
梁王新　冠　白马祸
太上三　清　兜率佛
谁保周　流　卫中国

◎**白马驿之祸**：公元905年7月5日，梁王朱温在弑唐昭宗李晔后第二年，在滑州白马驿（今河南安阳滑县）将李唐朝廷最后作为中坚力量的大臣悉数杀死，投尸黄河。两年后，朱温废唐哀帝，自立为帝，国号为梁，唐朝灭亡。◎**涕泪沾衣望黄河，梁王新冠白马祸**：公元901年，朱温被封为梁王。公元904年9月，朱温弑君。而在白马驿，逆臣竟在杀人时开起"清流变浊流"的玩笑。《新唐书·哀帝本纪》："戊子，朱全忠杀裴枢及静海军节度使独孤损、左仆射崔远、吏部尚书陆扆、工部尚书王溥、司空致仕裴贽、检校司空兼太子太保致仕赵崇、兵部侍郎王赞。"《新唐书·裴枢传》："至滑州，全忠遣人杀之白马驿，投尸于河，年六十五。初，全忠佐吏李振曰：'此等自谓清流，宜投诸河，永为浊流。'全忠笑而许之。"◎**太上三清兜率佛，谁保周流卫中国**：皓月曰：唐代奉行道释儒三教，在相当长时期中，李唐尊佛重道，不重视社会上儒家文化的培养，远离了唐太宗开国时的制度。但面对国破家亡、社会道德沦丧的时刻，太上三清与兜率天的佛祖，它们又能保障中国的安定吗？《新唐书·哀帝本纪》欧阳修曰："自古亡国，未必皆愚庸暴虐之君也。其祸乱之来有渐积……故虽有智勇，有不能为者矣……自唐之亡也，其遗毒馀酷，更五代五十馀年，至于天下分裂，大坏极乱而后止。迹其祸乱，其渐积岂一朝一夕哉！"

韩愈·楚狂小子

枭秦霸　楚　汉晋唐
谁为儒　狂　道统扬
庭人莫　小　醉歌客
来日君　子　振鲁邦

◎**楚狂小子：**公元787年，韩愈18岁，作《芍药歌》，自称"楚狂小子"。《昌黎先生外集·芍药歌》："一尊春酒甘若饴，丈人此乐无人知。花前醉倒歌者谁，楚狂小子韩退之。"《旧唐书·韩愈传》："韩愈，字退之，昌黎人。父仲卿，无名位。愈生三岁而孤，养于从父兄。愈自以孤子，幼刻苦学儒。"◎**枭秦霸楚汉晋唐，谁为儒狂道统扬：皓月曰：**公元前221年秦始皇统一中国，至公元800年韩愈的中唐时期，已历千年。儒学几经兴衰。经学遭遇玄学的重构，与佛教、道教在意识形态上的挑战。五经多作为礼乐章程与政治学手册存在。面对历史与现实，韩愈重新将"仁义"做人的社会化超越性的存在哲学加以解读，提出"道统"这一构建中华文明核心价值的哲学与政治学思想传承概念。《原道》："周道衰，孔子没，火于秦，黄老于汉，佛于晋、宋、齐、梁、魏、隋之间。其言道德仁义者，不入于杨则归于墨，不入于老则归于佛……曰：'斯道也，何道也？'曰：'斯吾所谓道也，非向所谓老与佛之道也。尧以是传之舜，舜以是传之禹，禹以是传之汤，汤以是传之文、武、周公，文、武、周公传之孔子，孔子传之孟轲。轲之死，不得其传焉。'"●《象山集》陆九渊曰："韩退之言，轲氏之死，不得其传。固不敢诬后世无贤者。然直是至伊洛诸公，得千载不传之学。但草创未为光明。今日若不大段光明，更干当甚事？"

韩愈·论语笔解

杨朱墨　论　乱藩镇
老子佛　语　惑民心
唯有理　笔　注论语
方得通　解　圣人训

◎**论语笔解**：公元798—803年，唐德宗贞元年间，李翱师从韩愈，二人以对话形式归纳《论语》大义，合撰《论语笔解》。郑樵《通志·论语》："《论语笔解》二卷，韩愈。"《韩愈集·与冯宿论文书》："近李翱从仆学文，颇有所得，然其人家贫多事，未能卒其业。"《与孟东野书》："李习之娶吾亡兄之女，期在后月，朝夕当来此。"◎**杨朱墨论乱藩镇，老子佛语惑民心**：韩愈认为杨朱的无政府主义与墨翟的反社会主义是藩镇之乱的根源，而释老之害更甚于杨墨。《与孟尚书书》："孟子云：今天下不之杨则之墨，杨墨交乱，而圣贤之道不明，则三纲沦而九法斁，礼乐崩而夷狄横，几何其不为禽兽也！……夫杨墨行，正道废，且将数百年，以至于秦，卒灭先王之法，烧除其经，坑杀学士，天下遂大乱。……汉氏已来，群儒区区修补，百孔千疮，随乱随失……而唱释老于其间，鼓天下之众而从之。呜呼，其亦不仁甚矣……释老之害，过于杨墨；韩愈之贤，不及孟子。孟子不能救之于未亡之前，而韩愈乃欲全之于已坏之后。"●《二程遗书》程子曰："礼一失则为夷狄，再失则为禽兽。圣人初恐人入于禽兽也，故于《春秋》之法极谨严。中国而用夷狄礼，则便夷狄之。韩愈言'《春秋》谨严'，深得其旨。韩愈道他不知又不得。其言曰：'《易》奇而法，《诗》正而葩，《春秋》谨严，《左氏》浮夸。'其名理皆善。"

韩愈·昌黎退之

```
天上文  昌  人间豪
胸怀兆  黎  排佛表
孔子进  退  猗兰操
师道存  之  石鼓谣
```

◎**昌黎退之**：公元800年，韩愈在书信中落款为"昌黎韩愈"。《韩愈集·题李生壁》："贞元十六年五月十四日。昌黎韩愈书。"◎**天上文昌人间豪，胸怀兆黎排佛表**：天上文昌即文昌帝君，民间传说中主管文运与考试的神明，喻韩愈有文昌之德，以道统为己任，辟佛兴道，遭贬斥而不屈。《韩愈集·论佛骨表》："夫佛本夷狄之人，与中国言语不通，衣服殊制，口不言先王之法言，身不服先王之法服，不知君臣之义、父子之情。……孔子曰：'敬鬼神而远之。'古之诸侯，行吊于其国，尚令巫祝先以桃茢祓除不祥，然后进吊。今无故取朽秽之物，亲临观之，巫祝不先，桃茢不用。群臣不言其非，御史不举其失，臣实耻之。"◎**孔子进退猗兰操，师道存之石鼓谣**：公元前484年，孔子自卫反鲁，见山谷中幽兰，感周游中坎坷，作《猗兰操》以抒心操；而今韩退之作《师说》《石鼓歌》明志。《师说》："生乎吾前，其闻道也，固先乎吾，吾从而师之。生乎吾后，其闻道也，亦先乎吾，吾从而师之。吾师道也，夫庸知其年之先后生于吾乎！"《石鼓歌》："方今太平日无事，柄任儒术崇丘轲。"●《东坡全集·潮州韩文公庙碑》苏轼曰："自东汉以来，道丧文弊，异端并起，历唐贞观、开元之盛，辅以房、杜、姚、宋而不能救。独韩文公起布衣，谈笑而麾之，天下靡然从公，复归于正，盖三百年于此矣。文起八代之衰，而道济天下之溺，忠犯人主之怒，而勇夺三军之帅。岂非参天地、关盛衰、浩然而独存者乎！"

韩愈 · 平淮西碑

修齐治　平　韩吏部
一别江　淮　潮州赴
南北东　西　皆悯心
自古丰　碑　记傲骨

◎**平淮西碑**：公元817年，为纪念朝廷平定淮西藩镇，唐宪宗命韩愈撰《平淮西文》，刻于石碑，立于蔡州城外。因韩愈碑文"修文偃武"，招致参与平定作战的武臣李愬与其妻唐安公主的不满，唐宪宗为"息事宁人"竟下令磨去韩愈文，再命大学士段文昌重新撰文刊石。后至宋代，为纪念韩愈，又将"段文昌文碑"推倒，重刻"韩愈文碑"，立于原址。◎**修齐治平韩吏部，一别江淮潮州赴**：韩愈晚年官至吏部侍郎，人称"韩吏部"。其力谏唐宪宗排佛，被贬为潮州刺史。●《朱子语类》论战国汉唐诸子，先生令学者评董仲舒、扬子云、王仲淹、韩退之四子优劣。或取仲舒，或取退之。**朱子曰**："董仲舒自是好人，扬子云不足道，这两人不须说。只有文中子、韩退之这两人疑似，试更评看。"学者亦多主退之。**朱子曰**："看来文中子根脚浅，然却是以天下为心，分明是要见诸事业。天下事，它都一齐入思虑来。虽是卑浅，然却是循规蹈矩，要做事业底人，其心却公。如韩退之虽是见得个道之大用是如此，然却无实用功处。"●《传习录·11》："徐爱问文中子、韩退之。**阳明先生曰**：'退之，文人之雄耳；文中子，贤儒也。后人徒以文词之故，推尊退之，其实退之去文中子远甚。'"●**皓月曰**：朱子、阳明先生皆圣人，是以儒家"道不离器"的方式看待问题，即唯有介入社会活动方显儒家体用功夫。然在藩镇患乱、皇心崇佛的局面下，韩公力举《原道》旗帜，排佛辟老，身贬志昂，功德实已无量了。

第七辑　新古诗宣言

新古诗的背景

诗歌是思想的先行,是文明发展的写照。

纵观 100 多年来的中国现代化历程,中华文明在两个方向上前进,一个是学习西方,一个是重塑自身的传统。显然,前者因为可以模仿,它发展的力道远远大于后者。而中国诗歌的发展就是这种历程的缩影。

"白话诗",是一种英译体的诗歌,作为中华文明对西方文明学习借鉴的象征,在很长一段时间被制度化地推广。但冠以"新诗""自由诗""现代诗"的称谓,并未使其书写出能表现中华文明美学精神的作品,它也从未被广大中国读者所接受。所以英译体白话诗只能算是中国诗歌的量变。

中国诗歌的质变,应是既能继承绵延 3000 年的中国古典诗歌传统,又能反映当代中华美学与时代精神的作品。显然,它必将建立在对古诗的继承与超越上。而白话诗的先天残疾,导致了它不能完成这个历史使命。

当代中国不应该只在口头上背诵中国古诗,笔下却在模仿西方诗歌的怪圈里打转;作为拥有 5000 年传说史、3700 年记录史的华夏文明,不应在借鉴西方文明的同时,放弃或排斥对自身文化的探索。中华诗歌传统不能只继承不发展。

当代中国诗歌需要一种本土化的创新论述。它就是:新古诗。作为振兴中国价值的美学,作为中国现代化历程中的新叙事,来弥合中国社会发展造成的东西、古今的对立与断裂。

能否在中文诗歌中写好中国故事,写出中文创造力,写出中华文明的哲性美学精神,写出"中国特色,中国风格,中国气派"是一个指标。——面对这个指标,新古诗将比"白话诗"更有作为。

在中华文明伟大复兴的时代召唤下,民族形式的创新迫在眉睫,古诗需要创新,创新就需要突破,中国诗歌的质变需要有人来探索。

季羡林：新诗是一个失败

已故东方学大师季羡林在《季羡林生命沉思录》中明确表示：新诗是一个失败。

原文如下：

五四运动是中国近代史上的一件大事。在文学范围内，改文言为白话，也是中国文学史上的一件大事。七十多年以来，中国文化创作取得了长足的进步；但是，据我个人的看法，各种体裁间的发展是极不平衡的。小说，包括长篇、中篇和短篇，以及戏剧，在形式上完全西化了。这是福？是祸？我还没见到有专家讨论过。我个人的看法是，现在的长篇小说的形式，很难说较之中国古典长篇小说有什么优越之处。戏剧亦然，不必具论。至于新诗，我则认为是一个失败。

这并不是季羡林第一次对诗发表评论，在《朗润集·自序》他还提到：

我觉得，一直到今天，我们的新诗还没有找到一个恰当的、大家公认的、比较固定的体裁。现在是八仙过海，各显神通，从马雅可夫斯基的所谓楼梯体直到豆腐干体，应有尽有，诗体很不一致。但是几乎都不容易上口，不容易背诵。很多诗念起来索然寡味，同旧诗那一种清新隽永、余味无穷的诗体和修辞迥乎不同。现在还有很多人能背诵上百首旧诗，而能背诵一首新诗的人却不多见。其中消息，耐人寻思。

其实季羡林完全可以不蹚"新诗"这摊"浑水"。季羡林晚年多写随笔，并做东方文化研究，但对中国诗歌的热爱，让他不吐不快。

"新诗是一个失败"一经报道，引来几乎整个中国当代诗坛的口诛笔伐。其中竟然充斥着谩骂，直指季羡林是"新诗"的罪人。但他对此却淡然处之。翌年他因病去世，享年97岁。新诗是一个失败，是秉承说真话的季羡林在死前认为自己必须要说的那句真话。

显然，季羡林谈到的失败，来自英译体的西化形式。那么关于民族形式问题，季羡林有没有所倡导的呢？

在季羡林生前的一次采访中，他谈到了他的老师闻一多：

> 我是闻一多先生的学生，听他的课。闻先生始终认为，诗必然要有形式。闻先生试图努力创造一种诗的形式，他找的不是中国式的，闻先生没走五言、七言旧体诗的路子。几千年来，旧体诗从四言、五言到七言，为什么没有九言呢？这是因为汉语语言的表达特点，再长就不好念了，这是语言规律所限制的。

结合上面三条，季羡林似乎已经点出了中国诗歌的方向，那就是：不能走割裂中华传统的英译体歪路，也不能走简单扩充字数的新格律歧路；要走"新古诗"的正路！

谢冕的复杂心情

诗评家谢冕于1980年发表《在新的崛起面前》，引发了关于新诗潮的热烈讨论。后被誉为新诗潮的吹鼓手与新诗评论界泰斗。时至新诗发展100年之际（1917—2017），他这样评价百年新诗的得与失，首先他对五四以降的新诗持完全肯定的态度：

> 新诗既是伟大的，又存在着很多问题，但这是不相冲突的。新诗用白话来写，冲破了一切枷锁，冲破了格律的束缚，想怎么写就怎么写。形式解放了，思想也解放了，中国人终于找到一种新的诗歌形式，可以把我们所有的想法，把新的思维、新的科学都装进来的形式，这就是自由的新诗，或者叫新诗的自由。诗歌能够表达现代中国人的情感、思想，这是了不起的事情。所以作为新诗的研究者和创作者，我一直感谢五四那一代人，因为他们有一种了不起的气魄，敢于向传统、向非常坚固的堡垒挑战。

但话头一转，他又说出了新诗所存在的问题：

> 当然也有问题，我一直是以一种非常复杂的心情来看待的。倡导白话的结果，一个是丧失了诗歌含蓄优美的一些成分，我也是爱好读古诗的人，对新诗变革以后失去的东西非常怀念。我们读全唐诗、读宋词，觉得它们的语言太漂亮了，它们的艺术形式太优美了，我们非常自豪。但是这种感觉在新时代很难再现，那种诗味的、浓厚的东西丧失，诗意丧失，是新诗百年以来的巨大损失。另外由于过度张扬的口语化，尤其近几年来，所谓的口语写作使得自由体带来的缺点越来越被放大。很多诗不仅没有诗意，而且

连语言的精练和逻辑性都没有了。诗的语言必须是非常精练、非常精美、比文学的其他样式要求都要更高的一种语言。"今天我去找你，你妈说你不在"，这样的诗到处都是，让人很忧虑。我觉得，我们要极力保护诗歌的特点，诗不同于文，诗歌不是散文，诗歌更不是论文，一旦诗歌失去了它固有的特点，诗就不是诗了。我现在主张要死守一条线，就是诗歌的韵味、诗歌的音乐性应该保留。一百年了，我们回头来看，今后的诗人一定要努力，使得自由体的诗歌中保持强烈的节奏感，而且富有韵味。

虽然谢冕特别强调新诗的伟大与问题不冲突，但在字里行间，我们都能读出太多冲突的意味：

既然视古诗的形式与格律为枷锁与束缚，为何又说唐诗宋词语言太漂亮、艺术形式太优美？既然标榜"想怎么写就怎么写"为"新诗的自由"，为何又要保护诗歌的特点、诗歌的韵味？既然视古诗为形式不解放、思想不解放之物，为何又说那种诗味的、浓厚的东西丧失，诗意丧失，是新诗百年以来的巨大损失？既然"中国人终于找到一种新的诗歌形式"，英译体白话诗也发展100年了，为何还会出现"尤其近几年来，所谓的口语写作使得自由体带来的缺点越来越被放大。很多诗不仅没有诗意，而且连语言的精练和逻辑性都没有了"的乱象？既然标榜新诗的形式是"可以把我们所有的想法，把新的思维、新的科学都装进来的形式"，为何又要"极力保护诗歌的特点，诗不同于文，诗歌不是散文，诗歌更不是论文，一旦诗歌失去了它固有的特点，诗就不是诗了"？既然要"感谢五四那一代人，因为他们有一种了不起的气魄，敢于向传统、向非常坚固的堡垒挑战"，为何又"一百年了，我们回头来看，今后的诗人一定要努力，使得自由体的诗歌中保持强烈的节奏感，而且富有韵味"？

在这些耐人寻味的矛盾之外，我们不禁还要发问：

既然古诗语言太漂亮、形式太优美，那么古诗的形式与格律到底是不是枷锁与束缚？既然思想解放了，为何不解放一下对古体诗的偏见？既然追求"把我们所有的想法，把新的思维、新的科学都装进来的形式"，古诗的形式怎么就装不进去？既然古诗语言太漂亮、形式太优美，为何英译体白话诗就不能向古诗借鉴一下太漂亮的语言、太优美的形式，非写"自由体"吗？既然写古体诗，写英译体白话诗，都是写中文诗。为何只向西方找寻借鉴与方向，为何不从古体诗的角度进行创新？既然"新诗"已发展了100多年，在100年后，还要强调韵味与音乐性这等诗歌常识，它是不是失败了？

其实，在谢冕门户分明的论述中，我们似乎看到了两种常识，即"新诗"理念好，古诗作品好。但当这两个常识放在一起对比，却产生了矛盾。这说明其中的一个"常识"是假的。因为作品才是理念的最终展现。

所以谢冕才有了"非常复杂的心情"——他面对"新诗"的曾经的理念是自信，甚至是激昂的；但当他面对"新诗"的现实的作品是忧虑，甚至是无奈的。

这种激昂与无奈交织在一起，正是当代英译体白话诗坛的写照——太多的表面上挥舞着"五四"大旗的人，一面操弄着现代、解放、科学、自由的价值观，一面冠冕堂皇地剽窃着艺术术语，为其不堪入目的拙劣诗做辩护，拉帮结伙，欺世盗名！

当"新诗"的"新"，早就退变为一种"话术"的时候，人们应不应该反思一下：如果一个事物耗费了大量社会资源，被当作一个制度推广了100多年，但本身的问题越来越多，离大众越来越远，越来越显现出反智倾向，已与推广它的初衷背道而驰。那么再推广这个事物，是不是错了？

在谢冕充满矛盾的谈话里，我们只能读出季羡林的那句真话：新诗（英译体白话诗）是一个失败。

最后，我也不得不对谢冕说，格律不是束缚，古诗的形式更不是枷锁，而是中华文明创造力的体现，反映的是中华民族的哲性美学精神。古代的诗人不是因为被迫才那样写诗的，他们是发自内心地那样写，因为只有那样写才能表现出中文之美，你不也认为古诗很美吗？

古体诗的孔子与英译体的上帝

北宋周敦颐在其《通书》中写道："文，所以载道也。轮辕饰而人弗庸，徒饰也；况虚车乎！文辞，艺也；道德，实也。笃其实，而艺者书之，美则爱，爱则传焉。"文与道从来都是不分家的。那些我们如数家珍的古代诗人之所以能写出不朽的作品，正因为他们胸中有"道"。

曹植《豫章行》：太公未遭文，渔钓终渭川。<u>不见鲁孔丘，穷困陈蔡间。</u>周公下白屋，天下称其贤。

阮籍《咏怀·其六十九》：焉得凌霄翼，飘飘登云湄。<u>嗟哉尼父志，何为居九夷！</u>

魏徵《缺题五古诗·其二》：抱玉乘龙骥，不逢乐与和。<u>安得孔仲尼，为世陈四科？</u>

陈子昂《感遇诗三十八首·其八》：<u>仲尼推太极</u>，老聃贵窈冥。西方金仙子，崇义乃无明。

李白《送方士赵叟之东平》：<u>西过获麟台，为我吊孔丘。</u>念别复怀古，潸然空泪流。

杜甫《题衡山县文宣王庙新学堂呈陆宰》：周室宜中兴，<u>孔门未应弃。</u>是以资雅才，涣然立新意。

韩愈《此日足可惜赠张籍》：<u>孔丘殁已远，仁义路久荒。</u>纷纷百家起，诡怪相披猖。

杜牧《杜秋娘诗》：射钩后呼父，钓翁王者师。<u>无国要孟子，有人毁仲尼。</u>

梅尧臣《拟咏怀》：荒淫启朱宫，道德处茅茨。何为后世士，<u>常以尼父悲。</u>

苏轼《和陶归园田居六首·其一》：<u>东家著孔丘，西家著颜渊。</u>市为不二价，农为不争田。

陆游《荡荡》：<u>荡荡唐虞去日道，孔林千载亦荒丘。</u>六经残缺幸可考，百氏纵横谁复忧。

现当代中国英译体白话诗的"道"又是什么呢？

胡适《应该》：他的话句句都不错——／<u>上帝帮我</u>／我"应该"这样做

徐志摩《起造一座墙》：你我千万不可亵渎那一个字，／别忘了在<u>上帝跟前起的誓。</u>／我不仅要你最柔软的柔情，／蕉衣似的永远裹着我的心；／我要你的爱有纯钢似的强。

穆旦《春天和蜜蜂》：既然一切由<u>上帝安排</u>，／你只有高兴，你只有等，／冬天已在我们的头发上，／是那时我得到她的应允。

郑敏《诗人与死》：被击碎，逃出刺耳的歌／疯狂的诗人捧着淤血的心／<u>去见上帝或者魔鬼</u>／反正他们都是球星

北岛《晴空》：<u>上帝绝望的双臂</u>／在表盘上转动／诗人落进诗的圈套／他一夜白了头／满楼狂风

海子《太阳·弑》：我是在我的头盖上镌刻这句话／这是我的声音 这是我的生命／<u>上帝你双手捧着我像捧着灰烬</u>

西川《上帝的村庄》：我需要一个<u>上帝</u>，半夜睡在／我的隔壁，梦见星光和大海／<u>梦见伯利恒的玛利亚</u>／在昏暗的油灯下宽衣

342

于坚《哀滇池》：哦，上帝造的物／足以供养三万个神／足以造就三万个伊甸园／足以出现三万个黄金时代

余秀华："上帝握着我的手在写诗，但是我不知道在写诗。"

由于篇幅所限，只引一些近年有热度的白话诗人，其中不少人还是基督徒。而白话诗中的上帝意象举不胜举，充斥着白话诗人的心！这就是孔子像被推倒后，上帝的圣像被立起在中华大地上的文化表征。一场后殖民文化的大雾，笼罩着中国，已经 100 年了！

老舍在评价胡适的《文学改良刍议》时曾强调，在《刍议》倡导拒绝用典之后，很多诗人是不引中国的典故了，他们改引外国的典故。诗，本来就应该有典，你不让他们引《诗经》，他们就引《圣经》！加上白话诗直接借鉴西方诗歌，其结局就是，不引几个外国名人、历史事物，不写个上帝，就像不会写诗一样。问题是，这样发展到现在，有几个"白话诗人"能懂中国传统？想懂中国传统？你能指望满脑子引上帝的诗人，会写出中国精神？更有甚者，一面标榜着西方文化，一面调侃着孔子，以为能事。

有句话叫"洋为中用"，而在"五四语境"中，诗人不但不知"中"为何物，而且退变为"上帝握着我的手在写诗"，这是"洋"把"中"给毁了！说到底，这是一笔买卖，中国白话诗人争着充当西方文学在中国的代言人，好被西方诗界认可，好在西方流芳百世。

西方文明自有它的伟大，天启宗教自有它的意义。但中国现代化的目的，绝不能是"西方文明握着中国人的手在写诗"。这不是中华文化的胜利，这是中华文化的灭亡。

所以，能否在中文诗中写好孔子，写好中国的故事，写出中文的创造力，写出中华文明的哲性美学精神，是一个指标。

这个指标，无法奢望英译体可以完成，它从诞生起，就只是西方诗歌的模仿者。他们用英译体写出的只是西方的文化辐射。

这个指标，只有新古诗可以完成。

"新诗"不新

《刍议》溯源

五四以降的"新诗",即英译体白话诗,从来都不是:新的。

中国现当代诗歌史,实质是一部西方文学风格史。

不得不说,胡适带了一个很坏的头。青年时代的胡适是一个社会达尔文主义者。这在理论上的表现是,他不在乎:大放厥词与前后矛盾。这在文学上的表现就是,他不在乎:抄!

"白话诗"最早的反对者梅光迪曾明确指出,"所谓白话诗者,纯拾自由诗(Verslibre)及美国近年来形象主义(Imagism)之余唾。"(注:梅光迪:《评提倡新文化者》,《中国新文学大系·文学论争集》,上海良友图书公司,1935年,第129页。)

胡适的很多理念、作品并不是其在美国(1910年在康奈尔大学选读农科时,或1915年在哥伦比亚大学哲学系时)遭遇西方文化冲击后,在自己头脑中酝酿、建立的。而是直接引用、挪用、借用当时欧美正兴起的文学流派、文学理论的后果——胡适是拿来主义者。

如1917年的《文学改良刍议》,是胡适对1913年美国意象派诗人庞德《一个意象主义者的几个不作》,与1916年美国意象派女诗人艾米·洛威尔(Amy Lowell)《意象宣言》的直接挪用。

再者,被胡适自称为"我的'新诗'成立的纪元"的作品《关不住了》,并非是胡适自己创作的作品,而是一首译诗!它是美国女诗人梯斯黛尔(Sara Teasdale)1916年发表在美国《诗刊》(*Poetry*)的作品,原题为《在屋脊上》(*Over the Roofs*)的四首中末首的翻译与重命名。而胡适的另一些诗则受到美国女诗人希尔达·杜利特尔(Hilda Doolittle)的强烈影响——这解释了为何早期白话诗风格都很"阴柔"。

26 岁的胡适，不是文学天才，更不是理论大家，而是一个赤裸裸的"文化倒爷"（胡适在 1917 年参加博士学位最后考试，但并未获得博士学位）。更过分的是，作为日后"白话诗"写作"金科玉律"的《刍议》的理念竟来自美国一个诗派。这难道不荒诞吗？

这就是作为英译体的白话诗的开端的原始积累——这个"白话诗"的起点，值得我们为其欢呼雀跃吗？

"新诗"的"成功学"

胡适的"成功学"，即以西方流派为风格源头，追求西方样板，将西方诗人翻译体作为写作范式，成为英译体白话诗在中国的发展模式。

李金发，1919 年留法，在第戎与巴黎学习雕塑与油画，其受法国象征主义者波德莱尔、魏尔伦、瓦雷里等人的影响，在读波德莱尔《恶之花》之后开始写诗，其诸多作品有明显模仿痕迹。李金发的诗歌写作集中在 28 岁之前，之后不再写白话诗。他的解释相当豁达：一是有感象征派诗出风头的时代已过去，自己亦没有以前写诗的兴趣了；二是认为自己年轻时写的那些象征派诗，只是弱冠之年的一种文字游戏，难登文学史大雅之堂，因此自三部诗集出版以后，很少作诗，因为找不到一条正确的道路，觉得有自欺欺人之嫌。

郭沫若，1914 年留日，在九州大学学医。其承认自己的白话诗写作受益于朗费罗、泰戈尔、歌德和惠特曼的影响。其与田汉、宗白华 1920 年合著的《三叶集》之命名，来自惠特曼 1855 年出版的《草叶集》。其代表诗集《女神》可视为惠特曼主义作品集。

徐志摩，曾赴英、美学习，其风格可追溯至华兹华斯、雪莱、济慈、勃朗宁夫妇、哈代等。徐志摩崇拜英国浪漫主义诗人华兹华斯，其《朝雾里的小草花》几乎是华氏《我们是七个》的翻版。其《落叶小唱》的节奏基础是英语诗式的，实际上就是借用了济慈的《无情女郎》。其《再别康桥》是一首英国民谣体（ballad）抒情诗歌。其发起的诗歌群体"新月社"的名称来自泰戈尔的散文诗《新月集》。

卞之琳，曾在法、英学习，其表示"最初读到二十年代西方现代主义文学，还好像一见如故。有所写作不无共鸣"。（袁可嘉《略论卞之琳对新诗艺术的贡献》，《文艺研究》，1990年2月）其在回忆自己的创作时，曾说："我前期最早阶段写北平街头灰色景物，显然指得出波德莱尔写巴黎街头穷人、老人以及盲人的启发，后期以至解放后新时期，对我也多少有所借鉴的还有奥顿中期的一些诗歌，阿拉贡抵抗运动时期的一些诗歌。"（卞之琳《卞之琳文集·自序》，安徽教育出版社，2002年）而艾略特的"智性诗"与瓦雷里的《石榴》也是卞之琳借鉴的对象。其也是莎士比亚的翻译者。

戴望舒，从小受教于教会学校，在樊国栋神父指导下研读浪漫主义诗人雨果、拉马丁和缪塞的作品，后受法国象征派魏尔兰影响作《雨巷》。其曾留法，回国后在上海法租界创办了《新诗》月刊。刘半农，曾留学英、法，在英国伦敦时，刘半农模仿英语单词 she，创造中文"她"字，写情诗《教我如何不想她》。鲁迅，曾留日学医，但只是成绩平平的学子，其创作《野草》时，曾翻译厨川白村文艺评论《苦闷的象征》和《出了象牙塔》，以及岛崎藤村著作（岛崎藤村为日本著名作家，在1901年前就出版《夏草》《若菜集》《一叶舟》《落梅集》多部诗集，其1906年发表的小说《破戒》是日本第一部现实主义小说，被誉为日本现代主义文学里程碑）。鲁迅对中国人国民性批判大致符合1901年日本朝日新闻社出版的《支那人之特质》，作者为鞳鞨氏。至于鲁迅的散文诗风格，大致受当时风靡文坛的尼采、波德莱尔、惠特曼、泰戈尔与日本作家影响。

简而言之，中国现代文学时期的白话诗，就是当时西方文学风格的翻版。而自80年代开始的当代白话诗坛也继承了这种"五四传统"。每次有西方诗人获得诺贝尔文学奖，或其他西方奖项都会立即在国内诗歌界产生热潮。苏联的帕斯捷尔纳尔克、阿赫玛托娃，智利的聂鲁达，波兰的米沃什，阿根廷的博尔赫斯，瑞典的特朗斯特罗姆，美国的金斯伯格、史蒂文斯、普拉斯、黑山派，墨西哥的帕斯，英国的奥登、拉金，西班牙的"二七一代"，等等，都是"白话诗人"竞相标榜、吹捧、模仿的对象。西方诗歌简直就是"新诗"（英译体白话诗）的指南针，很多当代诗人以自己的风格可与之对号入座为荣。

不能用"它山之石，可以攻玉"为英译体白话诗辩护。因为它是用两块石头在磨，中国古诗传统的"玉"已经被英译体诗丢弃了。也不要用"东西合璧"为英译体白话诗辩护。英译体白话诗实质上，是以西方为形式，以东方为内容。英译体白话诗写出的并不是借鉴西方的中国诗歌，而是本着西方诗歌形式、风格、流派、概念书写的以中国为内容的翻译体西方诗歌。只要将它们翻译回英语，它们的价值光环将全部熄灭，它们的模仿者将全部现身。

故，"新诗"（英译体白话诗）的发展，不是一部中国现代文学史，而是一部西方文学借鉴史。它没有将中国自己的诗歌变得现代。

或者，在教授白话诗时，应明确告知时代背景、作者作品受到西方文学何人影响。如果只教其作，放大其意，不论其源，不述其弊，人云亦云，逐年递增，最后强冠以中国白话文学先驱种种谬论，那就是欺骗人了。

——这就是季羡林在提到"白话诗"时所言"我总怀疑这是英雄欺人，以艰深文浅陋"。

"新诗"与名声

既然"新诗"是西方现代诗歌的附庸，那么"新诗"诗人何以声名鹊起呢？这主要靠：地位，圈子，引发社会热点，时代误读与营销。

比如胡适，本是一个爱吃牌酒的公子哥，读私塾之后去美国念书，因为记不住苹果的种类从康奈尔大学农学科转至文理科，后在哥伦比亚大学考试没通过、没有毕业，却以博士身份将其在《纽约时报》上摘抄的美国诗派宣言，改头换面以《文学改良刍议》在《新青年》上发表，引发国内反传统文化争论。然后以哥大"博士"谋得蔡元培时代北京大学教务长，从此展开其个人经营。

比如一面标榜其"自由主义"立场，一面编辑《新青年》、合办《努力周报》、合创《现代评论》、合办华美协进社、与徐志摩成立新月书店等，他的合作者多看重其北大资源和其留洋博士背景。由于胡适善于社会活动，最终在宋美龄婚礼上结识蒋介石。其后胡适凭借与杜威、蒋介石的私交，取得驻美大使头衔，并在这段时间苦心经营，用其资源与名望，谋得众多美国常春藤大学荣誉博士头衔。再没有哪个人像胡适一样偏爱荣誉博士身份，这正暴露了其想掩盖自己空泛又不自信的学术能力的内心。胡适一生最精于的正是"混圈子"，喊口号。

反观胡适的学问，其《中国哲学史大纲》《白话文学史》只有上卷，一生也没写出下卷。其书内容极粗疏，大致是中国史书上诸子简介与其在哥大学习西方哲学、文学教材的摘抄拼合体。凭此少年之作，专科论文之水平，何以称其为理论家？而其本身绝无文学造诣，不讲他拿译诗充当自己的作品，只说《蝴蝶》之糟糕，充其量是清末民初青楼小调水平，凭此等唠叨小令，何以冠之新文化运动领袖？简直是侮辱国人智商。

时代误读。即作品 A 在它的写作年代属于某种意义；但由于时代变迁较快，之后时代的读者并不了解当年的文化背景，但出于某种原因，却将后时代总结出的对前时代的社会文化期待，投射到作品 A 上，使作品 A 成为超越它时代的作品，但在作品 A 写作当年却并没有那些意涵。比较明显的是北岛的《回答》。初稿写于 1973 年的《回答》，其中名句"卑鄙是卑鄙者的通行证，高尚是高尚者的墓志铭"，几乎成为 80 年代诗歌的名片。那么这种句式的来源是什么？

卡尔·马克思 1843 年《黑格尔法哲学批判·导言》有"以昨天的卑鄙行为来为今天的卑鄙行为进行辩护"。马克思 1854 年于纽约刊印的《高尚意识的骑士》有"高尚意识要用别人的倨傲来证明自己的谦虚"。这两篇收录于《马克思恩格斯全集》。毛泽东在 1956 年 11 月中共八届二中全会上回忆"锦州苹果"的故事，赞扬八路军不拿群众一针一线时说道："老百姓家里很多苹果，我们战士一个都不去拿。我看了那个消息很感动。在这个问题上，战士们自觉地认为：不吃是很高尚的，而吃了是很卑鄙的，因为这是人民的苹果。"毛泽东在 1958 年 5 月中共八大二次会议对会议报告写的批语为"卑贱者最聪明，高贵者最愚蠢"，并指示印发大会。此二者收录于《毛主席语录》。而对这些句子的引用与讨论都出现在 1972—1973 年的《红旗》(《求是》)杂志上。

"卑鄙，高尚"的句式，是那个年代的普遍阅读现象。《回答》依然属于革命话语加控诉主题式写作。但《回答》在 1979 年被《诗刊》发表时，却将创作时间写为 1976 年。要知道 1973 与 1976 是两个完全不同的时间点。1976 年的时间点明确令此诗与"四五运动"产生联系，而 1973 年的社会话题是杜绝高校招生"走后门"、恢复邓小平职务与批林批孔。这将对此诗得出完全不同的解读。《回答》为北岛赢得众多的声誉，而北岛在近几十年来游走于西方文坛、香港高校与中文评论界，对《回答》的写作背景与写作动机却绝少提及，这是极不正常的。

再如海子，本是一个早慧、敏感、出身农村与城市生活难以融合、生活上无人关心又自命不凡才沉迷西方宗教，最终患上躁郁症而自杀的 25 岁青年。却因其北大身份、知识分子弱势情节、基督教、文学团体的炒作、与房地产热等诸多混乱社会因素，被包装成一个短命天才，造就出一个虚构的 80 年代神话。1986 年由安徽《诗歌报》《深圳青年报》举办诗歌大展，这个诗歌展可以反映"85 后"中国青年诗歌风貌。将海子的作品放到这个大集合中，他的风格在当年并不出众，也不独特。海子的作品基本是基督教意象、80 年代一部分流行文化与当时涌入国内的西方文学风格、流派的杂糅体。近年热炒的打工诗人、残疾诗人基本上也是一场打着关爱弱势群体的幌子，追求身份认同，标榜西方诗歌的文化闹剧。

英译体白话诗自其诞生就活在外国过去式文学风格的囚笼里，其作品是国外文学风格的中国版本，其实质是在宣扬与模仿西方的文化价值的同时，丧失了对自我文明的想象力与自身文明的创造力。这笔买卖做了 100 多年了，中华文明到底是赚是赔？除了几个写着国外风格而沾沾自喜并被评论界吹捧的"白话诗人"，与时隔几年就炮制出的文化乱象之外，从民智的表现与中华文明的放射力来看，我看是赔了。

混乱与现状

"功夫在诗外"，早就成了当代英译体白话诗坛的一个共识。这个诗坛中人追求的不是作品被大众认可，而是谋求成为诗歌产业中的一环。比如 A 某在媒体界、B 某在高校领域、C 某在出版圈、D 某在评论界、E 是文化官员，这五种人联合起来，把持渠道，交换资源，相互吹捧炒作，甚至再拥有外媒与港台资源就更加跋扈。比如策划出版诗丛，或者由企业、高校、媒体组织一些诗歌奖项，争当评委，即可迅速在社会上引发热议，给自己添加价值光环，而得奖者早已内定。而说到价值，英译体白话诗坛最需要的是被西方文学界承认，比如西方奖项，即便是第二、三名或者入围也可炒作，或是"泡圈子"结交众多外国诗人与评论家，再者干脆加入外国籍拥有海外身份——从这个层面说，能指望这群英译体诗人去苦思冥想，写出中国风格、中国精神吗？

你是否见到过这种文坛怪象，即某知名诗人堪称社会名流，诗集多部，获奖众多，甚至把持几种刊物，但读者阅读他的作品，只认为稀松平常，不知所云。这从一个侧面解释了，为何白话诗越发展越差了。因为英译体诗从诞生起，就是从人际关系的小圈子发展来的，它不需要被大众认可，它只需要被资源认可，被西方文坛认可（只可惜水平还不够）。须知，写诗虽不讲究多高门槛，但追求一定的文学造诣，如写古体诗，不但需要大量哲学、历史与文学知识，不断积累自身文化素养，也需要读者有一定阅读能力，这就使之曲高和寡；反过来，打着"新诗"的旗号充当"文化倒爷"、社会活动家，鼓吹西方美学自由，制造文化争议，炮制社会热点，即便诗写得粗制滥造也能赚取大量社会知名度与社会关系。久而久之，前者便无人问津，后者便趋之若鹜、门庭若市。

由于中国人口基数大，写英译体白话诗难度又低，就发展出一个人口庞大的"白话诗坛"，但其中充斥着粗制滥造的作品泡沫，似是而非的价值评说，导致其创造的价值与其庞大的体量严重不成正比。在这个诗坛的评论群体中，"评论家们"往往操弄着西方术语，搬弄着价值天平，挥舞着自由主义，我手写我心的道德话术，可将没有文学价值，没有创造力，没有艺术性，没有语言美感的作品，天花乱坠地说成经典。他们往往标榜，没有标准就是最好的标准，没有主义就是最好的主义，没有诗性就是最好的诗歌！实质上是拿关系当标准，用资源抵主义，以废话作诗歌。如此一来，评论家就可以说什么是什么，指鹿为马了。久而久之，就缔造出一个立场大于作品，身份大于风格，资源大于价值的扭曲诗歌市场。这个市场奉行的不是文学价值，而是弱肉强食的丛林法则、心照不宣的资源置换。这个丛林法则让想进入这个市场的青年精于混圈子、拜码头、当小弟，而不是写作；这种资源置换让那些有文学理想但没有身份、没有资源的理想者被驱逐出这个市场。

更重要的是，在文化市场的下游奉行弱肉强食的丛林法则的同时，这个文艺阵地的上游以西方诗歌为样板，以西方的文学样式为纲，以西方的价值评说为要，以西方的审美趣味为本。从根本上说，这导致了它传播的不是中国价值，探索的不是中国风格，确立的不是中国精神，振兴的不是中国文化。这就导致了那些探索中国特色，发扬中国风格，展示中国气派的青年诗人的作品，得不到市场的认可，便逐渐凋零。可以说，中国式的创造力，谋求中国样式的创新者，被这个奉行西方艺术话语权与丛林法则的诗歌现场双杀掉了！而近十几年来，谁敢对英译体提出质疑，谁敢对当代白话诗坛的顽疾提出批评，这个市场中的既得利益者便对他群起而攻之，即便季羡林也无法避免。

更有甚者，这个奉行西方艺术话语权的英译体白话诗坛，定期炮制出一些自杀诗人、打工诗人、残疾诗人，以关爱弱势群体为幌子，通过道德绑架堵塞读者与文艺评判之口。而被推广者也心领神会，在媒体上利用其弱势形象，结合以西方诗歌风格，以上帝的通灵人自居。当代白话诗坛就是利用这种方式引领着社会潮流，表面上推崇西方自由价值，实质上是在幕后维护着自身的利益。他们通过这种方式把持媒体资源，操纵舆论走向，引领社会脉搏，这就使得那些真心致力于探索中国式写作、中国风格的青年作者，得不到媒体关注，永无出头之日。可以说中国风格的写作者，才是中国诗坛真正的弱势群体。

不过分地说，"新诗"发展 100 多年了，能被模仿剽窃的西方诗人的风格都被模仿剽窃尽了，无诗可抄，中国的白话诗也就越来越差了。更直接地说，中国白话诗坛什么外国风格都有，就是没有中国风格；中国白话诗坛什么都有，就是没有中国诗歌。

"新诗"是完全的失败。

超越五四的局限

宇文所安眼中的北岛

自 1979 年以来，北岛一直被作为中国当代诗坛的一种标志存在。不管是其作品《回答》，还是其获得古根海姆奖学金、美国艺术文学院终身荣誉院士、香港中文大学荣誉教授，以及美国国籍，都被国内英译体诗歌圈子津津乐道。但至少有一个美国评论家对北岛的诗不买账，他就是哈佛大学教授宇文所安。

宇文所安认为，北岛的诗歌缺乏本土性，缺乏中国传统文化的根源，充满政治滥情，容易被翻译、有可替换性，更像是为翻译、为外国读者而写作的作品。他还辛辣地指出，一个汉语新诗诗人因为得到了欧美主流语言的翻译，在国外爆得大名，反过来影响到中国人对这位诗人的评价。而且，许多中国当代作家也正是走这样的"国际路线"，以便"挟洋自重"。这是一种文学的"出口转内销"。

这并不奇怪，众所周知，宇文所安以研究唐诗与中国古代文学史闻名。宇文所安指出的就是英译体白话诗存在的普遍性问题：一、模仿过时的欧美诗歌的表达方式和意象；二、刻意满足西方人对中国的印象与想象。问题是，北岛为何不写出百十来首古诗，向宇文展示一下什么叫本土性与中国传统呢？北岛在《回答》中写道："新的转机和闪闪星斗，正在缀满没有遮拦的天空。那是五千年的象形文字，那是未来人们凝视的眼睛。"——一个称颂象形文字 5000 年历程的人，一定是会写古诗的！北岛出国后，他的写作风格发生过明显的转变，被国内评论家誉为：从 80 年代口号式英雄体，转向更注重隐喻的"国际诗歌"，不失为一种魄力。既然北岛敢于转变写作风格，为何不敢写点古诗，不能在作品中融入一点古诗元素，哪怕几行，不也肯定会赢得英译体评论界的摇旗呐喊吗？

北岛曾在其短诗《天问》中写道："从小背古诗，不得要领，阐释的深渊旁，我被罚站。"——看来北岛从小不善于古诗。荷兰评论家柯雷也曾提到，北岛曾争辩说，中国古体诗因为形式约束而"难以表达比怀旧和离别更复杂的情感"——看来从小不理解古诗的北岛并没有将"五千年的象形文字"的表现力与古体诗的形式美学结合起来看待。而且，北岛的这种说辞，就像在证明"中国水墨画只适合画山水"那样荒谬！问题是，即便将古体诗粗略分类，如乐府诗、玄言诗、山水诗、田园诗、闺怨诗、边塞诗、佛道诗、濂洛诗，等等，也可证明古体诗的形式完全可以表达出远比"怀旧和离别更复杂的情感"！为何日后成为"国际诗人"的北岛对于古体诗的认识还带有"童年烙印"式的匮乏？这种对传统的无知，是否与其"中国当代诗歌代表人物"的头衔相称呢？

让我们回到常识性的判断。当我们去问"一个中国当代诗歌的标志性人物，为何写不出几首古诗？为何对古体诗的认识如此贫瘠？"这个问题，是否就像去问，既然胡适已经拥有 30 多个名誉博士头衔，为何写不出《中国哲学史大纲》与《白话文学史》下卷来呢？显然，这个问题让人们必须在名声与常识间做出抉择。

那么，让我们正视宇文所安眼中的北岛。北岛的诗歌难道不正是，一不体现中国形式，二不展现中国哲学，三不表现中国美学，却极力模仿西方过时诗歌的风格、语言与形式的，"三无一有"的英译体白话诗标准式作品吗？

抛开古诗写作可以轻松暴露一个人的真实文学素养这一常识性表征，我们难道不应该问问北岛们，在你们模仿西方诗歌风格的时候，你们真的为这些东西而陶醉吗？你们也必学过古诗，背诵过古诗，当你们一面唾弃中国古诗形式为约束、为枷锁，一面为英译体陶醉，一面又大谈汉语诗歌的时候，你们就没有丝毫"恻隐之心"吗？冠以"新诗"的命名，为何非要走上一条古今割裂的道路？那些概念中与传统的对接为何迟迟未能发生于现实？

北岛们的头脑中有一条线，一种隔膜，这是一条将古今割裂的界线，这是一个哲学问题，它来自五四的局限。

五四的局限

五四的局限因其时代性导致其在东、西双向都陷入哲学困境。彼时正值西学东进、西方中心论、社会达尔文主义的时代潮流，与清中叶乾嘉考据学之"长尾"（包括疑古派）与清末诸子学抬升的旋涡中，这两股思潮汇合就导致《新青年》"打倒孔家店"的出现。

总体上说，近代西方把中国当作一种失落的文明对待。不能说西方不想了解中国，也不能说从西方传教士通过接触清朝社会所积累的关于中国的记录发展来的早期汉学一无是处，但西方社会想从清朝衰落的文化状态中理解像儒学这种中华哲学的精华，几乎是不可能的。于是就有了：

伏尔泰《风俗论》中"这个国家已有4000多年光辉灿烂的历史，其法律、风尚、语言乃至服饰都一直没有明显变化"。

黑格尔《哲学史讲演录·第一卷》中称"孔子只是一个实际的世间智者，在他那里思辨的哲学是一点也没有的——只有一些善良的、老练的、道德的教训，从里面我们不能获得什么特殊的东西。西塞罗留下给我们的'政治义务论'便是一本道德教训的书，比孔子所有的书内容丰富，而且更好。我们根据他的原著可以断言：为了保持孔子的名声，假使他的书从来不曾有过翻译，那倒是更好的事。"

马克斯·韦伯《儒教与道教》中认为儒教本质为："儒教仅仅是一种伦理，这一点与佛教一模一样。"

法国葛兰言《中国古代的节庆与歌谣》（1919）中将全部《诗经》作为古代的歌谣。俄国王西里（瓦西里耶夫）《中国文学史纲要》（1880）中称《诗经》是民间的乐歌，《国风》全部是歌谣，所以《诗经》是中国古代民间口头创作的典籍。

鉴于篇幅所限不再赘述，此等言论在当时西方大家著作中比比皆是！但这些关于中国荒唐得啼笑皆非的论述，往往成为中国留洋派的理论依据。比如胡适1925年《谈谈诗经》中违背经学常识地认为《诗经》不是一部经典，而是一部古代歌谣的总集。导致日后"民歌总集"成为《诗经》错误的概括论述，这严重违背了历史事实。实质上《诗经》为哲学、史学、政治学、教育、祭祀、美学与诗学等的综合性著作。

另一方面，五四的局限体现在对自身哲学的错误理解上。

清中叶乾嘉考据学兴起，是在清廷政治的推波助澜下刻意挑起儒学内部汉学、宋学之争，割裂中国本土哲学思想。乾嘉学是一种推崇章句训诂的"乡学"，是运用对古籍琐碎的考据，以及疑古立场瓦解中国哲学抽象性，推翻宋明哲学权威性，否定宋明政治合法性的伪学伎俩。乾嘉学打击了宋明理学所建立的宏大哲学论述，与明代心学所提倡的哲学思辨性。由于它的"长尾效应"，我们看到在五四时期大量的学人对儒家思想持有"本末倒置"的观点。

比如梁启超在《清代学术概论》中完全站在乾嘉学立场上，他称阎若璩、毛奇龄等人为启蒙、正统与革命者。而阎若璩主要打击《尚书》的权威性；毛奇龄主要攻击朱熹的《四书章句集注》。梁启超将宋明理学称为"唐代佛学极昌之后，宋儒采之，以建设一种'儒表佛里'的新哲学，至明而全盛"。这句话不但是对明代王阳明心学恶意诋毁，更是违背理学常识对宋明思想持先行批评立场。就像乾嘉学前佞一样，梁启超在借用黄宗羲、顾炎武的语言对明代讲学肆意鞭挞的时候，却罔顾明末清初东林派、刘宗周、黄道周、孙奇逢、李二曲等人追求心学理学融合、经世致用的历史事实。梁氏遵从的是清朝伪学立场。

再者，清政府在1840年鸦片战争中被西方击败，让晚清学人意识到当时世界亦如先秦战国一般，于是战国诸子学，即刑名学的地位被抬升。如俞樾《墨子平议》，孙怡让《墨子间诂》都在当时产生很大影响，梁启超也作《墨子学案》。而战国刑名学为"霸者之学"，与儒家的"王道之学"，二者在史学观、思想内核与思想方法上都存在不可调和的矛盾。刑名学的抬升导致儒学地位的进一步下降。这使得中国哲学的一些基本价值取向在那个年代被模糊掉了。但是，如从经典的儒家思想视角观察，晚清社会已经坠入"非杨即墨"的历史怪圈。

比如胡适《中国哲学大纲·上》，其篇目前后顺序是遵照《史记》设置，先老子后孔子，而司马迁之所以这样设置，是西汉当时奉行黄老刑名学的结果。再如篡史提出"罢黜百家，独尊儒术"的易白沙，就在《新青年》上发表过《述墨》。其在《孔子平议》中写道："孔子当春秋季世。虽称显学。不过九家之一。主张君权。"这表明易白沙：一、分不清孔子所崇"先王之道"与战国诸子学的关系，将东汉《汉书》"九流十家"分类强加于春秋时代；二、无视儒家"从道不从君""君之视臣如土芥，则臣视君如寇仇"的基本立场，构陷儒家。此等无儒学、史学基本常识的言论，正是清末战国刑名学抬升与儒学式微的写照。

再如陈独秀在《宪法与孔教》中写道："谓宋以后之孔教，为君权化之伪孔教；原始孔教，为民间化之真孔教；三纲五常，属于伪孔教范畴；取司马迁之说，以四教（文、行、忠、信）、四绝（毋意、毋必、毋固、毋我）、三慎（斋、战、疾）为原始之真孔教范畴。"——此番言论正是清代乾嘉学与诸子学合流的表征。其一方面推崇司马迁，割裂两汉与先秦儒学；一方面恶意中伤宋明理学！问题是，两汉的"五常"（仁、义、礼、智、信）难道不是由春秋孔子"四教、绝四"发展来的吗？陈氏之错在于硬将东汉政治的"三纲"与西方民权做比较。"三纲"的君臣、父子、夫妇是在王朝政治的语境中讨论，分别面向权臣的外朝政治，嫡长子的立储政治与皇后的内廷政治。程朱理学针对宋与辽金媾和偏安的政治现实，提出"存天理、去人欲"的口号，这里的"人"就是指"皇"，其意就是保存中华文明的"理"，去除皇帝一姓偏安之"欲"！这如何就变为"君权化"了？再者要讨论东西方个人主义，《论语》《孟子》《荀子》中大量的内容均可彰显儒家一贯的独立精神，为何又不加理会？陈氏误读"三纲"，如不是理论素养不足（陈早年是包办婚姻，其18岁考乡试未过），那就是有意构陷儒学了。

不得不说，清政府于1912年被推翻，但清朝的伪学术不但未被检讨反思，却仍继续禁锢国人的头脑，迷惑国人的思维，让国人继续在历史与哲学间自我割裂。缺失对中国哲学主轴的认识，加之西方对中国不是似是而非，就是全盘否定的论述，造就出五四的局限所在！这种五四的局限性，岂不也是100年来中国思想之局限？

"去中国化"的悖论

我们是否需要反思：

如果一个人对他的国家、社会与民族那千百年来积淀的哲学、历史、诗歌都不了解，他可能拥有独立的人格吗？

如果一个人对他的国家、社会与民族那千百年来积淀的哲学、历史、诗歌持着拒绝与否定的态度，他可能拥有独立的人格吗？

或者，当一个人全面否定着他的国家、社会与民族那千百年来积淀的哲学、历史、诗歌，那么他的真实人格是独立的，还是扭曲的？

或者，当一个人必须认同另一个国家、另一个社会与另一个民族的哲学、历史、诗歌，才能证明他的人格是独立的；而他对本国家、本社会、本民族的哲学、历史、诗歌却一知半解。那么他可能拥有独立的人格吗？

或者，当一个人面对两种国家、两种社会与两种民族的哲学、史观、诗歌，他需要先搞懂本民族的，还是外来民族的，才算拥有独立的人格？

或者，当一个人面对两种国家、两种社会与两种民族的哲学、史观、诗歌；每当他学习外来文化的时候被称为是先进的，每当他学习本民族文化的时候被称为落后的，他可能拥有独立的人格吗？

或者，当一个中国人在思考时，却将贯穿中国2500年的主体价值观的儒家思想，从思想中剔除出去；或将这个思想搞得前后矛盾；那么这个人将如何面对历史，又如何思考历史？如何面对现实，又如何思考价值？他可能拥有独立的人格吗？

或者，在将民族形式与儒家哲学割裂之后，中国人将怎样理解《诗经》？在将民族历史与儒家哲学割裂之后，中国人将怎样理解《尚书》？在将民族社会存在与儒家哲学割裂之后，中国人将怎样理解《礼记》？在将民族抽象思想与儒家哲学割裂之后，中国人将怎样理解《周易》？在将民族价值观与儒家哲学割裂之后，中国人将怎样理解《春秋》？在将儒家哲学与儒学发展割裂之后，中国人将怎样理解朱熹的《四书章句集注》？

如果，一个中国人精通外语、数学理科甚好，对西方文学与历史如数家珍，但理解不了四书五经的意义，他算有文化吗？他是否算拥有了独立的人格？

如果，一个中国人要先理解《荷马史诗》、柏拉图《理想国》，再来理解《论语》《孟子》，他还算中国人吗？如果他是中国人，他连《论语》《孟子》都不理解，他又怎样理解柏拉图？

如果，为了让《诗经》迎合"五四派"的观点，就剥离《诗经》的哲学性、政治性、历史性，只拿《诗经》当作通俗文学传授，把《关雎》当作"新婚时的诗"，而对"后妃之德，教以化之，风之始也"只字不提。这是在传授智慧，还是在传授愚昧？如果历史教育教授的是篡改后的历史，这还算历史教育吗？

如果，教师在学校教授古诗的时候，大谈中国传统的博大精深；而在写诗的时候又冠以古诗的形式是一种约束，一种枷锁，西方的形式所谓"新诗"才是中国诗歌的未来；面对这两种论述，一个孩子该如何选择？他的人格将会独立，还是陷入萎靡？

孔孟之道不"吃人"，而且"爱人"。吃人的是愚昧。而《新青年》之信徒，妄奉满清伪学，凌迟孔孟大道，奴颜婢膝于西方社会达尔文主义，断绝中华正史，亡华夏之诗歌，彼等之人格是健全的吗？

这就是由"崇洋仇中，尊刑排儒，扬智行愚"的五四局限性，缔造出的关于独立人格的悖论。这种悖论缔造出的只能是既得利益者、反智者与精致的利己主义者。

仇恨本民族的意识、观念、教育不亡，中国之独立人格难存，中华民族之崛起难成！

突破"1917后遗症"

五四的后遗症，是对中华文明哲学、史观、文学的全面否定或偷换概念与篡改。由于中国的哲学、文学、史观有内在关联，如将儒家哲学否定，就是将中国文学的超越性、正史史观的合法性否定。当哲学、文学、史观都被否定，那么中华文明即从整体上被否定了。

对儒家哲学的仇化，使国人与本土哲学为敌。对儒家哲学的丑化，使国人不再思考本土哲学。对儒家哲学的固化，使国人对本土哲学不再有想象力。对儒家哲学的庸俗化，令本土哲学不再有创新。而在对哲学仇化、丑化、固化、庸俗化之后，中国传统诗歌的形式、美学也遭到了仇化、丑化、固化、庸俗化。这样中国的哲学与诗歌的发展之路就被彻底堵死了。这就是多年来中国传统哲学与诗歌发展举步维艰的困境所在。

那么，要创新古诗，就需要对古诗传统进行再认识，即对中国的哲学，中国的历史，中国的诗歌美学再认识。这就需要突破100年来由"五四的后遗症"造成的对中华文明错误的认识。它们可分为以下四种对中国传统的论述：

一种是全面性否定式的论述。

它将"五四"的口吻发挥到极致，全面否定中国的哲学、历史与文学，冠以"吃人"二字。并建立了一种与自身文明敌对的所谓"人格独立"的扭曲论述。这些批孔骂儒的人，高举着柏拉图、亚里士多德、笛卡儿、康德与黑格尔等理性大旗的时候，却拒绝理解"六艺"就是哲学、抽象、社会学、史学、美学与诗学的代名词，而《周易》中的"卦"就如笛卡儿坐标系是一种哲学示意图！所以它是标榜西方现代自由主义而行使西方中心论与社会达尔文主义的文化流氓。

一种是极片面性的庸俗化的论述。

这是一种看似持调和与温和态度，但实质上是将中国哲学固化与庸俗化。它将中国哲学的超越性退化为一种国学知识与民间常识的混合体，它对孔子如同对待菩萨那样祭拜，它将中国哲学降低为养生、中药、风水、算命的水平；它将中国历史降低为评书式野史的戏说；它将中国诗歌的哲学内涵与文化独特性掏空，将其降低为对对联水平；它对"四书""五经"采取误读的态度，而将四大明清小说崇为"四大名著"，并在里面找寻传统；所以它是披着振兴传统文化外衣而兜售愚昧主义的骗术。

一种是谋求西方视野下的中国论述。

即它认为中国哲学是有价值的，但其价值必须由西方评价与认可，才会被认为有价值，否则这些人将不知所措。他们想看西方人写的中国哲学史，或至少是日韩或港台人写的；他们想看西方人写的中国历史，或至少是日韩或港台人写的；他们想看西方人写的对于中国诗歌的解读，或至少是日韩或港台人写的。当这些人在日韩文化中找寻中国传统时，他们会想到明朝和它之前的中国才是东亚文化的发动机吗？他们表面上关注中国的传统价值，却从来不用自己的眼睛、自己的理智看一下，想一下中国古籍的原文，哪怕一页。所以比起对中国传统的认识，它追求的更像一种对西方价值的认同感。

一种是企图分裂中国哲学精英性的论述。

就像以抬高汉学（章句）打击宋学（理学）的清代乾嘉考据学一样，这种论述总不绝于耳。它通过片面强调先秦孔子的失意政治家形象，来打击在历史中封圣孔子的哲学理论与政治观点；通过片面强调《诗经》的民歌色彩，来打击《诗经》的哲学与美学立意；通过批判古代封建制，来打击中国正史史观的正义性、正统性的大历史观。即它总是企图让绵延的中国哲学对立起来，让延续的中国历史矛盾起来，让哲性的中国诗歌庸俗起来。它的目的就是割裂中国的哲学，让历史自相矛盾，让高雅坠落为粗俗，以割裂中华文明的有机体。

要重新认识中国的传统，必须批判与突破以上四种谬误。而这突破的目的，重新认识的方法，就是要将中国儒家哲学、史学、诗学，重新连接起来！

在这种新的连接中，用中国人自己的眼睛，用中国人自己的智慧，发现前人未发现的，探索被错误理论遮蔽的，找寻中国传统在中国现代之路上的新方向。这种连接既是创新又是复古，这是在复古中创新，在创新中发展，在发展中继承，在继承中反思，在反思中再开创。

不将儒家哲学的超越性、正史史观的宏大叙事、中国古诗的美学连接起来，"返本开新"将是一句空话。

新古诗的美学

新古诗的命名

什么叫"新古诗"？从逻辑上说，只要满足两个条件即可：满足古诗的充分必要条件，满足"新"这个构件。

1. 七言古诗的定义为：全诗每句七字，结尾适当押韵，即具备七言诗的充分必要条件。显然"新古诗"满足这一点。
2. "新"的意思，即前无古人。显然"新古诗"的形式满足这一条件。

所以，从逻辑上说"新古诗"的命名没有问题。

当然，文学的"新"并非只从"前无古人"谈论，也要看此"新"的哲学性与美学性内涵。下面具体探讨"新古诗"的形式美学。

新古诗的概念

"新古诗"的形式，是儒家哲学的形象化与七言诗体结构的美学融合，是对中华优秀传统文化的创造性转换、创新性发展。它一面是对儒学概念的抽象化与象征化的创新化表达，一面是七言诗美学形式的创新性继承，两者共存共荣，构成一个完美有机的结合体，表现出中华文明新时代的哲性美学精神。

既然"新古诗"是从儒家哲学的角度创新诗歌，那就不能不谈谈"象与数：'天人合一'的方法论"与"儒学视角下的古典诗体确立性"这两个命题。

象与数："天人合一"的方法论

"天人合一"是儒家思想的重要组成部分。与佛、道不同，儒家的"天人合一"思想不只作为一种哲学论述存在，更作为人认知世界与改造世界的认识观、美学观与方法论存在。如：

董仲舒《春秋繁露·人副天数》："天以终岁之数，成人之身，故小节三百六十六，副日数也；大节十二分，副月数也；内有五藏，副五行数也；外有四肢，副四时数也；乍视乍瞑，副昼夜也；乍刚乍柔，副冬夏也；乍哀乍乐，副阴阳也；心有计虑，副度数也；行有伦理，副天地也。此皆暗肤著身，与人俱生，比而偶之弇合。于其可数也，副数；不可数者，副类。皆当同而副天，一也。是故陈其有形以著其无形者，拘其可数以著其不可数者。以此言道之，亦宜以类相应，犹其形也，以数相中也。"

班固的《白虎通义·辟雍》明堂（相当于天坛祈年殿）："明堂，上圆下方，八窗四闼，布政之宫，在国之阳。上圆，法天，下方，法地，八窗，象八风，四闼，法四时，九室，法九州，十二坐，法十二月，三十六户，法三十六雨，七十二牖，法七十二风。"

蔡邕《琴操·序首》："昔伏羲氏作琴，所以御邪僻，防心淫，以修身理性，反其天真也。琴长三尺六寸六分，象三百六十日也；广六寸，象六合也。文上曰池，下曰岩。池，水也，言其平。下曰滨，滨，宾也，言其服也。前广后狭，象尊卑也。上圆下方，法天地也。五弦宫也，象五行也。大弦者，君也，宽和而温。小弦者，臣也，清廉而不乱。文王武王加二弦，合君臣恩也。宫为君，商为臣，角为民，徵为事，羽为物。"

《礼记·效特姓》："祭之日，王被衮以象天，戴冕，璪十有二旒，则天数也。乘素车，贵其质也。旗十有二旒，龙章而设日月，以象天也。天垂象，圣人则之。"

董仲舒《春秋繁露·四时之副》："天有四时，王有四政，四政若四时，通类也，天人所同有也。庆为春，赏为夏，罚为秋，刑为冬。庆赏罚刑之不可不具也，如春夏秋冬不可不备也。庆赏罚刑，当其处不可不发，若暖暑清寒，当其时不可不出也。庆赏罚刑各有正处，如春夏秋冬各有时也。四政者，不可以相干也，犹四时不可相干也。四政者，不可以易处也，犹四时不可易处也。故庆赏罚刑有不行于其正处者，《春秋》讥也。"

从以上论述我们可以发现，"天人合一"的思想贯穿在对人体、建筑、乐器、舆服与制度的认知中。此种论述大量出现于"五经""二十四史"与古代类书中，它是古代中国的普遍性哲学观。

而它的方法论，是由象征与数字之间的对应完成的。而象征物绝非随意，都与时间与空间有关。这种由数字、时空象征与意义相互联系的结合体，构成了人存在的"天地契约"。反过来说，人通过创造这种"契约"（以时空性象征确立存在）来确立自身的存在与发展的"合法性"。显然，"天人合一"的思想，既是哲学的也是美学的。

那么，沿着这个角度思考，《诗经》的四言难道不正是其"时空性"象征的表现吗？

儒学视角下的古典诗体确立性

沿着"天地契约"的时空象征概念，让我们重新思索古诗的构成，即便只是推测，我们也将得到非凡的启示。

1. 四言：四时行焉

《诗经》是孔子编撰的中国第一部诗歌总集。在思考《诗经》四言的时空象征时，我们必须先想到，孔子是儒家哲学的缔造者。在他编修的中国第一部编年体史书《春秋》中，突破性地将"春、夏、秋、冬"四时（四季）融入历史叙事中，使之作为划分历史进程的"切片"使用；将自然规律与政治规律结合起来，将时间的延续与国家的发展结合起来，从而起到显化历史进程的作用。这本身就是时空性的一种体现。

孔子又热爱《周易》，对《易》著有哲学性的《十翼》传世。在《周易·系辞》中有《周易·系辞下》："是故，易者，象也，象也者像也。""天垂象，见吉凶，圣人象之。""参伍以变，错综其数，通其变，遂成天下之文。极其数，遂定天下之象。"——这显然是一种象征与数字的哲学方法论。

将《春秋》的"四时法则"与《周易》的"象数"方法论结合起来，再加上《诗经》诗作的内容中大量出现的"四国、四方、四海"的方位性地理词汇，作为时间与空间共通的数字"四"，构成了哲学性含义。我们就可以说，这就是"四言"被确立的原因。

反过来说，如果《诗经》成文早于《春秋》，那么孔子以"四时法则"著《春秋》，又恰恰证明《诗经》诗体本身的"时空性"象征。

在《论语·阳货》中"子曰：'天何言哉？四时行焉，百物生焉，天何言哉？'"——天不言，但天用四时的运行表达；人必言，人用象征天的四时的四言表达；人以天的方式确立自身的存在，即"天人合一"。这不失为是孔子对《诗经》为何以"四"为言的直接论述。

所以，"四"，象征空间与时间的结合。在《周易》中"四"象征抽象的哲学，在《论语》中"四"也代表具体的哲学；如将《尚书》中"虞夏商周"的断代纳入思考，"四"概括了孔子之前的历史；如将《尚书·舜典》"月正元日，舜格于文祖，询于四岳，辟四门，明四目，达四聪"纳入思考，"四"又概括了政治的规律；如将《仪礼·聘礼》"上介四豆、四笾、四壶，受之如宾礼"纳入思考，"四"又象征了礼仪。所以——

"四"是"象天法地"的枢纽，是"天人合一"的中枢。"四"即美。所以"四言"成为中国最早的诗体形式。

一旦四言的形式被认知，其他诗体的原因就迎刃而解。

2. 六言：以六为纪

屈原时代的经典作品《楚辞》去除语气助词"兮"，可视为六言诗。《楚辞》是对《诗经》的继承与超越。

这种"六"对"四"的超越，是《楚辞》中"六合"对《诗经》中"四方"的超越（《诗经》中无"六合"一词），它表现着楚文化不管是在地域性上，还是在文化性上都是对中原文明的一种继承与扩展。

《史记·秦始皇本纪》："始皇推终始五德之传，以为周得火德，秦代周德，从所不胜。方今水德之始，改年始，朝贺皆自十月朔。衣服旄旌节旗皆上黑。数以六为纪，符、法冠皆六寸，而舆六尺，六尺为步，乘六马。更名河曰德水，以为水德之始。"——这表明"以六为纪"在战国末期的秦国已是一种时代性哲学论述。

西汉贾谊自诩为屈原的继承人，在他的《新书·六术》中充满对"六"的哲学性论述。其通过六理、六法、六术、六行、六艺、六律、六亲、六美，让"六"贯穿着生命学、哲学、知识体系、乐理学、伦理学等，我们不能确认贾谊是否因为"六艺"而受到了启发，但我们可以确定贾谊的哲学体系是由对"六"的哲学演绎构成的！

在这里，我们就发现了一种趋势，那就是"四"属于西周春秋，而"六"属于战国秦汉。"六合"是对"四方"的空间超越，"六言"是对"四言"的艺术超越，"以六为纪"是对"以四为纪"的政治超越。

这就是《楚辞》为"六言"的哲学意涵。

3. 七言：皆系于斗

七言诗，存在一个相当漫长的成诗过程。最早为汉武帝柏梁台诗，但为多人联句。直到三国魏文帝《燕歌行》，第一首完整的七言诗才宣告完成。两者间隔数百年时间，其间却不存在七言诗大量发展的中间阶段。那么我们就有必要搞清"七"与哲学、政治的关联性。

众所周知，汉武帝倾心儒术，武帝时期西汉的政治哲学正处于从战国黄老学至儒学的转换过程中。儒家思想家董仲舒与《春秋》学政治家公孙弘对汉武帝产生了深远影响。那么，"七"这个数字在儒家著作中意味着什么？

儒家哲学中的"七"可溯源至《尚书·舜典》："在璇玑玉衡，以齐七政。"

司马迁在《史记·天官书》中写道："北斗七星，所谓'璇、玑、玉衡以齐七政'……斗为帝车，运于中央，临制四乡。分阴阳，建四时，均五行，移节度，定诸纪，皆系于斗。"——司马迁将"璇玑玉衡，以齐七政"直接定义为北斗七星！并强调北斗七星，就像天帝的马车，它区分阴阳，建立四季，调节五行，改变节气，审定历纪。且只有确立以北斗，才能观测二十八宿。显然，北斗就是天地的"轴心"。

综合"七"、虞舜、七政、北斗、帝车的政治关联，与"七"、北斗、运于中央，临制四方，分阴阳，建四时，均五行的时空关联，不难得出汉武帝为何以"七"为言，作柏梁体的政治意涵。

让我们沿着时光的射线向前探索。

《汉书·王莽传中》（王莽）又曰："予前在大麓，至于摄假，深惟汉氏三七之厄，赤德气尽，思索广求，所以辅刘延期之述，靡所不用。"——明确提到了"三七之厄"。它指三乘七，为二十一，指自汉初至哀帝元年，二百一年也，至平帝崩二百十一年。王莽用"三七之厄"证明汉祚的枯竭，为自己篡位做准备。这里"七"作为王朝更替的标志性数字而出现。

《后汉书·光武帝纪上》："行至鄗，光武先在长安时同舍生强华自关中奉赤伏符，曰'刘秀发兵捕不道，四夷云集龙斗野，四七之际火为主'。"——"四七之际"是对"三七之厄"的反驳，"三七"证明汉衰，"四七"则证明光武中兴。"七"又作为王朝更替的标志性数字出现。

现在，当时光的坐标定格于曹丕《燕歌行》时，我们是否已得到了答案。所有读过《燕歌行》的人，是否都会认为，曹丕在文学表现力上完全不及其弟曹植。曹植的五言诗灵通飘逸，慷慨纵横；而曹丕的文学风格内敛平淡。但从意识形态上讲，曹丕用七言诗建立了一种政治学论述，它贯穿历史，延续了从舜帝到汉光武帝的帝王传统，证明了曹丕的天命，表达了汉魏禅让的哲学合法性。从这个角度讲，曹丕《燕歌行》是曹植望尘莫及的。

所以，七言诗，表达着"璇玑玉衡，以齐七政"的儒家哲学理念，"七"为北斗，可"建四时"，象征时间性；"七"为北斗，又可"制四方"，象征空间性；从舜帝到魏文帝都用"七"证明了他们超越时空的文德存在。正因为"七"与北斗、帝王的直接关联，古今诸多政治家以七言诗表现他们的文治能力。

4. 五言：五常之情

五言诗的源头众说纷纭。然而，它一定也是哲学思潮的产物。而"五"作为五行的象征，应不会有任何异议。我们将从"五行"概念的发展一窥"五言"的端倪。

《尚书·洪范》最早提出了五行的概念："五行：一曰水，二曰火，三曰木，四曰金，五曰土。水曰润下，火曰炎上，木曰曲直，金曰从革，土爰稼穑。润下作咸，炎上作苦，曲直作酸，从革作辛，稼穑作甘。"

西汉司马迁《史记·秦始皇本纪》："始皇推终始五德之传，以为周得火德，秦代周德，从所不胜。方今水德之始，改年始，朝贺皆自十月朔。"——这是将五行与王朝更替相关联。

西汉董仲舒《春秋繁露·五刑相生》："天地之气，合而为一，分为阴阳，判为四时，列为五行。"——这将四时与五行关联起来。

西汉戴圣《礼记·礼运》："播五行于四时，和而后月生也。是以三五而盈，三五而阙。五行之动，迭相竭也，五行、四时、十二月，还相为本也。"——这是五行与四时的另一种论述。

东汉班固《汉书·律历志》："水润下，知者谋……火炎上，礼者齐……金从革，改更也，义者成……木曲直，仁者生……土稼啬蕃息，信者诚……四方四时之体，五常五行之象。"——这里五常与五行产生了关联。

东汉班固《白虎通义·情性》："五常者何？谓仁、义、礼、智、信也。仁者，不忍也，施生爱人也；义者，宜也，断决得中也；礼者，履也，履道成文也；智者，知也，独见前闻，不惑于事，见微者也；信者，诚也，专一不移也。故人生而应八卦之体，得五气以为常，仁、义、礼、智、信是也。六情者，何谓也？喜、怒、哀、乐、爱、恶谓六情，所以扶成五性。性所以五，情所以六者何？人本含六律五行气而生，故内有五藏六府，此情性之所由出入也。《乐动声仪》曰：'官有六府，人有五藏。'"——班固让五常与六情联系起来。

让我们将上面的概念结合起来。五行，本是一种元素说。当它与王朝更替关联后，便拥有了历史性；当它与四时产生联系后，便拥有了时空性；当它与五常关联后，便拥有了哲学性；当它的哲学性又与人的"喜、怒、哀、乐、爱、恶"的六情联系后，便拥有了文学与艺术的审美性。虽然五言诗的源头众说纷纭，但班固的五言诗《咏史》是无可争议的今存最早的文人五言诗。

差不多1000年以后，北宋张载在《正蒙》中写道："五言，乐语歌咏五德（常）之言也。"

5. 小结

中国古诗的诗体形式，并不是约束，更不是枷锁，而是非如此不可。它表现了中华文明的哲性美学精神。是追溯至《周易》《尚书》《诗经》《春秋》《礼记》的儒家"天人合一"的思想，通过时空性象征的"天地契约"给予古典诗歌形式确立性，以此诞生了四言、五言、七言等诗体。而后，古典诗歌进入本体发展阶段，融入了不同时代的时代性内涵，如与玄学结合，即玄言诗；与佛教结合，即山水诗；与玄佛结合，即田园诗；与道教结合，即仙侠诗；与征伐时代结合，即边塞诗；又从音韵角度发展出律诗、绝句等。但究其形式本原都来自儒家哲学。

那么，既然古诗的形式，是以儒家的哲学概念与美学象征的融合而生。今天，为何不能以新的美学与哲学概念的象征关系，创立"新古诗"呢？

——从中国哲学概念中抽象浓缩出一种形式美学即可。

新古诗之体

"新古诗"以中国精神、中国概念为体。

即是以一以贯之，建中立极，内圣外王，轴心时代为体；以乾坤、太极、中庸、开放为体！

关于通俗意义上的一以贯之（一贯）、建中立极（建中）、内圣外王（内外）、轴心时代这些比较好理解的形象化抽象，就不在此解释了，请结合诗体自行联想。以下主要从乾坤、太极、中和，这三个中国哲学核心概念，与开放的时代精神上分析。

1.《易》学"乾☰坤☷"概念

《周易》非算命术，儒家眼中的"卦"为一种古代"示意图"式的表意符号，富含哲学意义。孔子即从此角度解读《易》，才有《论语》中许多思考。如"三人行必有我师"，关联《损》卦。

《系辞上》:"圣人设卦观象。"——哲学家通过抽象的示意图来理解人类社会的现象。另《系辞上》:"圣人有以见天下之赜,而拟诸其形容。"——"新古诗"即如此。

《系辞上》:"夫乾,其静也专,其动也直,是以大生焉。夫坤,其静也翕,其动也辟,是以广生焉。"——这是对"乾☰坤☷"的状态的形象化表达。请联想新古诗的"纵"与"横"。

又《系辞上》:"是故,阖户谓之坤;辟户谓之乾;一阖一辟谓之变;往来不穷谓之通;见乃谓之象。"——这也是对"乾☰坤☷"的动态的形象化表述。请联想新古诗的"开"与"合"。

"新古诗"以形式美学,形象化地表现"乾动也直""坤动也辟""阖户谓之坤""辟户谓之乾";形象化地再现了《系辞上》所言"乾坤成列,而易立乎其中"之含义。

"新古诗"诗体与"乾☰坤☷"概念构成美学象征关联。

2. 理学"太极"概念

周敦颐二气五行《太极图》与道教《双鱼太极图》有本质的区别。《北溪字义》又名《四书字义》,是朱熹得意门生陈淳的著作,相当于理学概念名词解释辞典。读不懂《北溪字义》就理解不了理学。陈淳在书中将周敦颐太极概念与《尚书·洪范》中"皇极"概念相关联。可以说"太极"是哲学意义上的"皇极","皇极"是政治学意义上的"太极"。

《北溪字义·太极》:"太极只是以理言也。理缘何又谓之极?极,至也。以其在中,有枢纽之义。"——请联想"新古诗"诗体形象与"枢纽"含义。

又言:"盖极之为物,常在物之中,四面到此都极至,都去不得。如屋脊梁谓之屋极者,亦只是屋之众材,四面凑合到此处皆极其中"——这是在"空间"上解释"太极"。

又言:"若太极云者,又是就理论。天所以万古常运,地所以万古常存,人物所以万古生生不息，不是各各自恁地，都是此理在中为之主宰，便自然如此"——这是在"时间"上解释"太极"。

将"空间"解释与"时间"解释相叠加，得出"太极"的历时性与共时性，即时空关联性。"新古诗"即表现此时空关联（确立与延续），成为"太极"的象征物。

"新古诗"诗体与"太极"概念构成美学象征关联。

3.《中庸》"中和"概念

《中庸》是中国儒家哲学的代表性著作。字面意义为"非过、非不及""中道及常理"，即"君子时中"，实际上指把握思想的此在状态。"中庸"是指通过关注意识，把握思想而实现"自诚明"，即由创造力实现自我意义的澄明。

《中庸》："喜怒哀乐之未发，谓之中；发而皆中节，谓之和。中也者，天下之大本也；和也者，天下之达道也。致中和，天地位焉，万物育焉。"——此为"中和"概念。

"新古诗"的写作过程是形象化再现"中和"概念。首先建"中"：立中间句为本，喻"未发之中"；再"中节"：以七言为体，以押韵为"节"；最后"致和"：完成诗歌文本，使之成为"无一字无来处"的优秀七言诗，喻"已发之和"。

故"新古诗"，也可称为"中和"之诗，"修道之谓教"之诗，"自诚明"之诗。

"新古诗"诗体与"中和"概念构成美学象征关联。

4. 开放的时代命题

如果问中国百年来的时代命题是什么，一定是"开放"。

这种"开放"是制度式的，是思想式的，也是生活方式的。但此中的"开"不能只是向西方思想"开放"，也应向中国的传统思想"开放"。不能在西化大潮中固化、矮化自身的思想。中国要在一股脑儿涌入的西方价值里坚守住中国的本土价值。中国本土的哲学与美学应在"开放"中创新。

《周易·系辞上》子曰："夫易，何为者也？夫易开物成务，冒天下之道，如斯而已者也。"——这是中国哲学有关"开"的抽象描述。

《论语·卫灵公第十五》："颜渊问为邦。"子曰："行夏之时，乘殷之辂，服周之冕，乐则韶舞。放郑声，远佞人。郑声淫，佞人殆。"——这是中国哲学关于"放"的具体表达。

中国开放了，人们穿着西化的服装，过着西化的生活，可曾想过现代中国人究竟该过何种生活才算真正的中国现代化？文化市场经济对西方文化趋之若鹜，见利忘义。不管其是否庸俗，不论其是否适当，统统标榜。而中国的高雅文化不是束之高阁，就是无人问津。传统的文化被谋求市场价值的商业压迫，失去了本义。中华文明核心价值有坠落的危险。

《孟子·告子上》："人有鸡犬放，则知求之；有放心，而不知求。学问之道无他，求其放心而已矣。"——现在青年人常以日韩宅男腐女自居，以养猫狗为治愈，却不知中国哲学为何物。这与先秦时代何其相似。皓月写下这些诗歌，是为了将中国的历史之根留住，将中国的哲学之魂保住，让中华诗歌的大树开出新花！呼吁国人将"放"掉的心找回来。

从这个意义上说，"开放"是"新古诗"继承《诗经》美刺传统的时代表达。

5. 小结

新古诗，是对《诗经》以来中国古诗形式美学的继承，与儒家"天人合一"的时空性象征哲学概念的发扬；是对中国概念的一以贯之、乾坤、太极、中和等核心哲学精神的形象化、美学化、诗学化表达；用抽象的、概念的、审美的方式表现当代中国人对中国传统价值的传承。新古诗，"学古不泥古、破法不悖法"地完成了对中国传统文化的坚持创造性转化、创新性发展；在创新的同时，将中华美学精神和当代审美追求结合起来，从而激活了中华文化的新的生命力。新古诗是表现了"仁"的诗歌，是表现"中国特色、中国风格、中国气派"的作品，展现了中国的文化自信，填补了中国古典诗歌在当代创新发展的空白。

后 记

诗，文学之盛典，经国之大业。

体现着中华民族哲学价值、美学风范与文学创造力的中文诗歌，不应也不能成为西方文学样式与审美范式的传声筒、应声虫。

洋为中用，不是扶洋弃中；古为今用，不是抱残守旧；学习借鉴，不是抄袭剽窃。

100年来发展的所谓"新诗"，是一个伪命题。靠割裂文明传统与抄袭得来的英译体诗，无"新"可言。

"一个写作者，当他完全摆脱模仿的时候，他才开始成为真正的作家"，"每一个时代的文学，都有新的写法"——所以100年前从美国文学抄来的所谓"金科玉律"，不是今天中国诗坛的写作守则。

"学古不泥古、破法不悖法。"

只有发展民族化的艺术内容和形式，继承发扬民族民间文学艺术传统，拓展风格流派、形式样式，才能在世界文学艺术领域鲜明确立中国特色、中国风格、中国气派。

中华文明伟大复兴，需要中华哲学伟大复兴，需要中华美学伟大复兴，需要中文诗歌伟大复兴！

我要对梁启超说，佛学救不了中国，儒家思想才可以。
我要对陈独秀说，孔教与民权不冲突，孔子与马克思还能互补。
我要对胡适说，儒家本有自由意志，儒家能够适者生存。
我要对季羡林说，中国诗歌已经找到它该有的形式，您放心吧。
我要对谢冕说，中国诗歌已走上一条贯穿古今、超越新旧的大道，无须在"新"与"旧"之间纠结。
我还要对北岛们说，新古诗要表现的就是"五千年的象形文字"特有的创造力。

2021年是孔夫子逝世2500周年，程皓月作《儒魂》以纪念。2022年是孔夫子逝世2501周年。它将是一个新的开始。《新古诗》将是这个开始的标志。

是孔夫子在指导我、鞭策我、鼓舞我写诗，是华夏文明握着我的手在写诗，而我将用中国的智慧与我的手写出中华诗歌的复兴。

请让我重申：

1. 西方现代诗歌不等于中国现代诗歌。
2. 没有中国特色的诗歌不能代表中国诗歌。
3. 妄图取消中国古诗传统、制造中国文化断裂的文学样式的诗歌，不能称之为中国现代诗歌。
4. 借鉴西方现代诗歌形式的汉语英译体诗歌，不应称为"中国新诗"。
5. 中国现代诗歌史不应是英译体诗歌史。
6. 将西方文化称为"新"，暗示中国文化为"旧"，是西方中心论时代的文化达尔文主义，是割裂中华文化的伪命题，是偷换概念的文化殖民主义。
7. 中国诗歌没有文言与白话之分，只有创造与剽窃之分、伟大与平庸之分、中国特色与拿来主义之分。
8. 中国现代诗歌应是对中国古典诗歌的创造性转化、创新性发展。
9. 中国现代诗歌必须含有中国哲学思想（如儒家思想）内核。
10. 中国诗歌的复兴：从"新古诗"开始。

诗儒·程皓月

周南山儒藏峰洗心斋

2022年1月20日